내 인벤토리에 구글을 담다

내 인벤토리에 구글을 담다

일상의 반전을 만드는 구글 이노베이터의 도구 활용법

초판 1쇄   2019년 3월 5일
    2쇄   2019년 12월 2일

지은이 박정철
발행인 최홍석

발행처 (주)프리렉
출판신고 2000년 3월 7일   제 13-634호
주소 경기도 부천시 원미구 길주로 77번길 19 세진프라자 201호
전화 032-326-7282(代)   **팩스** 032-326-5866
URL www.freelec.co.kr

편집 강신원 오창희
디자인 이대범

ISBN 978-89-6540-234-3

내 인벤토리에
구글을 담다

일상의 반전을 만드는
구글 이노베이터의
도구 활용법

박정철 지음

프리렉

서론

우리는 도구를 만들고,
그 도구는 다시 우리를 만든다

이 책을 쓰게 된 계기는 아주 단순하다. 최근 내 삶에 발생한 큰 변화들을 독자와 공유하고 싶었기 때문이다. 고흐는 27세부터 37세까지 무려 2100여 점의 그림을 남겼다. 36시간에 한 점꼴이다. 도대체 그는 왜 그렇게 그림 그리기에 집착했던 것일까? 그 답은 그가 동생 테오에게 보낸 수많은 편지에 잘 나타나 있다. 아름다운 노을을 보면서 그는 그 광경을 사랑하는 동생과 나누고 싶었다고 고백한다. 좋은 것을 나누고 싶은 것은 사람의 본능일까? 그러한 고흐의 마음이 그의 편지와 그림 속에 드러나 있다. 그의 편지 구석구석마다 아름다운 노을을 스케치한 흔적들이 남아 있다. 사진을 찍어 메신저로 손쉽게 보내면 되는 지금과는 달리 이렇게 그림으로 그리지 않고는 도저히 그 감동을 전달할 수 없었던 것이다. 이러한 고흐의 마음이 살갑다.

나 역시도 최근 몇 년간 겪은 인생의 다양한 변화들과 이를 통해 얻은 나 자신의 변화를 보며 스스로 감탄하곤 한다. 그리고 그 놀라운 변화의 결과를 주변인들과 나누고 싶어졌다. 삶을 바꿀 정도의 혁신적 변화를 한 명이라도 더 알려 주어 그들의 삶을 바꾸고, 나아가 세상을 바꾸고 싶기 때문이다. 물론 소그룹에서 강의를 통해 전파하는 기회가 종종 있기는 하지만 더 많은 분께 적극적으로 나누고 싶었다. 그래서 이 책을 쓰게 되었다.

구글은 모두가 잘 아는 인터넷 기업이다. 검색 엔진으로 시작하여 유튜브, 지도, 인공지능 스피커, 무인자동차, 지메일 등을 서비스하고 있다. 또한 알려진 대로 혁신의 대명사이다. 하지만 인터넷 기업에 불과한 구글이 도대체 한 인간의 삶에 어떻게 획기적인 변화를 일으킬 수 있을까 하는 의문이 들 것이다. 혹시 구글이 무슨 종교 단체의 역할은 하는 것은 아닐까? 물론 구글리즘 Googlism이라는 이름으로 실제 구글을 숭배하는 단체도 있는 것으로 알려졌다. 이들은 십계명과 주기도문까지 구글 버전으로 만들기까지 했다. 이 정도 수준이라면 그럴 수도 있겠다 싶지만, 나는 구글을 신으로 모시고 있지는 않으며 그저 도구로써 사용하고 있다. 그렇다면 그 도구가 어찌 내 삶에 영향을 주었다는 것일까? 다음 글을 주목해 달라.

"우리는 도구를 만들고, 그 도구는 다시 우리를 만든다."

존 컬킨(John M. Culkin) <A schoolman's guide to Marshall McLuhan> 중에서

인간이 만든 온라인 검색 '도구'였던 구글은 초기에는 엔지니어가 개발하였고, 그리고 확산된 이후에는 사용자의 피드백에 근거하여 다듬어져 갔다. 하지만 세월이 지남에 따라 그 툴을 쓰던 사용자, 즉 인간들이 오히려 이 도구에 의해서 사고 체계가 바뀌기 시작한다. 도구가 사람을 다듬기 시작한 것이

다. 공유에 적합한 형태이다 보니 공유를 많이 하게 되고, 폰트나 표를 꾸미는 옵션이 워낙 적다 보니 단순 명료하게 본질에만 집중하게 된다. 로그인 기반으로 작업하니 굳이 내 기계, 남의 기계를 가릴 필요가 없게 되고 기기를 소유하고자 하는 소유욕도 줄어들게 된다. 모든 것은 클라우드 스토리지에 올려 두면 되니 무거운 책이나 자료를 직접 들고 다닐 필요도 없다. 도구에 의해 삶과 사고의 틀이 재정립되는 것이다.

언어의 상대론적 가설로 사피어 워프 가설 Sapir-Whorf hypothesis이라는 것이 존재한다. 사용하는 언어에 의해서 인간의 사고가 바뀔 수 있다는 것이다. 이러한 가설은 영화 〈컨택트 Arrival〉에 아주 그럴싸하게 제시되어 있다. 지구를 찾아온 외계인을 만나 그들의 언어를 배우게 된 주인공이 놀랍게도 그들의 언어를 이해하게 되자 그들처럼 미래를 볼 수 있는 능력이 생긴다. 언어를 통해 그들과 같은 사고를 하게 되었기 때문이다. 언어가 가지는 힘을 역력히 보여주고 있다. 에스키모인들에게는 눈을 표현하는 수십 가지의 어휘가 있고, 우리나라 사람들에게는 빼닫이처럼 모순되는 사고를 한 단어 안에 잘 받아들이는 능력이 있다는 등의 유명한 예시는 이미 다들 잘 아실 것이다. 언어 속에는 그 민족의 사고와 문화와 모든 것이 들어 있다.

언어나 검색 엔진이나 모두 도구이다. 그 도구를 이용해 우리는 다양한 업무는 물론 고차원적 사고를 할 수 있다. 하지만 흥미롭게도 우리는 사용하는 도구의 성질에 의해 한계가 지어지고, 또한 그 도구에 점점 익숙해져 가면서 그 도구에 의해 사고가 바뀌게 된다는 주장이니 결국 도구에 의해 사용자의 인생이 바뀔 수 있다는 나의 주장도 그리 큰 비약은 아닐 것이다.

이러한 관점에서 구글이라는 도구가 지난 몇 년간 내 삶에서 만들어낸 놀랍고도 긍정적인 변화들을 이 책에서 한번 소개할까 한다. 철학자 스피노자는 유대교로부터 25세에 파문당하고 어려운 생계를 해결하기 위해 낮에는 현미경이나 망원경의 렌즈를 제작했고 밤에 철학 공부와 저술, 사색을 했다고 알려졌다. 그의 혁신적이고 파격적인 철학관을 이해하기 위해 혹자는 "우리 모두 스피노자의 철학을 이해하려면 스피노자가 만든 렌즈를 통해 보아야 할 것이다."라고 말했다. 몹시 그럴듯한 비유다. 나의 삶에 생긴 변화를 이해하려면 구글이란 렌즈를 써야 할지 모르겠다. 아니면 구글에 로그인하던가.

이 글은 개인적인 성취를 자랑하려는 것이 결코 아니다. 게다가 간증도 아니다. 당연히 설교도 아니다. 오히려 새로운 세상을 보고 온, 그것도 아주 현지인처럼 깊이 들어가 보지는 못했지만 나름 마음속으로 감동을 많이 받은 한 여행자의 여행기에 가깝다. 그 여정은 즐겁고 놀라웠다. 불편하고 두려운 경험도 있었다. 이 여행기를 읽고 유사한 여행을 가기를 결심하는 독자가 있다면 그분들이 보기에 조금 부족한 여행 가이드 서적이 될 것 같고, 차라리 재미난 세상을 경험하고 온 사람의 이야기로 봐주며 나도 언젠가는 한번 떠나 보리라 마음먹는 정도로 생각해 준다면 가장 적합할 것이다. 나는 믿고 있다. 언젠가 책에서 얼핏 본 멋진 여행지는 우리 마음속에 몰래 간직되어 있다가 언젠가는 반드시 그곳에 가게 된다는 것을. 그런 삶의 변화가 독자들에게도 일어나기를 기대해 본다. 부디 이 책과 함께 즐거운 여행을 즐겨 보기를 바란다.

구글 이노베이터 박정철 교수

구글 트렌드에 접속하기

새로운 트렌드의 확인과 미래 예측을 위해서는 수시로 트렌드를 분석하는 것이 중요하다. 흔히 말하는 빅데이터 그리고 데이터 마이닝을 통해 대중을 읽고 사회를 읽어보자.

↑ 구글 트렌드(https://trends.google.co.kr/trends/)는 국가별로 검색할 수 있다. 오른쪽 위에 각 나라를 선택할 수 있는 드롭다운[▼] 버튼이 있다. 중앙의 검색창은 일반적인 구글 검색처럼 키워드를 입력하면 된다. 재밌는 것은 다양한 키워드를 동시에 넣으면 그 변화 추세를 서로 비교할 수 있다는 점이다.

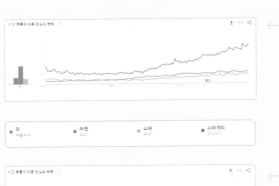

← 예시로 제시된 쌀국수, 라면, 소바의 검색 트렌드 비교를 클릭해 보았다. 구글 트렌드 분석이 시작된 2004년 이후 검색의 추이가 깔끔하게 정리되어 있다. 오른쪽 위에는 추가·비교할 키워드를 입력할 수 있게 되어 있다.

← 추가 키워드로 스파게티를 넣어 보았다. 약간의 증가는 보이지만 라면의 증가만큼 명확하지는 않다. 인류는 이제 라면의 시대로 넘어가는 것일까?

인류는 이제 라면만 먹을 것 같다는 우려가 생겨서 좀 더 자세히 살펴보기로 했다. 화면을 아래로 내리면 나라별로 검색된 지수들이 나온다. 여전히 세계의 많은 국가들은 스파게티를 검색하고 있음을 알 수 있다. 일본을 비롯한 동남아시아 국가들이 라면을 많이 검색하는 것으로 보인다. 왜 그들은 라면을 집중적으로, 그리고 점점 더 많이 검색하게 된 것일까?

라면 키워드로 분석해본 결과로 스크롤을 해서 내려가니 일본이 압도적으로 많이 '라면'을 검색한 것으로 나타난다. 구글에 대한 일본의 의존도는 압도적인 것을 알 수 있다. 관련 검색어로 급상승하는 키워드가 '다베 로그 食べログ'이다. 무슨 뜻인지 찾아보니 '랭킹과 입소문으로 찾는 식도락 사이트'라고 한다. 이렇게 일본의 핫 트렌드를 하나 알게 되었다.

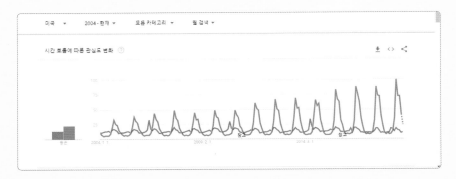

↑ 또 하나의 사례이다. 축구과 미식축구를 비교한 미국의 검색 트렌드. 놀랍게도 매우 규칙적으로 매년 9월이면 미식축구의 검색이 최고조에 이르는 것을 볼 수 있다. 도 대체 매년 9월이면 미국에 무슨 일이 있는 것일까?

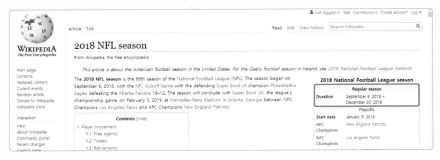

(출처: en.wikipedia.org)

↑ 구글에서 지식 관련 검색을 하면 가장 먼저 제시되는 위키피디아에서 미식축구 정보를 검색해 보았다. 정기 시즌이 매년 9월 시작해 12월에 막을 내리는 것을 알 수 있다. 9월은 미국인들의 미식축구에 대한 관심이 급증하는 시기인 듯하다! 구글 트렌드를 통해서 역시 새로운 정보를 알게 되었고 미국인들의 검색 패턴을 한눈에 볼 수 있게 되었다.

이처럼 구글 트렌드는 사회의 흐름을 정확히 보여주는 바로미터와 같은 역할을 한다. 심지어는 독감의 유행까지 예측할 수 있다. 구글 플루 트렌드^{Google} Flu Trends, GFT가 바로 그 예이다. 일반적으로 사람들이 감기 증상을 느끼기 시작하면 구글링을 해서 감기 증상을 없애기 위한 노하우를 찾기 시작한다. 발열, 기침, 두통 등등이 키워드로 등장하는데 구글에서는 25개국의 키워드 검색을 누적 집계하여 사람들의 검색이 증가하는 것을 통해서 거대한 독감의 유행을 세계보건기구^{WHO}보다도 먼저 예측할 수 있었다. 검색 엔진이 가지는 또 하나의 거대한 힘이다.

우리의 미래는 어찌 될 것인가? 인류는 지금 어디로 가고 있는가? 그리고 나는 어디로 가야 하는가? 어쩌면 구글 트렌드 속에 답이 있을지도 모른다. 참고로 구글 트렌드는 2006년부터 2007년 사이 몇 개월간 업데이트를 열심히 하지 않았었는데 이후 이러한 지적에 반응하여 이제는 매일 트렌드를 업데이트하고 있고 중요한 사안은 매시간 업데이트한다고 밝혔다.

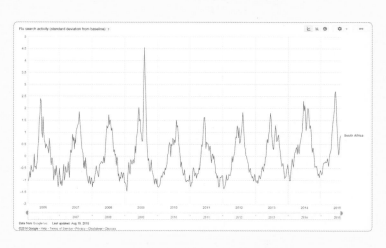

목차

구글에서는 끊임없이 새로운 프로덕트가 나온다.
이를 내 삶에 접목시켜보자. 이를 통해 혁신이 시작될 것이며 구글이 새 프로젝트를
시행하는 한 그 혁신은 멈추지 않을 것이다.

episode

01

내 생애
마지막
자기계발은
구글과 함께

내 생애 마지막 자기계발은
구글과 함께

류랑도의 〈일을 했으면 성과를 내라〉

팀 페리스의 〈타이탄의 도구들〉

토니 로빈스의 〈네 안에 잠든 거인을 깨워라〉

데이비드 알렌의 〈끝도 없는 일 깔끔하게 해치우기〉

스티븐 코비의 〈성공하는 사람들의 7가지 습관〉

이지성의 〈리딩으로 리드하라〉

론다 번의 〈시크릿〉

스펜서 존스의 〈누가 내 치즈를 옮겼을까〉

호아킴 데 포사다의 〈마시멜로 이야기〉

　　내가 읽었던 많은 자기계발 서적 중 기억에 남는 책들이다. 물론 서점에는
이 외에도 수많은 자기계발 서적이 존재한다. 아마 독자분들도 이 책 중 한
권 정도는 읽었거나 최소한 제목은 들어 보았을 것이다. 이 책들은 우리나라
에서 잘 팔렸던 베스트셀러들이다. 자기계발 서적은 게으름을 이겨내고 독서
와 경영학과 인문학으로 수신제가치국평천하하여 멋진 삶을 만들어 내라는

비슷한 스토리를 가지고 있다. 그럼에도 자기계발 서적은 그 식상함을 이겨내고 우리나라 베스트셀러 순위에서 영원히 빠지지 않는 단골 주제다. 도대체 왜 그런 것일까? 6·25 전쟁 이후 붕괴한 한국 사회를 다시 세우기 위한 모멘텀 탓일 수 있고, 아니면 끊임없이 보다 나은 사람이 되어 가기 위한 유교적 이데올로기 탓인지도 모르겠다. 이유는 확실하지 않으나 우리나라 서점가를 흔드는 책 중에는 자기계발 서적이 꽤 많은 비중을 차지하는 것은 분명하다.

한 때 '4시간 수면법'이 유행했던 적이 있다. 또 언젠가는 마인드 매핑이 인기를 끈 적이 있다. '부자 아빠 가난한 아빠'가 유행했던 때가 있고 최근에는 디자인 씽킹과 비주얼 씽킹 그리고 인문학이 세상을 성공적으로 살아가는 궁극의 마스터 키처럼 알려졌다. 하지만 오랜 시간에 걸쳐 이러한 모습들을 잘 보고 있다가 보면 결국 이 모든 것은 트렌드에 불과하다는 생각이 든다. 자기계발의 본질은 변함없는데 새로운 이름으로 매번 다르게 나타나 기존의 성공 비법에 질려 피곤해하는 이들에게 이번에는 뭔가 기막힌 비법이겠거니 설렘을 주는 것은 아닐까 싶다. 그렇기에 서점가에서 새로운 트렌드의 자기계발 서적들이 꾸준히 베스트셀러에 올라가는 것이 아닐까?

기존의 성공 관련 서적들이 팔려 나갔던 만큼 독자들이 성공했더라면 우리 주변에는 엄청난 성공 스토리들로 가득할 것이다. 나 역시 내 안의 잠든 거인을 깨우고 지금쯤 가난한 아빠가 아닌 부자 아빠가 되어 있을 것이다. 일주일 만에 주식 고수가 되어 있고 하루 10분 투자로 몸짱이 되어 있었을 것이다. 하지만 현실은 그렇지 않다. 책 한 권 읽는 것으로 삶이 바뀌는 일은 드물다. 설령 삶이 바뀔 정도로 강력한 내용일지라도 그 감동과 결심이 오래가기 어렵다. 주변에 함께 하는 이 없이 혼자서 특수한 삶의 방식을 고집하는 것은 외로운 일이다.

미니멀 라이프건, 메모광이건, 인문학이건 마찬가지다. 이러한 부류의 자기계발 서적은 강력한 '트렌드'의 산물이기 때문에 몹시 좋아 보였다가도 시간이 지나가면 스치는 바람처럼 잊히게 된다. 인간은 망각의 동물이라고 하지 않던가. 더 좋은 자기계발의 비법이 나오면 이전의 비법은 뒤로 밀릴 수 있다. 기존의 저자보다 더 멋진 저자가 나오면 새로운 저자의 삶을 동경하게 된다. 공병호 선생님의 글을 탐독하다가 어느새 박경철 선생님의 글에 빠져든다. 그러다 ≪시크릿≫이라는 인류 최고의 성공 기법이라는 광고를 보고 린다 번의 글과 영상을 추종하게 된다. 따라서 이런 트렌디한 책들을 꾸준히 읽고 실천하지만, 예전의 삶과 크게 달라진 것이 없다는 독자가 있다면 이번 기회에 구글과 함께 자기계발을 권하고 싶다. 어쩌면 여러분 인생의 마지막 자기계발이 될 수도 있을 것이다. 최소한 나에게는 그러하기 때문이다.

내 생애 마지막 자기계발은 구글과 함께

왜 구글을 통한 자기계발은 효과적일까? 첫째, 구글은 철학이 담긴 도구이다. 그렇기에 손쉽게 적용하고 사용할 수 있다. 삶을 바꾸고 종교를 바꾸고 인생관을 바꿀 필요 없이 무엇보다 손쉬운 실천이 가능하다. 오랫동안 아이폰을 쓰다가 얼마 전 안드로이드 폰으로 바꾼 지인이 세상에 이렇게 편할 수가 없다고 고백을 했다. 개종을 하는 것만큼 심각한 고민 없이 도구만 바꾸었는데 벌써 그의 삶과 라이프 스타일은 많이 바뀌었다. 어제까지 네이버로 검색하던 것을 구글로 검색하고 한컴오피스의 한글로 쓰던 글을 구글 독스로 쓴다. 어떤가? 할 만하지 않은가?

둘째, 지속 가능하다. 안드로이드 폰을 쓰는 이상은 최소한 안드로이드의 삶에 맞추어야 하듯 구글의 도구를 쓰기 시작하면 쓰는 기간만큼은 구글의 철학을 접하게 된다. 미니멀 라이프는 열심히 추구하다가 어느 순간 잊힐 수 있지만, 구글의 도구는 지메일과 유튜브를 쓰는 한 영원히 접하게 되어 있다. 하루에도 수십 통의 이메일을 읽고 있고 유튜브는 이제 누구나 인정하는 스마트폰 최고의 사용 앱인 만큼 구글의 영향은 클 수밖에 없다.

셋째, 구글을 통한 자기계발은 외롭지 않다. 1일 1식을 추구하는 이의 삶은 외롭다. 점심에 나가서 맛있는 설렁탕을 먹자고 주변에서 유혹한다. 저녁에는 피할 수 없는 회식이 잡혔다. 1일 1식을 한다고 소문내도 주변의 잔소리만 듣고 며칠 뒤에 바로 포기할 수밖에 없었다. 하지만 구글을 통한 자기계발은 다르다. 구글을 통해 혁신적인 삶을 추구하는 이들은 주변에 정말 많다. 아니 우리나라에서는 사실 그리 많지는 않았지만 최근 들어 급속도로 많아지고 있다. 특별한 종교가 아니니 주변 사람들에게 무료이고 편한 도구 소개하는 심정으로 전파할 수 있기 때문이다. 게다가 써보면 바로 '우와~'하는 반응이 나온다. 주변에 이런 이들이 늘게 되면 역시 내가 맞게 가고 있구나 싶을 것이다. 그러니 이를 통한 혁신의 삶은 결코 어려울 것이 없다.

마지막으로, 내가 구글을 먼저 그만두고 떠나는 일은 있을지라도 구글이 혁신을 멈추는 일은 없을 것이다. 구글에서는 하루가 멀다고 새로운 프로젝트들이 생기고 여기에서 얻어진 프로덕트들이 사용자들에게 제공된다. 태생이 엔지니어 기업이다 보니 기존에 불편한 것이 있으면 바로바로 뜯어고치고 이를 수정하여 다시 사용자들에게 제공한다. 마치 반창고를 붙이듯 패치를 내놓았다는 표현을 쓴다. 그리고 사용자들의 피드백을 통해 또다시 수정한다. 뚝딱뚝딱 고치니 팅커링이라고 표현하기도 한다. 수없이 많은 베타 버전이 시험대에 올라가 있다. 그러다보니 24시간 내내 돌아가는 엔지니어들의 삶의 속도가 우리 사용자들에게도 그대로 전달되는 것 같다. 이들의 속도로 삶을 바꾸어 나간다면 조만간 우리는 화성으로 가는 로켓 안에 타고 있을지도 모르겠다.

구글 프로덕트 사이트에 들어가면 구글이 현재 진행하는 프로젝트들이 나열되어 있다. 지금까지 검색하고 정리한 바로는 220개까지 열거할 수 있었다. 앞으로 얼마나 많은 프로젝트가 새로 생길지 모르겠다. 여하튼 그들의 속도를 따라가기 어렵다는 것은 모두가 인정하는 바이다. 전 세계에서 가장 창의적이고 혁신적인 인재들이 각자의 전문 업무 분야에서 미래를 바꾸는 제품들을 만들어 내고 있다. 게다가 그것도 모자라 구글의 업무와는 관계가 없고 자신의 분야가 아닌 영역임에도 20% 프로젝트^{20% Project}라는 이름으로 개인적인 열정에 의해서 혁신을 만들어 내고 있다. 참고로 이야기하자면 재미있게도 구글의 대표적인 사업 중 우리가 잘 아는 지메일, 구글 지도, 구글 애드센스 등이 사실 이 프로젝트들의 산물이라고 한다. 세상에서 가장 재미있는 일이 딴 짓이라고 하였던가. 업무와 관계없는 20%의 시간이 가장 창의적이고 즐거웠던 모양이다. 이렇게 창의적이고 기발한 프로덕트들이 쉬지 않고, 끊임없이 쏟아져 나오고 있다. 말 그대로 하루가 멀다고 새로운 프로젝트들이 소개되고 있기 때문에 새로운 도전과 자극을 찾는 데 별다른 어려움 없이, 큰 고민 없이

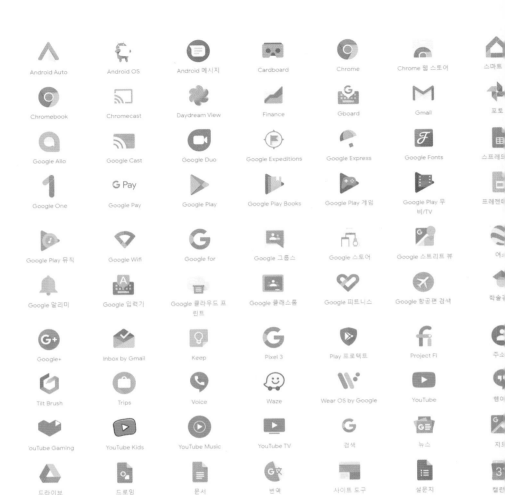

Android Auto	Android OS	Android 메시지	Cardboard	Chrome	Chrome 웹 스토어	스마트
Chromebook	Chromecast	Daydream View	Finance	Gboard	Gmail	포토
Google Allo	Google Cast	Google Duo	Google Expeditions	Google Express	Google Fonts	스프레드
Google One	Google Pay	Google Play	Google Play Books	Google Play 게임	Google Play 무비/TV	프레젠테
Google Play 뮤직	Google Wifi	Google for	Google 그룹스	Google 스토어	Google 스트리트 뷰	여
Google 알리미	Google 입력기	Google 클라우드 프린트	Google 클래스룸	Google 피트니스	Google 항공편 검색	학술
Google+	Inbox by Gmail	Keep	Pixel 3	Play 프로텍트	Project Fi	주소
Tilt Brush	Trips	Voice	Waze	Wear OS by Google	YouTube	행아
YouTube Gaming	YouTube Kids	YouTube Music	YouTube TV	검색	뉴스	지도
드라이브	드로잉	문서	번역	사이트 도구	설문지	캘린

구글 프로덕트들. 이외에도 200여 가지의 프로덕트들이 진행 중이거나
진행되었거나 진행될 예정이다.

새로운 프로덕트들이 나오는 족족 일상에, 또는 나의 업무에 하나 둘 적용해 보고 있다. 물론 성공적 접목의 결과는 크게 중요하지 않다. 나는 구글의 직원이 아니기 때문이다. 단지 접목시켜보려는 시도만으로도 일단은 내가 살아오던 일상에, 업무에 새로운 관점을 부여할 수 있었고 결국은 그것이 성공의 비결이 되었다고 감히 말할 수 있다.

내 삶을 생소하게 만들라 구글의 제품과 함께

우리가 예전에 겪은 적이 없던 일을 마치 경험한 것처럼 느끼는 심리 현상을 '기시감'이라고 말한다. 이와 정반대로 늘 경험하는 반복적인 일상인데 어느 날 갑자기 처음 겪는 것처럼 새롭게 느끼는 현상이 있다. 바로 '미시감'이다. 사람은 이 미시감을 통해서 가장 창의적인 사고가 가능하다고 한다. 늘 쓰던 연필인데 지우개를 뒤에 달아보겠다는 생각, 자전거 탈 때 위에 앉던 안장인데 벽에 걸면 소의 머리가 된다는 재해석, 다 쓴 구식 스마트폰이지만 앱 하나만 깔면 몹시 훌륭한 CCTV가 될 수 있다는 발상. 미첼 레스닉Mitchel Resnick의 ≪평생유치원≫에서 나오는 말처럼 종이 클립을 만들어 낸 것은 큰 창조이지만 종이 클립을 다른 용도로 사용하는 것은 작은 창조이고 이것이 진정한 창의성이다. 이처럼 답은 이미 우리 주변에 있지 않았을까? 성공의 비결을 멀리서 찾을 것이 아니라 우리 주변에 있는 것들을 새로운 시각으로 바라보면 답을 찾을 수 있을지 모른다. 구글이 만들어 내는 도구를 어떻게 내 분야에, 내 삶에 적용할 수 있을까?

앞서 언급한 수많은 자기계발 서적들이 제목은 서로 달라도 새로운 시작과 시각을 위해서 일상을 혁신하고 성공적인 자기관리를 이야기하고 있다. 하지만 아침 일찍 출근과 저녁 늦게 회식이 반복되는 일상에서 언제 내 삶을 바꿀 수 있겠는가? 출퇴근 시간을 줄이기 위해 이사할 수도 없고 멀쩡한 집을 놔두고 호텔에서 잠을 잘 수도 없다. 차를 바꾸거나 옷을 바꾸거나 책상을 바꾸거나, 그 모든 변화는 돈이 든다. 큰 용기가 필요하다. 그러나 구글과 함께라면 새로운 시도와 분위기 전환이 손쉽게 가능하다. 게다가 그 변화의 속도가 워낙 빠르니 이보다 더 좋은 페이스메이커는 없다. 사실 너무 빨리 뛰어서 따라가기가 어려울 지경이다. 온라인에서 구글의 새로운 도전들을 주시하며 함께 달려보자. 매일 새로 나오는 툴들을 통해서 내 삶에 적용해 보자. 메모 앱이나 이메일 앱을 바꾸어 보고, 작업하던 워드 앱을 바꾸어 협업하는 동료와 구글 슬라이드를 사용해 보자. 하루하루가 새롭고 채울 것이 충만한 삶이 될 것이다. 이를 통해 얻어지는 창의적 아이디어들은 얼마나 많을까?

나의 주업은 치과의사이며 대학교수이다. 일주일에 최소 5일은 이 직업에 묶여 있는 월급쟁이이다. 하지만 이와 동시에 교수로서 새로운 임상술기를 개발하는 개발자이고 이를 과학적으로 검증하는 연구자이다. 또한, 이렇게 얻어진 새로운 사실들을 다른 임상가들에게 학회의 자리를 빌거나 주말 연수회 자리를 빌려 전파하는 전문 강연자이다. 이와 동시에 수천명의 구독자를 가진 유튜브 크리에이터로서 다양한 테마의 동영상을 제작하고 있다. 그리고 20여년간 13권의 책을 쓴 작가이며 집에서는 부족한 남편이자 아빠로 활약하고 있다. 많은 이들이 내가 하는 일들과 이루어 낸 업적을 보면 도대체 언제 그렇게 많은 일을 하느냐고 묻는다. 답은 간단하다. 바로 구글 덕분이다.

반복적이고 바쁜 일상 속에서도 끊임없이 새로운 테마를 발굴하고 다양한 프로젝트를 시작하며 꾸준히 작업물을 내어 놓을 수 있는 것은 바로 구글과 함께 하고 있기 때문이다. 무엇보다 구글의 도구들이 나의 삶과 창의력을 극대화해주기 때문이며, 동시에 구글의 추진력을 보며 큰 자극과 동기 부여를 받고 있기 때문이다. 세르게이 브린과 래리 페이지라는 대학원생 두 명이 구글을 창업하여 세상을 바꾼 모습을 보며 나도 할 수 있다는 꿈을 갖게 되기 때문이기도 하다. 세상의 모든 정보를 정리하여 세상 모든 사람에게 제공한다는 그들의 거대한 야심에 소름 돋아 나도 그 정도 꿈은 꾸어야겠다는 자극을 받는다. 물론 개인의 힘으로 구글이 프로덕트를 내어놓는 속도와 경쟁을 하는 것은 역부족이다.

하지만 개인으로서 구글과 경쟁하자는 것이 아니라 구글이 변화하고 혁신하고 리딩하는 것을 바라보며 최소한 그들과 함께 그들의 길을 비슷한 속도로 따라가자는 것이다. 가는 길에 내가 하는 일을 혁신하고 내가 속한 직장을 혁신하며 내 가정을 혁신하자는 것이다. 그 시작은 아주 쉽다. 지금 당장 지메일을 쓰고 구글을 검색하며 유튜브로 노하우 동영상을 검색하는 것이다. 구글 드라이브에 파일을 올리고 공유를 하는 것이다. 구글 독스에 글을 쓰고 저장 버튼 없이 이 기계 저 기계에서 글을 이어 쓰는 체험을 해보자는 것이다. 그리고 느껴보자. 새로운 시대의 시작을. 그렇게 하나하나 시작하는 것이다. 그리고 지속 가능한 혁신으로 발전시켜 나가야 한다. 그렇게 나는 내 안의 잠든 거인을 구글해냈다.

내 생애 마지막 자기계발은 구글과 함께

구글 프로덕트를 알자

구글이 서비스하는 프로덕트를 정리하고 그들의 방식으로 한번 분류해 보는 시간을 갖도록 하겠다. 그들의 전 방면에 걸친 야심 찬 프로젝트들을 한번 살펴보자. 이를 통해 삶에 적용할 제품을 고르는 데 도움을 얻으실 수 있을 것이다.

구글 프로덕트 페이지에서는 구글의 다양한 프로덕트를 나름의 체계로 분류해 두었다. 우선은 구글의 태생 자체가 검색 엔진이기에 가장 상위에 검색 및 탐색 관련 툴이 제시되어 있다. 구글 검색과 지도는 이미 전 세계에서 가장 많은 자료를 확보하고 신속하게 검색할 수 있는 알고리즘을 확보한 상태이다.

업계 최강의 수준이다. 하지만 아쉽게도 국내에서는 구글 지도를 100% 활용할 수 없다. 지도 반출에 대한 정부 방침 때문이다. 이 분류를 자세히 보면 재미있는 것이 번역과 크롬 브라우저가 검색 및 탐색에 분류되어 있다는 점이다. 최근 신경망 회로에 의해 강력하게 업그레이드된 구글 번역기는 이제 글, 음성, 사진을 가리지 않고 번역해 준다. 약간의 딜레이는 있지만 두 사람의 대화를 통역까지 해 줄 수 있게 되었다. 모르는 단어와 문장 등을 이제는 번역기로 검색하라는 취지이다. 그렇다면 크롬 브라우저는 왜 검색 및 탐색에 포함되어 있을까? 다음 그림에서 설명하자.

크롬 브라우저는 구글이 제작한 웹 브라우저로서 가장 기본이 되는 플랫폼과 같다. 크롬 브라우저의 검색창은 단순하게 인터넷 주소를 넣는 기능으로만 쓰는 것이 아니다. 다양한 기능을 갖고 있기에 이를 옴니박스Omnibox라고 부르고 있다. 일단 옴니박스 안에 원하는 키워드를 치는 순간 실시간으로 가장 확률이 높은 검색어를 제시해 준다.

내 생애 마지막 자기계발은 구글과 함께

↑ 환율 변환이 필요하다면 바로 숫자와 화폐 단위를 적고 [Space bar]를 누른다. 현재 환율을 바로 알려주고 그 아래에서는 원하는 단위로 변환할 수 있도록 선택지가 제시된다.

↑ 옴니박스는 계산기로도 활용할 수 있다. 숫자와 연산자를 입력하면 창이 바뀌지 않고 바로 답이 나온다. 만일 계산기가 필요하면 [Enter]를 눌러 계산기 페이지로 넘어갈 수 있다.

옴니박스에서는 구글 검색뿐 아니라 다른 검색 엔진도 검색할 수 있다. 물론 네이버 검색을 위해 네이버로 직접 들어가고서, 다시 거기서 검색할 수도 있지만 옴니박스에 키워드로 등록해 두면 키워드 입력 시 "[Tab]을 눌러 '특정 검색 엔진'에서 검색"이라는 메시지가 뜨게 된다. 혹은 몇 번 반복된 키워드는 자동으로 등록된다. 여기서 [Tab]을 누르고 검색할 단어를 입력하면 바로 검색 결과 페이지로 넘어간다. 거쳐야 할 페이지가 하나 줄어드는 셈이다. 사용자의 검색 경험을 최적화하기 위해 얼마나 신경을 쓰는지를 느낄 수 있는 순간이다.

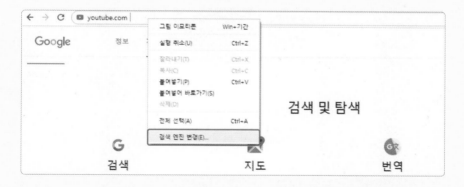

검색 엔진 등록을 위해서는 옴니박스에서 마우스 우클릭을 한 뒤 [검색 엔진 변경]이라는 옵션을 선택한다.

옴니박스에서 바로 검색할 수 있는 외부 검색 엔진들을 등록하고 수정할 수 있다.

키워드를 변경하여 단축키처럼 외부 검색 엔진을 불러올 수 있다. 나는 평소에 유튜브 검색을 많이 하므로 기본 검색 엔진에 유튜브를 넣어 보았다. 키워드는 'yt'이다.

앞으로는 옴니박스에 'yt'만 입력하면 옴니박스 오른쪽에 '[Tab]'을 눌러 유튜브 동
영상 검색'이라고 나올 것이다. 그리고 유튜브로 이동할 필요 없이 [Tab]을 누르고
검색어를 입력하면 유튜브 페이지에서 검색한 결과가 바로 나오게 된다.

다음 프로덕트들을 살펴보자. 이제 다들 잘 아시는 것처럼 세계에서 가장
큰 검색 엔진은 구글이다. 하지만 2위의 검색 엔진은 놀랍게도 유튜브이다. 유
튜브는 그냥 동영상을 감상하는 곳인 줄 알았다. 하지만 최근 세계에서 가장
많이 쓰는 SNS 순위에서 유튜브는 2위를 차지했다. (2018년 10월 Statista社에서
발표) 보고 듣고 즐기기에는 유튜브가 제격이다. 구글 플레이 뮤직은 아직 우

리나라에서 활성화가 되지는 않았지만, 현재는 유튜브 레드의 음악 듣기와 중복되는 부분도 있으니 잠시 지켜보아야 할 것 같다.

크롬캐스트는 콘텐츠를 집에서, 데스크톱에서, 스마트폰에서 언제 어디서나 즐길 수 있게 하여 주는 중요한 기구이다. 일반 TV를 구글과 유튜브가 되는 스마트 TV로 바꾸어 주는 것으로 생각하면 되겠다.

마지막으로 구글 무비 또는 유튜브 영화는 정말 강력히 추천하는 서비스이다. 많은 가정들이 올레 TV, LG 유플러스 등등 IPTV를 고가에 사용하고 있다. 거기에 별도로 영화를 볼 때면 수천 원 많게는 수만 원의 돈을 내고 보아야 한다. 그러나 같은 영화를 유튜브에서 찾아서 구글 플레이로 결제를 하게 되면 최저 1/3 정도의 가격으로 볼 수가 있다. 국내 업체들이 긴장해야 할 부분이다. 로그인만 하면 언제 어디서나 어느 기기에서나 영화를 다시 볼 수 있으니 장소가 고정되어 있는 셋톱박스 및 TV와의 싸움은 결과가 뻔하다.

이번 도구들부터는 소프트웨어를 넘어선 구글의 우주 정복의 야심이 가시화된다. 구글에서 만든 스마트폰은 픽셀폰이라 불린다. 아직은 기존의 적수들에 맞붙기에 부족한 부분이 많지만, 점차 마니아층이 늘고 있다. 구글 홈 스피커인 맥스, 미니 등을 통해 간단한 정보를 받고 유튜브나 구글 플레이 뮤직에서 음악을 들을 수 있다. 아이 방의 전등을 켜주고 알람을 각 방마다 다양한 음악으로 설정한다. 듣던 음악을 이어 듣기도 하고 명령어로 TV를 켜고 끌 수도 있다. 말 그대로 집에 비서가 한 명 생기는 셈이다.

구글의 방대한 데이터 수집 욕심은 사용자에게도 권장된다. 일상에서 찍는 모든 사진과 동영상을 클라우드에 올려 두고 이를 가족들과 동료와 손쉽게 공유할 수 있다면 얼마나 좋을까? 막내아들의 얼굴을 인공지능이 학습해 두었다가 막내아들의 사진만 골라서 수년 치의 사진을 정리해 준다면 얼마나 편할까?

캘린더를 가족과 공유하고 직장 사람들과 함께 일정을 잡는 데 활용하는 것은 좋은데 개인적인 프라이버시 보호를 원한다면 일정이 공유는 되지만 '바쁨/안 바쁨'으로 표시할 수 있다. 저녁에 두 시간 바쁜 것은 알 수 있지만 무슨 일로 바쁜지는 알 수 없다. 일정 공유 시에 참으로 유용한 기능이다.

마지막으로 구글 킵은 왕년의 절대 강자 에버노트를 압도할 수 있는 심플한 메모 앱이다. 활용법에 대해서는 에피소드2의 〈설명을 시작해 볼까?〉에서 자세하게 다룬다.

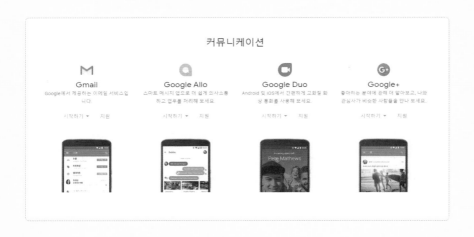

뭐든지 다 잘하는 구글이라 못하는 게 없을 것 같지만, 신기하게도 구글이 유독 잘하지 못하는 것이 있는데 바로 커뮤니케이션 프로덕트들이다. 그나마 지메일은 업무에 관련된 부분도 다루고 있어서 그런지 잘 발전시키고 있다. 애플의 아이폰이 페이스타임을 내놓았을 때 가장 부러워했던 것이 구글이고, 페이스북이 커뮤니티 서비스로 1위에 올랐을 때 가장 배 아파했던 것이 구글이다.

　페이스타임에 해당하는 구글 듀오와 페이스북에 해당하는 구글 플러스를 만들었지만, 잘 알려지지 않은 도구이다. 구글의 화상 채팅 앱과 메신저의 발전사는 눈물 없이는 들을 수 없는 긴 이야기이다. 이외에도 구글 알리미, 과학 저널, 툰타스틱Toontastic, 크롬 뮤직랩, 구글 폰트, 구글 스칼라, 데이터 스튜디오 등 주옥같은 프로덕트들이 너무나도 많지만 이번 책에서는 분량의 문제로 언급하지 못함이 안타까울 따름이다. 부디 이 많은 멋진 도구들을 이용해서 내 안의 거인을 찾아내기를 소원한다.

10% 성장이 아니라 10배 성장하는 문샷 씽킹을 하자. 그리고 역순으로 이에 도달
하기 위한 과정을 나열해 보자. 그럼 당장 내일부터 해야 할 일이 정해질 것이다.
그렇게 혁신은 시작되는 것이다.

episode

0 2

**구글의 정신,
문샷 씽킹으로
생활하자**

구글의 정신,
문샷 씽킹으로 생활하자

　구글이 세상을 바꾸어 나가는 기술들은 하나하나가 모두 놀랍지만 사실 그 기술보다 그 기술의 이면에 있는 구글이 가진 정신이 더욱 대단하다. 애플의 정신은 무엇인가? "다르게 생각하라Think Different."가 애플의 모토로 알려졌고 그 결과 예술가 기질로 충만한 인문학적 소양의 개발자들이 인간의 감성을 자극하는 멋진 제품들을 만들고 있다. 반면 구글의 모토는 "악해지지 말자Don't be evil."이다. 당혹스러울 수 있다. "놀라운 기술력으로 새로운 기술을 만들어 수입을 올리고 주주들과 나누자."가 아니라 "악해지지 말자."라니. 우리 말로 하자면 "착하게 살자."라는 뜻인데 정말 신경 쓰지 않고 만든 모토같다. 하지만 인류의 데이터를 모두 수집하여 정리하고 이세돌 9단을 능가하는 인공지능을 만들고 자율주행 자동차를 개발하는 등 최근의 행보를 보면 이들의 모토가 얼마나 다행스러운 일인지 모르겠다. 아마 구글은 이런 날이 올 것임을 이미 예상했는지도 모르겠다. 사람들에게 많이 알려지지 않은 구글의 모토가 또 하나 있는데 바로 그것은 '문샷 씽킹Moonshot Thinking'이다. 말 그대로 '달을 향해 쏘는 사고'라는 뜻인데 도대체 무슨 뜻일까?

MOON
SHOT

A SPACE STORY ABOUT LIFE ON EARTH

구글이 500억 상금을 내걸고 진행하는 X프라이즈 프로젝트(https://lunar.xprize.org)

모든 회사나 개인들이 새해 첫날이 되면 한 해를 계획한다. 어떤 회사는 전년도 대비 10%를 목표로 한다. 야심 찬 어떤 회사는 20%를 꿈꾸기도 할 것이다. 아니면 전년도만큼만 유지하자는 현실적인 목표도 있을 것이다. 수치는 다소 다르지만 결국 거기서 거기다. 이것이 일반적인 회사들의 생각이고 그들의 한계이다. 하지만 구글은 다르다. 남들과 같은 10% 성장이 아닌 10배 성장을 꿈꾸자는 것이다. 모두가 달을 더 자세히 보려고 더욱 해상도가 높은 망원경 개발에 힘을 쏟고 있을 때 이들과는 달리 망원경 개발보다는 아예 달로 직접 갈 수 있는 우주선을 개발하겠다는 뜻이다. 심지어는 10% 성장보다는 10배 성장이 더 쉽다고 이야기한다.

얼마나 대범하고 소름 돋는 결심인가? 물론 너무나 허황한 꿈일 수 있다. 아직 달에 갈 수 있는 기술이 없는 상태일 수도 있다. 하지만 꿈이 달에 가는 것으로 정해지면 그때부터는 역순으로 접근 방법을 고민해 볼 수 있다. 가장 최종적으로는 안전하게 달에 소프트 착륙하는 기술이 있어야 하고, 그 이전에는 달까지 3일 정도 무사히 여행하는 기술이 있어야 하며 다시 그 이전에는 지구 대기권을 벗어날 수 있어야 한다. 그리고 그 이전에는 우주선을 탈 잘 훈련된 우주인이 있어야 하고 그렇다면 당장 우주선을 발사할 발사대와 우주선을 개발할 연구소가 있어야 한다. 자, 이쯤 되면 일단은 우주선 발사대를 할 큰 공터를 준비하고 그 주변에 스페이스 센터를 짓고 우주선 개발을 시작하자는 구체적 행동이 나올 수 있다. 이렇게 하나하나 순서대로 해결해 나가다 보면 정말 달에 갈 수 있는 날이 올 수 있다. 하지만 그러한 목표가 없으면 당연히 그 어느 곳으로도 갈 일은 생기지 않는다.

실제 구글에서는 문샷 프로젝트를 위해 X 컴퍼니^{X company}라는 비밀 자회사를 만들어 웨이모^{Waymo}, 룬^{Loon}, 윙^{Wing}, 글래스^{Glass}, 바지^{Barges} 등의 프로젝트들을 2010년 이래 진행해왔다. 이 작업의 수장은 애스트로 텔러^{Astro Teller}이다. 본명은 에릭 텔러^{Eric Teller}인데 '별을 읽어주는 사람'이라는 뜻을 가진 애스트로 텔러라는 애칭을 사용하고 있으니 문샷 프로젝트를 맡기에 이보다 더 적합한 사람이 있을까? X 컴퍼니의 수장 애스트로 텔러는 이렇게 말했다.

> 기존 방식에서 10%를 개선하려 애쓰는 것보다는,
> 아예 새로운 방식을 도입하여 10배의 성장을 이루는 것이
> 더 쉬울 수 있다

왜냐하면 10배 성장을 위해서는 기존의 사고대로 일해서는 불가능하기 때문에 완전히 처음부터 새롭게 판을 짜야 하기 때문이다. 기존 생각의 틀에 사로잡혀서는 결코 나올 수 없는 해법이 문샷 씽킹을 통해서는 가능할 수도 있다. 그들은 이러한 발상을 통해서 인터넷이 도달하지 않는 지역의 상공에 풍선을 띄워서 공중에서 인터넷을 쏘는 사업을 진행하고 있고 무인 자동차가 수없이 많은 길을 돌아다니며 지리 정보를 익히고 학습하고 있다.

개인의 삶도 문샷이 가능할까?

이러한 대범하고도 혁신적 사고를 개인도 가져보면 어떨까? 'BHAG'이라는 용어가 있다. 미국의 경영 평론가 제임스 콜린스^{James Collins}와 제리 포래스^{Jerry}

Porras가 1994년 펴낸 ≪비전을 가진 기업들의 성공적인 습관≫에서 처음 등장한 용어다. "크고Big 대담하며Hairy 도전적인Audacious 목표Goal"의 머리글자를 말한다. 우리의 주변에는 이러한 거대한 목표를 세우는 이들이 있다. 존 에프 케네디 대통령은 십 년이 지나기 전에 인간을 달에 보내고 무사히 귀환시키겠다는 목표를 선포한 바 있다. 마이크로소프트사의 빌 게이츠Bill Gates는 모든 가정의 책상 위에 컴퓨터를 올리겠다는 약속을 했다. 아이언맨의 현실 모델로 너무나도 잘 알려진 엘론 머스크Elon Musk는 십 년 안에 화성에 인류를 성공적으로 정착시키겠다는 목표를 세웠다. 볼보 자동차 회사는 2020년까지 그 누구도 새로운 볼보 자동차에 의해서는 죽거나 심각하게 다치는 일이 없게 만들겠다고 선언했다. 그리고 이 책의 주인공인 구글은 그들의 사명을 전 세계의 정보를 정리하여 누구나 쉽게 사용하고 접근할 수 있게 한다는 목표가 있다. 허언이 아닌, 그 거대한 목표를 이루려고 한 발씩 디뎌가는 그들의 모습을 지켜보자. 최소한 이들은 그들이 가는 방향을 알고 있다.

개인의 삶도 이러한 모습을 가질 수는 없을까? 우리는 모두 태어나서 숨 쉬고 먹고 자고 일하는 똑같은 패턴을 보이고 살지만 사실 자신의 명확한 목표를 가지고 전력 질주하는 이들은 많지 않다. 하지만 그 목표를 알고 있다면, 그리고 10배 더 큰 꿈을 꾸고 그 소름 돋는 사명에 사로잡히게 된다면, 밥을 먹고 잠을 자면서도 끊임없이 전진하며 고민하는 삶을 살게 될 것이다.

구글의 정신, 문샷 씽킹으로 생활하자

행복해지고 싶다면 행복의 정의부터 먼저 세워라

아마 많은 이들에게 "소원이 무엇이냐?"라고 물어본다면 '행복'이라고 답할 것이다. 그렇다면 "행복이란 무엇인가?"라고 물어본다면 아마도 똑 부러지게 답을 하는 이들은 많지 않을 것이다. 행복에 대한 정의도 없이 행복이라는 정신적 상태를 추구하고 있으니 결코 그 어느 순간에도 목표를 달성할 수가 없다. 서은국 교수의 ≪행복의 기원≫이란 책에서 저자는 인간은 어떻게 하면 행복해지는지를 고민할 것이 아니라 왜 행복해져야 하는지를 물어야 한다고 말한다. 그리고 사실 상당히 진화생물학적인 관점의 허무한 결론을 하고 있다. 하지만 책을 읽게 되면 상당히 수긍을 하게 된다. "왜?"에 대한 문제가 이해되면 그다음 "어떻게"는 사실 자연스럽게 사라질 문제였던 것이다. 내용을 더 알고 싶은 독자분들은 서은국 교수님의 책을 더 읽어 보시기를 바란다.

문샷을 위해서는 지구로부터 시작

대다수의 사람이 올해만큼은 담배를 끊고 술을 줄이며 천만 원을 저축하고 5킬로그램의 살을 빼는 것을 꿈꾸고 있다. 단지 올해의 목표가 아닌 사실 십 년째 계획하는 일들이지만 지난 십 년간 단 한 번도 제대로 성취한 적은 없었을 그런 해묵은 프로젝트이다. 이러한 평범한, 누구나 꿈꿀 수 있는 목표가 아닌 문샷 수준의 계획을 세워보는 것은 어떨까? 이를 위해서는 기존의 방식으로는 도저히 성취할 수 없을 것이다. 그러니 다시 처음부터 판을 짜야 하고 혁신적 방법을 따라야 할 것이다.

중요한 것은 기존의 습관적인 접근 방법을 벗어나 완전히 새로운 접근 방식으로 시작하라는 것이다. 래리 페이지는 종종 "리셋 버튼을 누르고 다시 시작하죠."라고 말했다. 지금까지 누구도 해결하지 못한 중요한 문제에 눈을 돌리고 이를 위해 혁신적인 방법을 고민한다면 무언가 의미 있는 결과를 창출할 수 있을 것이다. 우리 개인의 일상에서 역시 혁신적인 문샷 씽킹을 통한 해법들이 쏟아져 나오기를 기대해 본다.

문샷이라는 단어 자체에 이미 내포되어 있지만, 지구에서 달로 가는 것이 최종 목표이다. 그리고 우리의 시작점은 지구이고 달과 38만 킬로미터 떨어져 있다. 지구의 중력을 이겨 내고 로켓을 안정적인 대기권 궤도에 올리는 것이 극복해야 할 가장 큰 1단계 문제이다. 만일 로켓 발사 시에 바람이 수평으로 불거나 기상이 불량해도 문제가 생긴다. 결과적으로 우리는 목표를 향해서 나아갈 때 목표만을 보고 있지만 사실 지금 출발점을 잘 보아야 한다는 사실을 잊곤 한다. 다이어트를 하는 사람들도 마찬가지다. 최종 체중을 바라만 볼 뿐 지금의 내 몸의 상태나 내가 사는 환경, 식습관, 내가 좋아하는 음식 등을 충분히 분석하지 않는다. 이러한 자신의 상황을 충분히 인식해야 성공할 수 있는 전략을 수립할 수 있을 것이다. 이러한 자아성찰이야말로 성공적인 목표 달성을 위한 가장 중요한 단계인데 이런 관점에서 모든 것을 정확하게 기록하고 영원히 기억해 주는 구글은 좋은 동반자이다. 나중에 자세히 설명할 구글 킵Google Keep과 구글 피트니스Google Fit가 그 좋은 예이다.

문샷을 위한 구글 킵과 구글 피트니스 사용법

↑ 구글 킵은 매우 직관적이고 단순한 메모 앱이다. 메모를 만들고, 보관할 수 있으며 협업자와 공유하기 편하다. 기본적으로는 에버노트나 원노트와 같이 기록과 정보를 보관하는 곳이지만 잘 활용하면 일기로도 활용하기 좋다. 구글 킵(https://keep.google.com/)으로 접속하고 구글 계정을 통해 로그인한다. 스마트폰과 데스크탑 모두 접근 가능하다.

↑ 제목과 본문을 적는다. 저장하는 즉시 데스크톱, 스마트폰 어디에서나 동기화된다.

↑ 최근 감정 일기가 유행한다고 한다. 매일 자신의 감정이 하는 이야기에 충실히 귀를 기울이라는 뜻인데 나는 일기 내용이 부정적이고 우울하면 붉은색, 즐겁고 행복하고 신나면 파란색으로 컬러링을 하고 있다. 일기가 누적되면서 얼마나 우울했고 행복했는지를 한눈에 볼 수 있다.

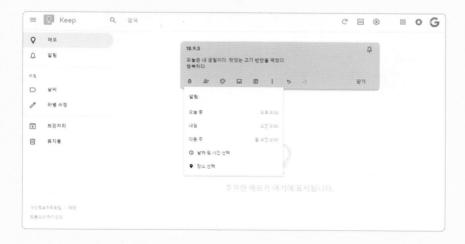

↑ 만일 잊지 말아야 할 중요한 사항이 있다면 [알림]을 활용한다. [알림]을 누르면 알림 일자를 지정할 수 있는 서브 메뉴를 보여준다.

↑ 만일 커플 일기를 쓰는 분들이라면 하나의 계정으로 함께 써도 되겠지만 일기에 공동 작업자를 개별적으로 지정하여 쓰는 것도 가능하다. 그렇다면 두 개의 계정으로 각각 작업하되 공통의 사안에 대해서는 공동 작업자로 일기를 쓸 수도 있다. 물론 상대의 수정 사항은 나에게도 반영된다.

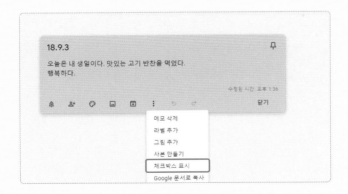

↑ 구글 킵에는 다수의 그림 입력이 가능하다. 아직 PDF와 같은 파일의 업로드는 불가능하다. [더보기] 버튼을 누르면 추가 기능들이 제시되는데 이 중 [체크박스 표시]를 이용하면 해야 할 일 목록을 손쉽게 만들 수 있다. 여행을 가야 하는데 준비할 짐을 싸거나 큰 행사를 준비할 때 빠진 사항이 없는지 체크리스트로 확인할 수 있다. 메모지나 포스트잇에 하는 것이 손쉽기는 하지만 물리적 메모들은 언젠가는 사라지고 파손된다. 하지만 디지털 메모들은 그 기록이 반영구적이다. 자료 보관을 위한 목적으로는 가장 적합한 포맷이라 생각된다.

↑ 체크리스트 내부에 트리 구조를 부여할 수 있기 때문에 큰 그림을 그리되 작은 일도 놓치지 않을 수 있다는 장점이 있다. 쇼핑리스트를 가족과 공유하면 가족 구성원들이 원하는 것을 빼놓지 않고 살 수 있다.

↑ 핀 버튼을 누르면 메모가 아무리 많아지더라도 항상 화면 상부에 메모를 유지할 수 있다.

↑ 해시태그를 이용해서 키워드를 넣으면 자동으로 라벨이 생성된다.

↑ 생성된 라벨은 왼쪽 사이드 메뉴에 추가된다. 이후 특정 라벨을 클릭하면 그 라벨이 붙은 메모를 선별할 수 있다.

↑ 왼쪽 사이드 메뉴에서 [알림]을 누르면 메모 중에서 알림 기능이 부여된 것만 선별할 수 있다. 현재 제시된 메모는 알림 기능에서 지역을 입력한 것으로서 상암동에 내가 도착하면 자동으로 알림이 뜨게 되어 있다. 기존의 날짜와 시간 조건에 맞게 알림이 뜨던 것과는 달리 GPS 기능을 이용해서 특정 위치에서도 리마인드 할 수 있게 한 것이다.

또 하나의 자아 성찰 시스템으로 구글 피트니스를 들 수 있다. 구글 피트니스는 안
드로이드 내의 소프트웨어로, 피트니스, 건강 트래킹 시스템이다. 구글 개발자 회의
인 구글 I/O 콘퍼런스에서 2014년 6월 25일 첫 발표되었고 사용자의 모바일 디바이
스에 있는 센서를 이용하여, 사용자의 피트니스 활동을 기록하고 측정하여 알맞은
건강 정보를 제공해주며, 사용자가 지정한 목표를 달성할 수 있도록 도와줄 수 있다.

기본적인 걸음 수 카운트와 GPS를 이용한 거리 측정이 기록된다.

↑ 이러한 활동 내용이 달력에 빼곡히 입력 보관된다. 이를 통해서 나의 활동을 되돌아볼 수 있다.

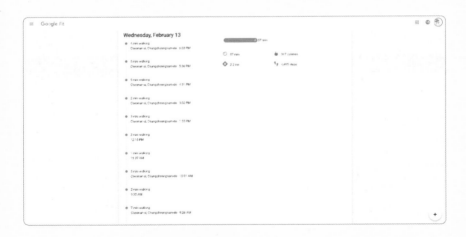

↑ 어제 하루 동안 이동 거리를 보았더니 시간대별로 걸었던 지역과 시간이 컬러마킹된다.

스마트폰에서는 무브 미닛 Move Minutes과 하트 포인트 Heart Points 기능이 있다. 구글은 해당 기능을 개발하려고 미국심장협회AHA 세계보건기구WHO와 협력했다.

무브 미닛은 단순히 걸음 수만 측정하는 것이 아니라 다양한 유형의 움직임을 측정한다. 하루에 움직일 시간을 분 단위로 설정할 수 있다.

하트 포인트는 심장이 뛰는 움직임을 점수로 나타낸 것이다. 빠른 속도로 격렬하게 움직일수록 포인트가 높아진다. 이렇게 점수를 설정하여 꾸준히 운동을 하도록 권장하고 있다.

매일 체중과 혈압을 입력하고 자신의 활동을 입력할 수 있다. 이렇게 자신의 하루를 관리하는 것은 장기적인 관점에서 볼 때 지구에서 달로 가기 위한 혁신의 과정에서 단계별로 좋은 통찰을 줄 것이다.

구글의 정신, 문샷 씽킹으로 생활하자

단 한 번에 성공으로 갈 수는 없다.
항상 변화와 수정의 여지를 남겨두고 최대한 가볍게 조금씩 변화해 가라.

episode

0 3

구글리하게
발전하라

구글리하게
발전하라

문샷 씽킹뿐 아니라 구글의 애자일^{Agile}한 작업 스타일 역시 자기계발에 큰 도움이 될 것이다. 마이크로소프트 오피스를 써봤다면 공감하겠지만 오피스 프로그램이나 아니면 윈도우 운영체제 등은 대부분 연도별로 업데이트 되고 있다. 윈도우 95, 윈도우 97, 윈도우 7, 오피스 2011, 오피스 2013 등, 사용자로서 오랜 세월동안 일 년에 한 번씩 하는 업데이트는 너무나 당연한 연례행사였고 단 한 번도 좀 더 자주 신속하게 업데이트가 되었으면 좋겠다는 생각을 해본 적이 없다. 모든 소프트웨어들이 그렇게 하고 있으며 프로그래밍을 하나도 모르는 일반인 처지에서는 이렇게 복잡해 보이는 프로그램을 혁신하려면 일 년은 족히 걸린다고 생각했기 때문이다. 그렇게 평생을 살아왔는데 구글을 만나니 그게 사실이 아니었다.

구글의 빠른 혁신

구글의 혁신을 보라. 그들은 철저하게 애자일한 형태이다. 전면적 혁신도 물론 존재한다. 하지만 한 달에 한두 건은 꾸준히 업데이트가 되고 변화가 발생하고 있다. 어느 날 새로운 기능이 추가된다. 그와 동시에 오래된 기능 하나는 사라지고 다른 기능의 하부 옵션으로 바뀌어 있다. '바꾼다 만다', '업데이트 해라 마라' 이야기도 없이 어느 날 그냥 그렇게 바뀌어 있다. 애플은 디자인과

Apple Pie 1.0

Cupcake 1.5

Donut 1.6

Eclair 2.0/ 2.1

Froyo 2.2

Gingerbread 2.3.x

Honeycomb 3.x

Ice Cream Sandwich 4.0.x

Jelly Bean 4.1/4.2/4.3

KitKat 4.4

Lollipop 5.0

Marshmallow 6.0

Nougat 7.0

Oreo 8.0

Pie 9.0

안드로이드 로봇의 귀여운 모습과 함께 우리에게 친숙한 디저트들을 합하여 새로운 버전들이 등장하고 있다. 그러다 보니 은근히 다음 버전은 무엇인지 기대가 되기도 한다.

사용자 경험을 철저한 비밀 유지하에 검토하고 일 년에 한 번 정도 멋진 쇼와 함께 이를 소개한다. 하지만 구글, 특히 안드로이드는 육 개월 정도의 주기로 새로운 버전의 OS를 출시해왔다. 그리고 이름 앞에는 알파벳 순서대로 맛있는 디저트의 이름을 붙여 컵 케이크, 도넛, 프로요, 진저브레드, 킷캣, 아이스크림 샌드위치 등을 붙였다. 이렇게 꾸준하고 빠른 이들의 업데이트는 구글 특유의 작업 스타일로 대규모 혁신적 변화 대신 더욱 짧은 주기로 소규모 업데이트를 제공하는 방식이다. 이것은 우리가 흔히 아는 패스트 패션 업체들과 비슷한 접근 방식이다.

구글러들의 내부 이야기에 따르면 구글은 엔지니어 기반의 회사인 관계로 마케팅팀과 교류도 별로 없다고 한다. 마케팅팀이 구글 검색 팀 근처에 가면 "우리 나름대로 돈이 될 만할 개발을 하고 있으니 그냥 꺼져!"라는 식으로 나온다고 한다. 엔지니어와 마케터들 사이의 철저한 비협조 속에서 엔지니어들은 묵묵히 이 기술이 시장에서 어떤 의미가 있을지 고민하기보다 더 나은 기술을 만드는 데 노력을 하고 있다. 그렇게 기술을 꾸준히 업그레이드하던 어느 시점에서 돈이 될 만할 무언가가 나오게 되면 마케터들이 조심스럽게 접근하여 "이제 좀 돈을 벌어보는 게 어때?"라고 물어본다고 하니 참으로 재미있는 방식의 회사이다. 그래서 구글 엔지니어들은 꾸준히 기술적으로 부족한 부분을 살피고 이를 개선하기 위해 이것저것 시도하고 있고 그 결과 대부분의 변화가 애자일한 접근법으로 만들어지고 있다. 우선 새로운 변화를 제시한다. 반응을 살핀다. 부족한 부분이 있으면 바로 수정한다. 반응이 괜찮으면 유지한다. 하지만 더 잘할 수는 없는지 고민한다. 그리고 사용자들의 목소리를 듣는다. 이와 같은 신속하고 가볍고 빠른 업데이트는 바로 구글이 가지는 가장 큰 특징일 것이다.

우리 삶의 많은 목표, 그리고 반복되는 실패

우리 삶에서의 변화도 대부분 새해 첫날 갑작스레 출현하는 윈도우 2018 버전 마냥 거창하고 일 년 이상 지속하여야 할 큰 변화로 시작하려는 경우가 많다. "올해는 어마어마한 부자가 될 것이다", "올해는 십 킬로를 뺄 것이다", "올해는 전교 일등이 될 것이다", "올해는 일본어를 마스터하겠다" 등. 하지만 하루아침에 부자가 되기 위한 단 하나의 방법은 존재하지 않는다. 십 킬로그램을 빼려면 당장 일 킬로그램부터 빼야 한다. 일 킬로그램을 빼려면 백 그램부터 빼야 한다. 지금까지 수년간 안 오르던 성적이 올해 단순히 새로운 결심을 했다고 해서 올라 전교 일등이 될 리 없다. 뭔가 이보다는 더 좋은 목표를 설정해야 한다. 그러다 보니 이런 계획과는 무관하게 결국은 목표는 실패로 끝나고 아직 십 개월이나 남았지만, 올해 그 프로젝트는 더는 진행하지 않는다. 깔끔하게 올해는 포기하고 다시 내년을 기약하는 것이다. 혹시 몹시 익숙한 시나리오인가?

반면 구글다운 삶의 변화는 애자일한 변화가 아닐까 생각한다. 앞서 이야기한 문샷 씽킹은 최종 목표에 관한 이야기다. 이것은 기존의 목표보다 열 배나 더 거창하고 멋지고 야성적이고 폭발적이고 어마어마하다. 하지만 각 단계는 매우 작고 오밀조밀하고 애자일하다. 우리가 모두 알고 있다시피 더 나은 삶의 방향으로 가려면 특정 삶의 방식들이 도움되는 것들이 분명히 있다. 그저 우리는 그때그때 그 길을 선택하는 것이다. 그리고 결과를 살펴보고 수정이 필요하면 수정하고 결과가 좋았으면 계속 이어가는 것이다. 평소 커피에 여러 번 넣던 시럽을 한 번 넣는 것으로 줄이는 것이 체중 조절에 도움이 될 것으로 생각한다면 당장 지금부터 줄이는 것이다. 엘리베이터를 타는 대신 계단을 올라가는 것이 도움된다 싶으면 한 층 아래에서 내려서 한 층만 계단으로 올라가는 것이다. 작게 변화하고 반응을 살피고 수정 전략을 수립하라. 구글처럼.

구글러란 무엇인가?

이러한 구글의 사고방식은 사실 단순한 작업 정신에만 드러나지 않는데 이들의 대표적인 사고방식은 구글리하다는 표현으로 이해할 수 있다. 예전의 삼성맨, 현대맨과 같은 콘셉트라 볼 수 있는데 사실 구글리함은 이것보다 꽤 복잡한 개념이다. 구글리Googley 또는 구글리니스Googliness라는 단어는 딱히 사전에 등록되어 있지는 않지만, 마법과도 같은 의미가 있다. 재미있게도 구글에 근무하는 구글러Googler에게도 이 단어의 정의는 딱히 명확하지 않은 모양이다. 첫 출근 당일에 회장님의 환영사로 알려지거나 벽에 붙어 있지 않아서일 수도 있고 아니면 워낙 다양한 뜻이 있기 때문일 수도 있다. 여하튼 그 정의를 한번 살펴보면 다음과 같다. 이것은 구글에서 5년간 근무하고 나름대로 구글에서 구글리한 직원으로 자기 자신을 밝힌 한 구글러의 정의이다.

1. **올바른 일을 한다**Doing the right thing

다른 사람을 해하거나 불공정하게 대하는 일을 하지 않는 것.

2. **최고가 되려고 노력한다**Striving for excellence

평범한 것은 구글리하지 않다. 구글이 표방하는 그들의 가치 중에는 '한 가지 일을 정말 잘하기'가 포함되어 있다.

3. **목표에서 눈을 떼지 않는다**Keeping an eye on the goals

구글리함은 집중을 한다는 뜻이고 단기, 장기 목표의 균형을 잘 유지한 다는 것이다. 구글 특유의 OKR Objectives and Key Results을 이용해 목표를 설정 하고 이를 측정하고 있다.

4. **적극적으로 행동하라**Being proactive

구글의 윤리 강령 Google's Code of Conduct 중 민감도 Responsiveness라는 항목이 있다. 사용자의 피드백에 반응하고 이에 대해 조처를 한다는 것이다. 구글의 행동 지침에 나와 있는 문장 그대로 "무언가 고장난 것이 있다면 고쳐라 If something is broken, fix it."는 바로 애자일하게 발전하라는 본 항목의 논조와 일 치한다. 적극적으로 사전에 행동한다는 뜻은 말 그대로 미리 닥칠 상황 을 예견하고 미리 조처를 한다는 것이다. 다른 각도에서 본다면 사전 행 동을 하지 않는다는 이야기는 결국 어떤 일이 발생하기를 기대하며 그 냥 방치한다는 말이 되는 셈이다.

5. 5리를 가자 하면 10리를 가라 ^{Going the extra mile}

성경 말씀에서 나온 대로 기대되는 것보다 더 많이, 더 적극적으로 행동을 취하는 것이다. 간단하게 행사를 위한 포스터 디자인을 의뢰받았다고 가정하자. 일반적인 직원이라면 자신이 하고 싶은 대로 작업해서 자신이 편한 파일 형태인 이미지 파일 형식(.jpg)으로 저장하여 메일을 보내고 끝날 것이다. 하지만 구글리한 직원이라면 두 개 정도의 버전으로 디자인을 만들고 이를 쉽게 사용할 수 있도록 그림 파일은 물론 수정할 수 있는 포토샵 파일이나 일러스트레이터 파일로 보내주는 것을 뜻한다. 받는 사람이 얼마나 편할지는 그 상황이 되어 보면 알 것이다.

6. 남을 위해 좋은 일을 하고 기대하지 않는다 ^{Doing something nice for others, with no strings attached}

말 그대로 남을 위해 사회를 위해 좋은 일을 하고 그 대가를 바라지 않는 것이다.

7. 친절하고 스스럼없는 존재가 된다 ^{Being friendly and approachable}

구글이라는 회사는 친근하고 개방적인 것으로 유명하다. 회사 초창기에 서로 다른 부서의 사람들과 쉽게 어울리고 이야기를 하며 새로운 아이디어를 얻을 수 있도록 어쩌면 의도적으로 조장한 분위기일 수는 있지만, 여하튼 구글만의 독창적인 분위기로 만드는 데에는 성공한 것 같다. 오픈도어 정책 역시도 비슷한 개념이다. 건의 사항이나 문의할 내용이 있을 때 매니저의 사무실 문이 늘 열려 있다면 편하게 접근할 수 있을

구글리하게 발전하라

것이다. 우리나라의 권위적인 분위기나 엄숙주의와는 사뭇 다른 분위기가 그들로 하여금 창조적인 아이디어를 만들어낼 수 있게 돕는 중요한 요소일 것으로 생각한다.

8. 사용자와 동료를 존중한다 Valuing users and colleagues

사용자를 우선으로 생각하고 역시 동료를 돕는 것을 중요하게 생각하는 것도 비슷한 개념이다. 이것은 기본적인 사람과 사람의 관계의 문제이다. 회사는 일을 위해 존재하는 것이 아니라 사람과 사람의 관계로부터 시작된 것이라는 것을 다시금 떠올리게 하는 윤리강령이다.

9. 위대한 성과는 보상한다 Rewarding great performance

엄청나게 열심히 일을 하는 것은 이 윤리 강령에는 언급되어 있지는 않지만 사실 구글리함의 중요한 부분이다. 그러나 이러한 과중한 업무들과 훌륭한 성과는 반드시 보상을 받는다. 구글에서는 이러한 보상의 형태가 매우 다양하여 매니저에게 서면으로 보고한다거나 회의 중 거명되기도 하고 금전적 보상을 받기도 한다. 할리우드 영화를 보면 미국인들이 얼마나 별거 아닌 일로 호들갑을 떨며 칭찬을 많이 하는지는 알 수 있다. 별것 아닌 일로 상장을 만들고 나와서 상을 받을 때 환호와 박수를 아낌없이 주는 이들의 모습을 보면 어떤 면에서는 참으로 어린아이와도 같은 순수함이 남아 있는 것 같다. 세상 단맛 쓴맛 다 본 우리나라에서는 그런 사소한 칭찬들 앞에서 계면쩍어하거나 콧방귀를 뀌며 썩은 미소를 날리는 경우가 많지 않은가. 돈이나 주지 이러면서 말이다.

10. 겸손하게 자신을 내려놓는다 Being humble, and letting go of the ego

자신의 업적을 소개하는 것은 괜찮지만, 이것을 자랑하는 것은 구글리하지 못한 일이라 한다. 물론 그 미묘한 경계를 어떻게 정하는지는 알수 없지만. 일반적으로 구글리함은 사용자를 위하고 회사를 생각하고난 뒤 자신을 챙기는 것을 의미하곤 한다. 이 모든 것을 다 배려하고 나면 보상과 승진은 자연히 따라오는 것이라 믿는다고 한다. 참으로 순진하지만 왠지 멋스러운 문화이다.

11. 투명하고 정직하고 공평하다 Being transparent, honest, and fair

불투명하고 부정하고 비밀스러운 것은 전혀 구글리하지 않다.

12. 유머러스하다 Having a sense of humor

개구진 것을 반대하는 것은 구글리하지 않다. 일을 열심히 하지 않는 것은 아니다. 하지만 그 일 속에 끊임없이 놀라움과 즐거움을 조미료로 추가한다. 이러한 문화는 사실 미국 항공사인 사우스웨스트의 '펀 경영'과도 일맥상통한다. 구글이 지금까지 남긴 수많은 장난, 농담 그리고 이스터 에그(숨겨진 메시지나 기능)를 리스트로 정리하면 끝도 없지만, 이 중 가장 무용하고 쓸데없는 이스터 에그들을 정리해 보았다.

구글리하게 발전하라

구글의 이스터 에그를 경험해 보자

← 안드로이드 폰에서 구글 검색창에 'Bubble level'을 입력하면 스마트 폰의 센서를 이용하여 경사를 측정하는 녹색 물방울이 나온다.

← 'Breathing exercise'를 입력하면 1분간 호흡법을 가르쳐 준다

← 'Flip a coin'을 입력하면 동전이 나와 앞면, 뒷면을 랜덤하게 보여준다.

← 'Play pacman doodle'을 입력하면 팩맨 게임을 할 수 있다.

← 'Random number generator' 또는 'RNG'를 입력하면 임의의 숫자를 추출해 준다. 범위도 정할 수 있다.

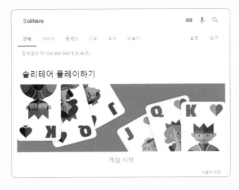

← 'Solitaire'를 입력하면 윈도우에서 즐기던 카드 게임을 할 수 있다.

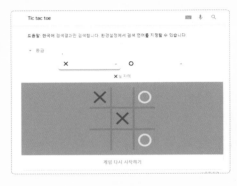

← 'Tic tac toe'를 입력하면 틱택토 게임을 할 수 있다.

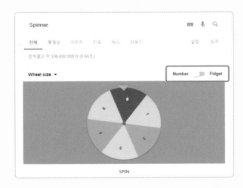

← 'Spinner' 입력 시 번호판 게임을 해서 숫자를 임의로 선택할 수 있다. 피젯으로 옵션을 바꿀 경우 집중력에 도움이 된다는 피젯 스피너로 바뀌어 스마트폰으로 피젯 스피너를 즐길 수 있다.

↑ 'the answer to life the universe and everything'라는 계산에 대해서는 '42'라는 답을 내 놓는다. 이것은 ≪은하수를 여행하는 히치하이커를 위한 안내서≫라는 소설에서 인용된 것으로 소설에 등장하는 초지능적이고 범차원적인 존재들은 삶, 우주 그리고 모든 것에 대한 궁극적인 해답을 얻으려고 깊은 생각이란 슈퍼컴퓨터를 개발하는데, 깊은 생각은 그 질문에 대해서 750만 년 동안 계산했고 결과적으로 황당하게도 '42'란 답을 내놓게 된다.

← 'the number of horns on a unicorn'이라는 질문에는 '1'이라는 답을 내어 놓는다.

↑ 'Atari breakout'를 키워드로 이미지 검색을 하게 되면 이미지 결과들이 블록으로
바뀌며 벽돌 깨기 게임이 시작된다.

↑ 인터넷이 안 되는 상태에서 크롬 브라우저를 구동하면 인터넷이 연결되지 않았다는
에러 메시지가 나온다.

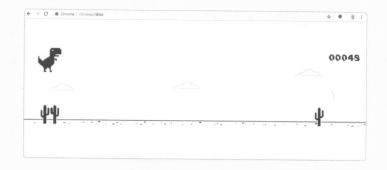

이때 스페이스 바나 화살표 위아래 버튼을 누르면 'T-Rex Runner'라는 공룡 레이싱 게임이 시작된다. 게임은 매우 단순하다. 화살표 위아래 버튼 두 개면 끝나는 게임이다. 이 게임의 개발자 세바스티앙 가브리엘[Sebastien Gabriel]은 인터넷이 잡히지 않는 곳은 마치 선사시대와 같은 느낌이 드는 곳이라 생각해서 원시시대 공룡을 주인공으로 한 게임을 넣게 되었다고 한다. 참고로 이 게임의 최초 코드명은 '프로젝트 볼란[Project Bolan]'이었는데 여기서 볼란은 전설의 락 그룹 티렉스 T. Rex(티라노사우루스의 준말)의 리드 보컬 마크 볼란[Marc Bolan]의 성이다. 2014년 9월 처음 론칭한 이 게임은 수많은 사람에게 즐거움을 주었다. 게임의 끝은 어디냐는 말에 '인터넷이 연결되면 끝'이라고 쿨하게 답한다. 이제 이 게임을 더 편하게 즐길 수 있도록 인터넷 접속을 굳이 끊을 필요없이 'chrome://dino'를 옴니박스에 입력하면 언제나 게임이 가능하다.

'Z or r twice'를 입력하면 검색화면이 옆구르기를 두 번 한다. 'Do a barrel roll'이라고 해도 옆구르기를 한다.

↑ 'Askew'를 입력하면 검색 페이지가 기울어져서 나타난다.

↑ 'Super marios bros'를 입력하면 우측의 지식 창에 게임 관련 지식이 설명된다. 이미지 중에 물음표 박스가 보이는데 이 박스에 숨은 기능이 있다. 이곳을 누를 때마다 200점 점수가 올라가는 박스가 나타나고 이를 100번 누르면 'life 1 up'되는 사운드가 재생된다.

↑ 'Zerg rush'라는 검색어를 입력하면 회면상에 동그란 원들이 저그^(스타크래프트의 한 종족)처럼 검색창을 공격한다. 마우스로 클릭하면 해치울 수 있는데 결국은 그들을 못 이겨내 게임에 지게 되면 'GG^(Good Game)'가 뜬다.

↑ 'www.google.com/heart'를 입력하면 구글의 오리지널 검색 인터페이스가 뜬다. 이 외에도 구글의 이스터 에그는 손에 꼽기 힘들 정도로 많으니 한번 찾아보는 것도 즐거운 경험이 될 것이다.

자료를 수집하라. 구글 검색은 이를 위한 최적의 공간이다.
찾은 자료는 모두 클라우드에 저장한다. 쌓인 자료가 바로 내 실력이다.

episode

0 4

데이터와
자료를
끊임없이
수집하라

데이터와 자료를
끊임없이 수집하라

구글이 1998년 설립된 이후 전 세계에서 가장 강력한 인터넷 업체로 성장하게 된 전략 중 매우 주요했다고 판단되는 것은 지금 보기에는 다소 무모해 보일 수는 있으나 묵묵히 전 세계의 자료를 수집하려는 수집벽이었다. 처음 구글이 검색 엔진을 시작할 때 세르게이 브린과 래리 페이지는 서치봇을 이용하여 검색을 쉽게 하려고 관련 페이지들을 저장하기 시작했고 그들의 미션은 아래와 같았다.

> "우리의 임무는 세계의 정보를 조직화하여
> 모든 사람이 접근하고 사용하도록 하는 것이다."

시작부터 빅데이터를 다룰 계획이었던 셈이다. 그랬기에 이름조차 10의 100제곱을 의미하는 매우 큰 수인 구골^{Googol}로 지으려 했었으니 그들의 데이터에 관한 욕심은 인정해주어야 할 것이다. 심지어는 "대기업이 되려면 거대한 야망이 필수적이며 그렇지 않다면 대기업이 될 자격이 없다."라고까지 말했다고 한다. 진심으로 전 세계의 정보를 모두 끌어모을 계획이 있었던 모양이다. 도메인을 등록하는 과정에서 실수가 있어 '구골'이 아닌 '구글'이 되어버리기는 했지만 크게 관여하지 않았던 모양이다. 1997년 'google.com'이라는 도메인을

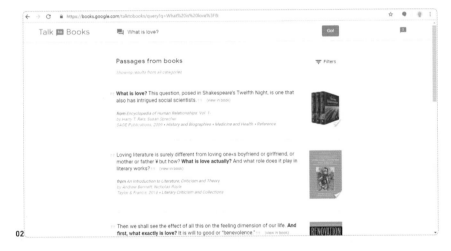

01 구글 북스의 톡 투 북스. 인공지능에 자연어로 질문을 던지면 책 속에서 답을 찾아 해당 텍스트를 보여준다.

02 "사랑이란 무엇인가?"라고 물어보니 구글 북스가 가진 디지털화된 자료 속에서 인용문 원본을 검색해준다.

등록하고 1998년 창고에서 구글을 창업한 첫해 이미 구글은 약 6억 페이지 정도의 인덱스를 보유하고 있었다고 한다. 이렇게 방대한 데이터를 보유하는 것으로 첫 시작을 했던 데이터 집착 회사로서 시작한 구글이 보기에 당연히 구텐베르크 프로젝트^{Gutenberg Project}는 상당히 매력적인 프로그램이었던 모양이다. ≪유럽에서 저작권과 구글의 투쟁≫이라는 책에서도 잘 나타나 있지만, 저작권을 무력화시키며 출판물을 수집하여 디지털 도서관 프로젝트를 시행했던 구글은 마침내 그 결과물들을 2004년 구글 프린트란 이름으로 독일 국제도서전에서 공개한다. 이들은 출판된 모든 도서를 디지털화하고 미래 세계에서는 누구나 검색을 통해 도서를 이용할 수 있게 한다는 비전을 가졌다. 현재 이들은 인공지능을 이용하여 그들이 검색해 놓은 책들에 질문을 던지면 해당 답을 책에서 찾아주는 서비스 톡 투 북스^{Talk to Books}를 시작하였다. 아직은 개발 초기 단계이므로 좀 더 지켜보아야 하겠지만 멋진 가능성을 보여주고 있다.

엔그램 뷰어

  사실 토크 투 북스보다 더욱 완성 단계에 있는 것은 엔그램 뷰어^{Ngram Viewer}라는 프로젝트이다. 이것은 1500년에서 2008년 사이에 출판된 영어, 중국어, 프랑스어, 독일어, 히브리어, 이탈리아어, 러시아어, 스페인어 문헌들을 모두 스캔하고 이 텍스트에서 특정 키워드가 나오는 빈도수를 연도별로 집계하여 이를 그래프로 제공하는 서비스이다. 1500년 이후 인류가 만들어낸 1억 3천만 권의 책들을 디지털 스캔하는 대작업을 시작한 구글은 흥미롭게도 이렇게 수집한 데이터를 어떻게 쓸지에 대한 마땅한 고민은 없었던 것 같다. 마치 산이

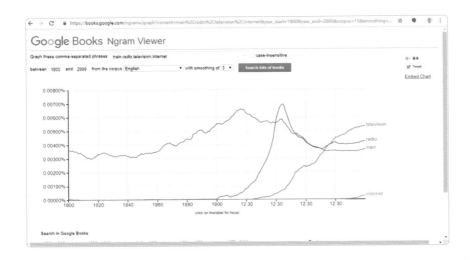

앤그램 뷰어에서 기차, 라디오, 텔레비전, 인터넷을 함께 검색해 보았다. 역사의 흐름에 따라서 트렌드가 바뀌는 것이 흥미롭다. 기차는 절정기를 지났고 라디오 역시 그러하다. 텔레비전은 아직 그 정점에 있는 것 같고 1900년대 후반이 되어서야 인터넷이 등장하여 올라오는 것이 재미있다.

있으니 올랐다는 말처럼 책이 있으니 스캔했다는 느낌은 아니었나 싶다. 사람들은 미시건 대학 도서관의 모든 책을 스캔하는 데 1천 년이 걸릴 것이라 예상했으나 구글은 놀랍게도 6년 만에 스캔을 완료하였다. 구글은 현재 3천만 권의 스캔을 완료했다고 한다. 전 인류의 인쇄된 지식 문화가 클라우드에 통째로 올라가게 될 날이 얼마 남지 않은 것이다. 물론 이렇게 스캔 된 자료를 배포하면 저작권을 제대로 위배하는 셈이다. 그래서 구글은 앤그램 뷰어라는 서비스를 만들었다. 이 검색 엔진을 사용하면 구글이 스캔을 완료한 3천만 권 중 8백만 권의 책에 등장하는 단어를 모두 검색할 수 있다. 하지만 검색 후 본문이 그대로 노출이 되면 저작권 침해의 심각한 문제가 발생하기에 원래 텍스트로의 접근은 불가능하되 특정 검색 단어의 출현 빈도만 시간대별로 볼 수 있게 만들었다. 아래 그림에서 보는 것처럼 텍스트에 등장하는 단어의 출현빈도 통계를 통해서 인류의 관심 트렌드를 한눈에 보고 큰 통찰을 얻을 수 있다. 게다가 구글 검색 엔진을 돌리듯이 손쉽게 돌릴 수 있고 결과가 바로바로 나오니 이것저것 검색하다 보면 우연히 새로운 발견을 할 수도 있다. 인류의 텍스트 문화 200년치의 자료를 가지고 놀 기회가 늘 있는 것은 아니니 말이다.

구글 지도

구글은 일단 자료를 모으고 이를 어떻게 활용할지는 나중에 고민하는 듯하다. 하지만 워낙 많은 양을 모으다 보니 어느 정도 모인 뒤에는 멋진 활용 아이디어들이 자연스레 떠오를 수도 있을 것 같다. 이렇게 텍스트 자료에 대한

데이터와 자료를 끊임없이 수집하라

구글 스트리트 뷰를 통해서 탐험한 국제 우주 정거장 내부의 모습이다. 멀리 소유스 우주선이 도킹해 있는 것이 보인다. 내부의 장비들에 대한 설명도 모두 붙어 있고 실제 정거장 내부를 스트리트 뷰를 이용하듯이 이동해 다닐 수 있다. 우주인이 되는 것이 꿈인 아이들에게는 정말 꿈과 같은 체험이 될 것이다. 이 아이들의 꿈은 더더욱 구체적으로 되어갈 것이다.

집착으로 딱히 계획도 없이 맹목적으로 스캔하고 이를 디지털화하였고, 어느 정도 성이 차자 다음 차례는 전 세계에 있는 지도 정보였던 모양이다. 구글의 스케일답게 지구의 정보로도 부족해 달 표면과 심지어는 화성 그리고 바닷속까지 정보를 모았다. 딱히 수익 모델이 보이지 않는 무모한 사업이었으나 이제 이러한 데이터는 오히려 그들의 중요한 사업 수단이 되었다. 그리고 수익을 떠나서 수많은 인류가 이 정보를 통해 큰 유익을 얻고 있다. 사유재산이던 지식을 공유재산으로 변환시키는 큰 업적을 남긴 것이다. 물론 언제까지 무료로 공개할지는 알 수 없다. 서버의 운영비용 이야기를 들먹이며 유료화로 바꾸어도 할 말이 없는 상황이 되어 버렸기 때문이다. 다만, 그들의 모토인 "악해지지 말자."가 계속 유지되었으면 하는 바람이다.

얼마 전에는 국제 우주정거장 내부를 스트리트 뷰 기술로 스캔해 와서 제공하기 시작했다. 큰아이가 노트북 화면을 들여다보면서 신나게 우주정거장 내부를 돌아다니는 모습을 보니 구글이라는 회사가 정말 인류의 삶을 혁신적으로 바꿔 놓았다는 생각을 다시금 하게 되었다. 이러한 변화를 본받아 개인의 삶에서도 꾸준하고 집요한 자료의 수집 욕구가 많아졌으면 한다. 우리 사회의 전문가이지만 전문가가 아닌 사람들이 얼마나 많은가. 흔히 말하는 덕후처럼 자신의 분야를 파고 자료를 수집하는 전문가들이 많은 사회가 되었으면 좋겠다. 어느 날 그들의 지식이 분명히 사회와 대중을 위해 유용하게 쓰일 날이 올 것이라 확신한다.

구글 검색의 노하우

　나는 한 분야의 새로운 테마를 연구하기 시작하기 전에 관련 분야의 책을 검색하여 일단 사들이는 습성이 있다. 돈도 많이 들고 공간도 많이 차지하지만, 최소한 그 분야에 관한 책은 가장 많이 갖고 있다는 자신감을 얻을 수 있어서 그랬는지 모르겠다. 이제는 전자책을 사는 것으로 바뀌었으니 그래도 조금은 환경 파괴를 줄인 셈이다.

　또한 이와 동시에 구글에서 제공하는 문헌 검색 사이트 스콜라 사이트 (https://scholar.google.co.kr/)를 이용해서 논문을 검색한다. 꽤 많은 논문이 PDF 형태로 올라와 있으니 역시 이를 수집한다. 국내 N 검색사이트의 수많은 한글 자료들을 연동한다면 좋겠지만, 이들 국내 사이트들이 구글에게 자신들의 사이트 내 검색을 허용하지 않으니 어쩔 수 없다. 독도의 공식사이트마저 구글 검색을 막아 둔 나라이니 어련하겠는가? 참고로 다케시마를 검색하면 일본 외무성이 제공하는 방대한 자료가 검색된다. 외국에서는 오히려 독도에 대한 공식 홈페이지는 첫 페이지에 나오지도 않는다.

　물론 양질의 정보를 얻으려면 영어로 된 키워드를 입력해야 하고 자료 역시 영어로 나오게 된다. 하지만 영어로 되어 있어도 문제없다. 구글 번역(https://translate.google.co.kr/)을 이용하면 놀랍게도 꽤 훌륭한 수준으로 번역을 해주기 때문이다. 특히 과학 저널은 전형적인 학술 영어로 쓰여 있어서 번역이 특히 쉬운 것 같다. 만일 시간이 없어서 다 읽지는 못한다면 일단 내려 받아서 소장한다. 이 자료들은 나중에 태블릿이나 스마트폰에서 천천히 볼 수 있다. 구글 드라이브가 동기화가 되기 때문이다. 구글에서 특정 주제를 검색하기 위해

하나의 키워드를 입력하면 수십, 수백 페이지가 검색되어 나온다. 1페이지부터 하나씩 보며 자료를 정리하기 시작한다. 그렇게 몇 페이지만 넘다 보면 어느 순간 현존하는 정보에 대한 통찰이 생긴다. 그리고 더 나은 키워드로 검색하면 더 유용한 자료가 나올 것이라는 아이디어도 떠오르게 된다. 결국, 구글에서 검색할 때 "키워드를 어떻게 설정하는가?"라는 "얼마나 좋은 정보를 찾아내는가?"와 직결된 중요한 문제인 것 같다. 정보를 잘 찾는 노하우 또한 이 세상을 살아가는데 중요한 스킬인 것 같다.

구글 검색에 관한 재미있는 농담이 있는데 "시체를 감추려면 구글 검색의 2페이지가 최적이다."라는 이야기가 있다. 추리 소설에서 등장한 적 있는 "시체를 감추려면 전쟁터가 최적이다."라는 말을 패러디한 것인데 그만큼 검색 결과에서 2페이지 너머로 넘어갈 필요가 없을 정도로 검색이 잘 되어 있고 또한 실제로 2페이지까지 넘어가는 이들이 많지 않기도 하다는 뜻이기도 할 것이다. 어쨌건 이렇게 수십 페이지를 정주행 한다. 지치고 힘들겠지만, 페이지가 넘어갈수록 관련 키워드와 관련된 정보와 그 정보를 만들어내는 전문가의 이름들이 반복적으로 나타나게 되고 점차 그 분야와 관련된 것을 이해하게 될 확률은 높아진다. 전 세계 지식의 결과들을 보고 있다가 보면 통찰이 생길 것이다.

검색 중에 찾아낸 자료들은 PDF로 저장한다. 저장한 자료는 드롭박스^{Dropbox}나 구글 드라이브^{Google Drive}와 같은 클라우드에 보관한다. 최근에 나는 용량제한의 문제로 G Suite for Education을 이용해 무제한 저장 공간을 활용하고 있다. 구글에서는 교육기관에 한해서 구글 플랫폼을 도입하는 경우 구글 드라이브의 용량을 무제한으로 제공해 주고 있다. G Suite for Education의 가장 큰 매력이기도 하다. 이렇게 모인 자료들은 언젠가는 다 보아야 한다는 무언의 압박감으로 작용한다. 동시에 자료의 조망을 통해서 모종의 통찰이 생기기 시작한다. 그리고 마침내 하나하나 정리하고 읽기 시작함에 따라 그 분야에 관한 깊이도 형성된다.

그렇게 한 분야의 전문가가 되어가는 것이고 마침내는 한 권의 책으로 정리할 수 있는 수준에 이르게 되는 것 같다. 이러한 선순환에서 구글은 근간의 역할이 되어준다. 예전에는 자료 하나 찾으려고 도서관에 찾아가 모든 것을 실물로 작업했다. 하지만 구글 덕분에 간단한 키워드 검색과 클릭 몇 번으로 고수의 반열에 오르기가 점점 쉬워지고 있는 것이다. 하지만 전문가로서의 위엄이 낮아지기도 하는 등 양면성이 분명히 존재한다.

일단 공부, 자료 수집 그리고 집필

수준은 미천하나 나는 이러한 삶의 태도를 구글을 만나기 전부터 가지고 있었는데 카투사를 제대하고 난 뒤에는 카투사 관련 정보를 정리하여 ≪너희가 카투사를 아느냐≫라는 책을 썼고 한때 마술에 빠져 있을 때는 ≪20일 안에 그녀를 사로잡는 작업 마술≫을 저술한 바 있다. 치과 임플란트 수술에 대해서는 ≪임플란트 레시피≫, 치주학에 관해서는 ≪치주 비타민≫ 그리고 수술 후 봉합술에 관해서는 ≪치과 봉합술의 모든 것! BACK TO THE SUTURE≫라는 책으로 총정리를 하였다. 그렇게 하나하나 나의 전문영역은 확장됐다. 그리고 현재 진행하는 구글 플랫폼에 대한 연구도 같은 자세로 대하고 있다.

G Suite for Education을 학교에 도입하는 절차에 관해 처음으로 쓴 책은 ≪교실의 미래를 구글하다 구글 클래스룸≫이었고 그다음 해에는 그 도입 이후에 어떤 식으로 교실에서 활용할 것인지를 언급한 ≪구글 클래스룸 실무 레시피≫를 출판하였다. 현재 이에 관련하여 누적된 자료들이 많은 관계로 또한 번의 구글 관련 책을 쓰게 될 것 같다. 앞으로 내가 또 어떤 프로젝트를 진행하게 될지는 나조차도 모르겠지만 아마도 업무의 형태를 이런 방식을 반복하여 계속 하게 될 것은 분명하며 확실한 것은 그 속도가 점점 빨라질 것이라는 점이다.

사실 나는 이 책을 쓰는 기간에 구글 인증 트레이너 완벽대비 및 구글 인증 교육자 레벨 1, 2 완벽대비의 책을 교보문고 퍼플 서비스를 통해서 출판하였다. 예전과는 비교할 수 없는 속도인데 이는 구글 도구를 이용해 공저자분과 협업을 했기 때문이다. 만일 정약용 선생이 유배 생활 19년 동안 복사뼈가 닳도록 글을 써 500여 권 이상의 저작들을 남기실 때 구글 독스와 구글 검색을 이용하였다면 아마 100배는 더 많은 기록을 남기셨을지도 모르겠다. 18세기 조선 지식인들에게는 벽癖과 치痴에 대한 예찬이 있었는데 당시 지식인들은 방대한 정보를 정리하고 조직화하여 편집하는 백과사전 집필에 큰 즐거움을 느꼈다고 한다. 구글과도 비슷한 모습이다. 관상용 집비둘기를 기르며 사육과 관련된 경험을 집대성한 유득공의 《녹앵무경》이 한 예이고 앵무새를 기르며 자신의 경험은 물론 각종 자료와 문헌까지 정리한 이서구의 《녹앵무경》이 또 다른 사례이다. 심지어는 귀양을 가는 길에 수레에서 듣다 보니 지역마다 사투리가 너무 재미있어 마땅히 할 일도 없는데 수레에 갇혀서 내려가는 길에 지역별 방언과 속담을 정리한 이도 있었다고 한다. 하지만 구글이 없던 그 시절에는 얼마나 많은 시간이 걸렸을지 생각만 해도 끔찍하다. 이제는 한 분야에 관심을 두고 그 분야의 자료를 수집하는 것이 하나의 플로우로 손쉽고 부드럽게 이루어지게 되었다.

구글이 가지는 자료와 정보에 대한 집착은 사실 이러한 벽과 치에 대한 예찬과 닮았다. 비효율적이고 다소 시간이 오래 걸릴 수는 있으나 일단 그 지식의 집대성이 완성되면 그 누구도 범접할 수 없는 최고 전문가가 될 수 있다. 그리고 궁극적으로는. 이를 통한 새로운 가치가 만들어지게 된다. 다소 비효율적인 방법일 것으로 보이더라도 오랜 세월을 이런 자세로 자기 것을 만들어 간다면, 그 누구나 수년 안에 자신의 영역에서 또는 새로운 도전 분야에서 최고의 수준에 오를 수 있을 것이라 확신한다. 앞서 이야기한 대로 이러한 자료 수집의 노하우는 하면 할수록 점점 더 늘기 때문이다.

피터 드러커의 7가지 지적 경험

자기 경영의 대가 피터 드러커 선생은 이러한 방식으로 4~5년을 주기로 새로운 테마를 배워 나간 것으로 알려졌다. 그의 저서 ≪프로페셔널의 조건≫에 보면 인생을 바꾼 7가지 지적 경험에 대한 독백이 나온다.

    1. 목표와 비전을 가져라

    2. 신들이 보고 있다

    3. 끊임없이 새로운 주제를 공부하라

4. 자신의 일을 정기적으로 검토하라

5. 새로운 일이 요구하는 것을 배워라

6. 피드백 활동을 해라

7. 어떤 사람으로 기억되기 바라는가?

그의 삶의 발전과정은 어떤 면에서 보면 비효율적일 정도로 다양한 분야를 방황하며 이 7가지 조언에 맞추어 발전해 나간 것을 알 수 있다. 면제품 수출회사에 수습생으로 일하고 법과대학을 다니고 증권회사 수습생을 하고 신문사에서 금융/외교 담당 기자를 했으며 시립도서관에서 주중 닷새 동안의 저녁 시간을 15개월 정도 보내며 독일어, 영어, 프랑스어 책을 읽고 또 읽었다고 한다. 지금의 기준에서 보면 "넌 도대체 커서 뭐가 되려고 이러고 있니?" 싶을 정도의 방황인데 사실 이런 지적, 전문적 방황을 통해 피터 드러커 선생은 새로운 분야에 뛰어들고 그 분야에서 성공하는 데 필요한 지식을 빨리 습득하는 요령을 터득한 것 같다. 소위 말해 그 분야의 '맥'을 짚는 노하우가 생긴 것이다. 수십 년째 같은 일을 하면서도 맥을 짚지 못한 전문가들을 우리는 얼마나 많이 알고 있던가. 이렇게 한 분야의 맥을 짚게 되면 다른 분야에 뛰어들었을 때 또다시 맥을 짚기는 한층 더 쉬워지리라 생각한다. ≪스워브≫라는 책에서 저자는 이러한 것을 지식의 중심축이라고 표현하고 있다. 한 분야에서 깊이 파고 들어간 경험과 노하우가 있다면 다른 분야에서도 손쉽게 빠른 속도로 지식을 흡수할 수 있다는 뜻이다. 만화영화를 만들던 디즈니사가 실사영화를 만들어도 성공하고 테마 파크를 만들어도 성공하며 최근 키덜트들이

데이터와 자료를 끊임없이 수집하라

열광하는 스타워즈와 마블의 어벤져스 시리즈를 인수해서도 또다시 성공하는 것과 일맥상통하다. 그들은 테마가 바뀌어도 성공하는 방법을 아는 것이다. 그들이 새로운 요리산업이나 자동차 사업에 뛰어든다 해도 평균 이상은 해내리라는 느낌도 드는 것이 사실이다. 그렇기에 한 분야에 대한 방대한 지식의 수집, 분석, 집착. 이러한 무모하고 답답한 삶의 방식이야말로 기초체력의 양성이며 이 시대에 필요한 성공 열쇠가 아닐까? 구글과 함께 하는 지식의 축 만들기, 생각보다 재미있다.

구글 어스 활용하기

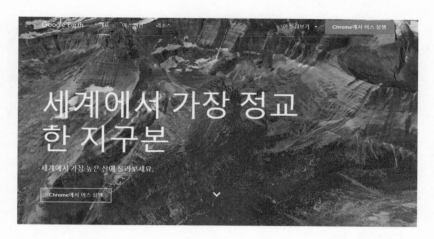

2018년 초 새롭게 론칭한 구글 어스^{Google Earth}는 주요 도시의 풍경을 3D로 완벽하게 렌더링하여 제시해 주고 있다. 도대체 이렇게 자세한 정보를 어떻게 수집한 것일까? 구글은 자체 소유한 수십 대의 비행기를 주요 도시 상공에 띄워 씨줄 날줄 형태로 비행하며 45도 각도로 수많은 사진 촬영을 한 뒤 이를 3D로 재구성한다고 한다. 비행기를 수십 대씩 날릴 수 있는 그들의 힘도 무섭지만, 과연 도대체 언제 그 많은 사진을 찍었는지 궁금하다. 놀랍게도 이 시작은 2012년도 기사에서 벌써 볼 수 있다. 서비스가 나오기 무려 6년 전부터 꾸준히 사진을 찍어온 것이다. "일단은 자료를 다 모아봅시다. 언젠가는 이게 쓸 날이 오지 않겠어요?"라는 자세인데 그러한 무모함에 감탄하게 된다.

↑ 유튜브 동영상에서는 구글 어스가 3차원으로 재구성되는 모습을 볼 수 있다. 실제 영상을 보면 마치 도시 위를 비행기를 타고 날아다니는 듯한 느낌을 느낄 수 있다. 현재 뉴욕, 런던, 그랜드 캐니언 등 우리가 잘 아는 지역이 마치 내 손안의 미니어처처럼 제공되고 있다. 아쉽게도 우리나라는 구글 지도에 자료를 제공하고 있지 않아서 납작한 지도만 볼 수 있다.

↑ 재미있게도 구글 지도 사업을 시작하면서 이를 3차원으로 구현하고자 하는 이들의 욕심은 2009년 인터뷰 영상에서 벌써 제시되고 있다. 무려 10년에 가까운 준비 과정을 통해 마침내 3차원 정보를 구글 어스에 제공한 것이다. 이렇게 제공된 정보들이 세상을 또 어떻게 바꾸어 놓을지는 상상하기 어렵다.

구글에서 제공하는 투어 빌더

막대한 지리 정보가 완성되니 그다음부터는 모든 것이 가능하다. 이제 지도정보는 충분한데 이를 큐레이션 할 수 있는 도구를 만들면 어떨까? 바로 구글의 투어 빌더 (https://tourbuilder.withgoogle.com/)가 바로 그것이다. 지도 상에 점을 찍고 그 점의 연속 과정을 하나의 투어로 만들어 공유할 수 있다. 여행사에서 고객들에게 여정을 알려줄 수도 있고 학생들이 교실에서 수업 중에 기독교의 전파 과정이나 콜레라의 확산 과정을 지도 상에 시간대별로 점을 찍어보며 공부할 수 있다. 점만 찍는 것이 아니다. 시점마다 사진과 텍스트를 이용해 정보를 넣을 수 있고 당연히 유튜브를 이용한 동영상 자료들도 넣을 수 있다. 이것은 시간과 공간을 아우르는 거대한 지적 콘텐츠가 되는 것이다. 이를 통해 또 얼마나 새로운 콘텐츠가 만들어질 수 있을지는 두말하면 잔소리다. 이러한 놀라운 서비스는 모두 구글이 막대한 지도 정보를 무모하리만큼 열심히 수집하고 보관했기 때문에 가능한 것이다.

데이터와 자료를 끊임없이 수집하라

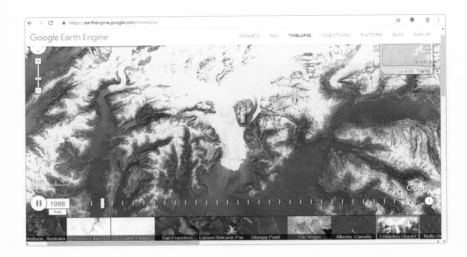

구글 어스의 타임랩스(https://earthengine.google.com/timelapse/)로 찾아본 캐나다 콜롬비아 빙하의 연도별 변화 모습. 구글이 지도 정보만 수평적으로 모았다면 사실 한계가 뻔히 보일 것이다. 어느 순간 그 정보수집의 한계가 보였을지도 모른다. 하지만 지표면 상의 변화를 시간대별로 모으기 시작한다면 어떨까? 완전히 새로운 이야기가 시작될 것이다. 구글의 무서운 점은 이미 1984년 이래의 데이터를 수집해 제공하고 있다는 점이다. 뉴욕시의 개발 과정, 북극해의 얼음이 줄어드는 모습 등을 실제 지도 상에서 시간의 흐름과 함께 관찰을 하게 되는 경험은 사실 태어나서 처음 보는 경험이라 해도 과언이 아니다. 이 모든 데이터를 모두 보유한 그들이 부러울 따름이다. 이제 우리에게 남은 과제는 이 소중한 데이터를 가지고 무엇을 하느냐는 것이다. 독자분들과 나의 몫이다. 참고로 이러한 타임머신을 가지고 좀 더 놀아 보고 싶으신 분은 투어 에디터를 활용해 보시면 좋겠다. (http://timemachine.cmucreatelab.org/wiki/EarthEngineTourEditor)

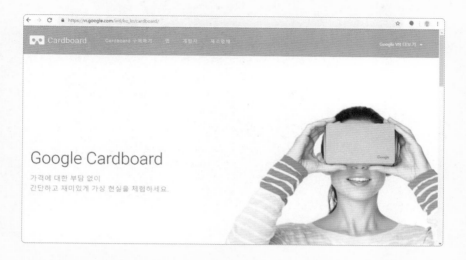

최근에는 가상현실이 큰 대세로 주목받고 있다. 단순한 지도 정보에 가상현실의 인터페이스를 접목하면 어떨까? 게다가 그것도 사용자 스스로 콘텐츠를 제작할 수 있다면? 구글 지도의 익스페디션Expeditions이라는 프로젝트에서는 이러한 지도 정보와 VR 기술을 접목시켰는데 특히 '#lovewhereyoulive'이라는 주제로 시작된 이 프로젝트는 360도 카메라를 가지고 내가 사는 지역, 또는 명승지를 찾아가서 주요 포인트에서 사진을 촬영하고 이를 지도에 매핑할 수 있는 플랫폼이다. 굳이 구글에서 만들어주지 않더라도 직접 가상현실 투어를 사용자들에게 제공할 수 있다. 반면 구글로서는 손 안 대고 코 푸는 식으로 콘텐츠를 수집할 수 있으니 좋고 사용자로서는 전문가가 아니면 할 수 없는 수준의 결과물을 얻을 수 있으니 서로서로 이익이다.

이제 구글이 자료를 수집하기만을 기다리지 말고 스마트 폰과 VR 카메라를 들고 밖으로 나가보자. 내 고장, 내 직장, 내 나라의 모습을 담아서 구글 플랫폼에 공유하자.

몇년이 지난 뒤, 누적된 자료들이 어떻게 활용될 지는 아무도 모른다. 확실한 것은 아무 것도 안하면 아무 일도 일어나지 않는다는 것이다.

데이터와 자료를 끊임없이 수집하라

20:80의 법칙으로 효율을 극대화하고 부질없는 에너지 낭비는 하지 말자.
최고 다섯 명의 삶까지 사는 것이 가능하다. 남보다 폭넓은 인생을 마음껏 누리자.

episode

0 5

파레토의 법칙
20:80

잘 알려진 것처럼 구글은 직원들이 자신의 업무 시간 중 20%를 업무와 상관없는 흥미로운 일을 하는데 투자할 수 있도록 허락해 주고 있다. 주5일 근무라고 가정한다면 금요일 하루는 아예 출근을 안 하고 딴 짓을 해도 월급을 준다는 뜻이다. 이를 '20% 타임', 또는 '이노베이션 타임 오프'라고 일컫는데 이를 통해 2005년 하반기에 나온 구글 프로젝트의 절반이 모두 '20% 타임'의 산물이었다고 한다. 이러한 시간 관리의 시초는 3M사의 '15% 프로젝트'라고 하는데 우리가 지금 쓰는 스카치테이프나 마스킹테이프 등이 이 프로젝트 시간에 나온 것이라고 한다. 어떻게, 아니 왜 15% 또는 20%만 들인 시간에서 나온 것이 나머지 85%나 80%의 노력을 들인 프로젝트보다 더 나은 것일까?

1896년 경영 컨설턴트 조셉 주란^{Joseph M. Juran}은 이탈리아 경제학자 빌프레도 파레토^{Vilfred Federico Damaso Pareto}의 이름을 빌려 파레토의 법칙이라는 것을 발표했는데 그 내용은 "산출물의 80%는 투입의 20%에서 발생한다."는 내용이었다. 이러한 원칙은 약간의 변형된 상황에서도 적용할 수 있는데 "매출의 80%는 손님 20%에서 발생한다", "부의 80%는 상위 20%가 차지한다", "상위 20%의 컴퓨터 버그를 잡으면 전체 오류의 80%를 해결할 수 있다", "의료 보험 혜택의 80%를 20%의 환자가 독식하고 있다" 등이 그 사례이다. 학생들 처지에서는 시험 범위의 20%에서 문제의 80%가 나왔고 하필 그 20%가 내가 버린 범위였다는 농담이 나오기도 하는 것이다.

파레토 원칙의 실전 사례

내가 이 원칙을 접한 것은 공병호 선생님이 저술한 ≪공병호의 자기경영노트≫라는 책에서였는데 당시에는 크게 와닿지 않아서 무의식의 세계에 버려두었던 모양이다. 하지만 세월이 좀 지나고 이 파레토의 법칙을 몸소 체험하게 되는 상황이 발생했고 그제야 이 법칙의 위대함을 깨닫게 되었다. 나는 치과병원에서 수련을 마치고 펠로우 생활을 시작하였다. 펠로우는 나름 교수 대접을 받는 햇병아리 존재이지만 사실은 기라성 같은 원로 교수님들을 보필하는 보조 강사와도 같은 존재이다. 그런 펠로우의 삶을 시작했을 당시 나의 위에는 다섯 분의 교수님이 계셨다. 임상 연구를 하시는 분, 동물 연구를 하시는 분, 세포 연구를 하시는 분 등 모두 다양한 프로젝트를 진행하고 계셨고 나는 당시 과의 하나밖에 없는 펠로우로서 교수님들을 보필해야 하는 막중한 임무를 맡았다. 하지만 그것은 쉽지 않았다. 물론 각각의 교수님들이 원하시는 업무의 분량은 사실 내가 충분히 감당해낼 수 있는 정도였다. 문제는 그런 업무가 다섯 분에게서 동시에 주어졌다는 것이다. 마치 홍길동처럼 몸을 다섯 개로 만들지 않고는 해결이 안 되는 상황이었다. 물론 대충 일하면 못할 것도 없는 일이지만 모든 분을 대만족 시키고자 결코 포기할 수 없는 상황이었다.

추억의 4시간 수면법

90년대 중반 대학 초년생 시절 ≪4시간 수면법≫이라는 멋진 자기계발 서적에 빠져서 하루에 4시간씩만 자고 멋진 삶을 살아보고 싶었다. 4시간만 자고 일어난 첫날 나는 새벽 운동을 위해 새벽 5시에 호수공원으로 나갔다. 호기 있게 호수 한 바퀴를 돌고 온 세상을 다 가진 것처럼 자신 있게 멋진 인생의 첫날을 시작했다. 이건 나이키 광고보다도 더 멋진 삶의 첫날이었다! 다음 날이었다. 전날보다 조금 더 힘들게 새벽 5시에 일어나고 호수공원에 나갔는데 피곤이 몰려오다 보니 아주 잠시만 벤치에 앉았다가 운동을 하기로 하였다. 하지만 그 자리에 앉은 채 잠시 눈을 감았다고 생각했는데 놀랍게도 한 시간 가량 뒤에 깼다. 결국, 1시간을 벤치에서 앉아서 잔 뒤 6시부터 운동을 시작한 것이다. 그 다음 날은 더 가관이었다. 아예 벤치에 누워서 2시간여를 잤고 아침 햇살에 눈이 부셔 깨어났다.

4시간 수면법의 문제는 수면의 시간이나 방법의 문제가 아니었다. 곰곰이 생각해보면 원인은 다른 곳에 있었다. 인생의 모든 시기를 통틀어 가장 여유 있고 할 일 없이 긴 방학을 누리는 대학생이었던 나는 새벽 5시에 일어나서 마땅히 할 일이 없었던 것이다. 결과적으로 나는 4시간 수면을 줄일 근본적인 이유가 없었던 것이다. 그렇게 4시간 수면법은 화려한 실패로 끝나버렸다.

10여 년의 세월이 지나 펠로우가 되었다. 몹시 중요한 논문을 급히 투고해야 하는 상황이 다가왔다. 낮에는 환자를 봐야 하니 논문을 쓸 시간이 없었고, 저녁에는 강의나 연구를 해야 하니 역시 컴퓨터 앞에 앉아 있기 어려웠다. 결국, 출근 전 조금 시간을 내서 논문을 쓰지 않으면 임상 시간에는 도저히 진행이 되지 않는 상황이 왔던 적이 있다. 급한 마음에 자정까지 일하다가 의자에서 쪽잠을 잤는데 새벽 4시 알람에 화들짝 잠을 깨웠다. 놀랍게도 심장이 벌렁벌렁 뛰고 있었다. 잠은 멀리 도망갔고 머리는 날카롭게 돌아가기 시작했다. 임상 시작 시각 전까지 어느 정도 일을 마무리해야 하는데 마음이 급했던 것이다. 커피 한잔에 정신을 차리고 새벽 4시부터 7시까지 집중해서 작업하니 논문이 어느새 마무리되어 있었다. 놀라운 효율이었다. 4시간밖에 못 잤는데 몸은 그리 피곤하지 않았다. 어찌 된 일일까?

그때 깨달았다. 4시간 수면법은 단순히 수면 시간의 문제가 아니었다. 24시간 중 깨어 있는 시간을 최대한 활용하고 남는 시간이 자연스레 수면 시간이 되는데 그것이 4시간이 되면 4시간 수면법, 3시간이 되면 3시간 수면법이 되는 것이었다. 결국, 깨어 있는 시간이 더 중요한 것이었다! 4시간만 잠을 자고도 눈이 번쩍 떠질 정도로 멋진 일을 하고 설레는 프로젝트를 하고 있다면 4시간만 자고도 버틸 수 있었다. 반면 팔자 좋았던 대학생 시절에는 4시간을 자고 남은 20시간 동안 할 일이 없었기 때문에 실패한 것이었다.

이렇게 4시간 수면법의 대원칙을 깨닫게 된 이후에는 자연스럽게 4시간, 5시간 수면법을 스스로 실천하며 다섯 분 교수님의 일을 도와드리면서 무의식의 세계 속에 있었던 파레토의 법칙을 다시금 떠올리게 된 것 같다. 20:80 법칙. 결과물의 80%는 투입의 20%가 결정한다는 사실. 그렇다면 내가 투입할 수 있는 에너지의 20%를 A 교수님에게 할당하고 핵심적인 일을 잘 선정해서 마무리한다면 평소 해 내던 일의 80%에 해당하는 결과물을 얻을 수 있겠다는 생각이 든 것이다. 물론 100%를 해서 더욱 신뢰를 얻고 칭찬을 받을 수도 있었겠지만 80에서 100%로 올라가는 길은 더욱 많은 노력과 섬세함과 고민이 필요한 힘든 길이었다. 80% 정도로 마무리하면 교수님도 만족하실 만한 나쁘지 않은 결과물이 될 수 있었다. 다시 내 에너지의 다른 20%를 B 교수님에게, 다른 20%는 C 교수님에게. 이런 식으로 하면 다섯 분의 교수님에게 고루 20%씩 배분하고도 모든 교수님께 80%의 만족도를 드릴 수 있겠다는 계산이 나왔다. 유레카의 순간이었다.

그 시점에 공병호 선생님의 책을 다시 읽었다. 80%의 결과를 만들 수 있는 황금 20%를 어떻게 골라내는지 눈을 높여야 했기 때문이다. 시험 범위의 20%에서 전체 시험 문제의 80%가 나온다고 한다면 시험에 나올 20%의 범위를 찾아내는 눈이 필요하다. 고객 중 20%가 매출의 80%를 결제해 주실 큰손이라고 한다면 누가 그 20%의 대박 손님인지 알아보는 눈이 필요하다.

황금의 20%를 찾아서

인생은 그런 것이었다. 그 20%를 찾는 이는 효율적으로 하는 일마다 80%의 성적을 얻으며 만족스럽게 살 수 있고, 눈치도 없고 지혜도 부족하여 자신의 에너지를 쏟아 부었는데 80%의 부질없는 대상에 쏟아 넣어 결국 얻어지는 것은 20%만이라면 그처럼 피곤한 삶이 어디 또 있겠는가? 인생의 황금률을 발견한 나는 이후 파레토의 법칙을 철저히 신봉하고 이를 실천하며 살고 있다. 황금의 20%를 찾는 눈을 개발하기 위해 더더욱 고민하고 생각을 많이 하게 되었다. 류비셰프라는 과학자의 실제 이야기 《시간을 지배한 사나이》라는 책도 다시 읽었다. 시테크時Tech의 중요성을 새삼 깨달았기 때문이다. 그 결과 남들보다 적은 시간 투자로 꽤 나쁘지 않은 결과물을 다섯 배로 쏟아낼 수 있으니 다른 이들이 보기에 놀라운 상황이 펼쳐졌다. 하지만 20%의 시간

파레토의 법칙 20:80

을 투자하므로 그런 것이지 그렇다고 노력이나 고민이 적은 것은 아니다. 사실 다른 일을 하면서 또 다른 프로젝트에 대해 고민하는 시간도 많다.

1인 5역으로 살아가기

현재 나는 치과의사로서, 구글 이노베이터로서, 교수로서, 작가로서, 그리고 남편과 아빠로서 각 20%를 배분하여 꽉 채운 삶을 살고 있다. 물론 세부적인 분야들도 역시 같게 20:80 법칙으로 살고 있다. 치과 영역 중 임플란트 수술, 골이식술, 연조직 처치, 절개 디자인, 봉합술의 다섯 가지 프로젝트를 진행하고 있다. 구글 관련 교육도 마찬가지이다. 모든 것이 20:80의 적용 대상이고 황금의 20%를 찾아서 효율적으로 집중하고 있다. 이렇게 많은 일을 동시 다발적으로 진행하고 있노라면 주변의 사람들은 "한 가지만 파도 부족한 세상인데 그렇게 다양한 일을 하면 어찌하느냐?"고 이야기한다. 동의한다. 나도 그렇게 생각한다. 그래서 하나의 일을 할 때는 전심을 다해서 파고들어간다. 그 분야에 있어서만큼은 최고가 되려고 과도하게 노력한다. 하지만 중요한 것은 황금 20%를 찾아야 한다는 미션이 머릿속에 있다는 것이다. 그리고 이와 동시에 다른 4개의 프로젝트를 곧 진행해야 한다는 긴박함도 존재한다. 그렇기에 하나의 일에 집중하는 시기에 무의식의 세계에서는 다른 프로젝트의 동선을 미리 짜기 시작한다. 다음 과제로 넘어갔을 때 빠른 속도로 업무 변환이 일어나야 하기 때문이다.

이러한 시뮬레이션은 프로젝트 진행 중에 생길 문제를 미리 예측하고 오류를 범할 확률을 현저하게 줄여준다. 다섯 대의 비행기를 연달아 운항해야 하는데 한 번에 하나씩만 조종할 수밖에 없다. 하지만 비행의 전 여정에서 크리티컬 11초의 이륙과 착륙 구간, 난기류 부분 등을 제외하고는 사실 평탄한 주행 부분들이 80% 존재한다. 그 부분에서는 에너지를 아끼고 다음 비행기를 운항할 시뮬레이션을 하는 것이다. 역시 전 여정이 아닌 이륙, 난기류, 착륙 등 핵심이 되는 골든 20%를 위주로 하는 것이다. 이렇게 다섯 편의 비행기를 계속 운항한다고 생각해보자. 다른 이들이 한번 운항하고 쉬고 다시 운항하고 다시 쉬는 것에 비교할 수 없이 많은 연속 비행이 가능하다. 치밀하게 고민하고 시뮬레이션하기 때문에 그냥 한 번에 하나씩 생각 없이 운항한 파일럿보다는 얻어지는 경험치가 더욱 클 수밖에 없다.

게다가 흥미롭게도 한 프로젝트에서 얻어진 경험과 노하우가 다른 프로젝트에 어떤 형태로든 도움이 되는 경험을 많이 한 바 있다. 시간과 집중력을 낭비하지 않기에 지혜와 통찰이 집약적으로 증가하는 것이 아닐까? 결국은 한 명의 인생이 아닌 다섯 명의 인생을 살면서 더욱 다양하고 다채로운 삶을 살며 다섯 명이 서로의 일을 도와주는 듯한 결과물이 나오는 것이다. 마치 다중인격처럼 말이다. 이러한 삶의 방식은 다능인Multipotentialite이라는 이름하에 새로운 삶의 방식으로 인정받고 있음을 ≪모든 것이 되는 법≫이라는 책에서 저자 에밀리 와프닉Emilie Wapnick은 역설하고 있다. 결국 인생은 저글링이다. 가족, 건강, 사랑, 부, 명예 등 자신이 소중하다고 생각한다는 것들을 동시에 돌려가며 바삐 살아가고 있다. 이 중에서는 결코 떨어뜨려서는 안 되는 가족이나 건강과 같은 것들이 있다. 자신이 결코 포기할 수 없다고 생각한다면 부나 명예 등도 해당할 것이다. 중요한 것은 이러한 저글링은 요령과 연습에 의해 3개로부터 시작해 5개, 6개로 점차 늘어날 수 있다는 것이다. 저글링의 노하우를 통해서 더욱 많은 가치 있는 일을 할 수 있다. 그리고 구글의 툴들이 가지는 환경 자체도 이러한 저글링에 최적화되어 있다. 이러한 노하우는 이 책에서 계속 소개될 것이다.

구글의 CEO인 래리 페이지는 애플의 CEO 스티브 잡스^{Steve Jobs}와 정기적으로 대화를 나눴는데 잡스는 종종 페이지에게 '자넨 한꺼번에 너무 많은 일을 하고 있네.'라고 조언을 주었다고 한다. 우리는 잡스가 얼마나 단순함을 중요시했는지 알고 있기에 그라면 당연히 그런 조언을 주었을 것이라 상상할 수 있다. 재밌는 것은 이런 잡스의 조언에 페이지는 '당신은 일을 너무 적게 하고 있지요.'라고 답했다고 한다! 가능한 많은 프로젝트를 끌어안고 동시에 아이디어를 쫓는 것은 그의 목표라고 한다. 나 역시도 그런 삶을 살고자 한다. 독자 여러분에게도 그런 삶을 권해본다.

구글 캘린더로 일정 관리하기

자기 시간 관리에 관해서 구글에서는 바쁜 일정 중에 자신의 목표를 잃지 않고 꾸준히 개발할 수 있도록 목표Goal기능을 제공하고 있다. 구글 캘린더의 목표 기능은 안드로이드, 아이폰, 데스크톱 모두에서 사용할 수 있다. 우선으로 구글 캘린더에 접속하고 목표를 만들 수 있는데 딱히 정확한 시간을 정하지 않더라도 인공지능에 의해서 매주 목표를 위해 투자할 시간을 빈 시간에 적절히 할당할 수 있다. 만일 중복되는 일정이 발생하면 세션 일정이 자동으로 재조정되고 시간이 지나면서 구글 캘린더에서 사용자의 시간 사용 방식을 파악하기 때문에 더 효과적으로 일정을 잡을 수 있게 된다. 말 그대로 개인 비서가 일정을 조정해 주는 서비스를 받는 것과 마찬가지다.

←← 캘린더 앱을 열면 오른쪽 아래에 플러스[+] 버튼을 누른다.

← 플러스[+] 버튼을 누르면 [일정], [알림], [목표]를 입력할 수 있다. [알림]은 꼭 기억해야 할 일을 입력하는 기능이다. [알림]의 내용은 지메일에 연동되어 구글 도구를 쓰는 동안 계속 언급되니 잊지 않고 챙길 수 있다.

01   02

←← [목표]를 선택하면 예쁜 일러스트와 함께 다양한 영역의 목표를 고를 수 있다. 요즘 빠듯한 일정으로 지쳐 있어 [나만의 시간]이라는 영역으로 들어가서 [명상]을 선택할 것이다.

← [독서], [명상], [개인 취미], [맞춤설정]이 있다. 자신만의 취미가 있다면 [맞춤설정]으로 추가하면 된다.

03   04

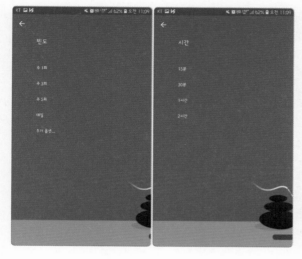

← ← 1주일에 1회, 3회, 5회, 매일 등 빈도를 선택할 수 있다.

← 지속 시간을 선택할 수 있다.

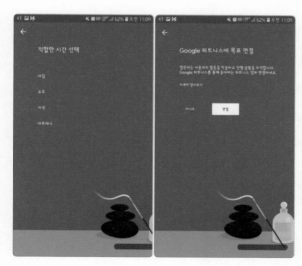

← ← 적합한 시간대를 선택할 수 있다.

← 구글 피트니스와 연동하면 걸음 수, 수면시간 등과 함께 트래킹을 할 수 있다.

←← 모든 선택사항을 입력하고
나면 오른쪽의 체크표시를
클릭한다.

← 잠시 로딩 시간이 지나고 구
글의 인공지능이 나의 첫 명
상 시간을 제안한다. 내일 오
전 8시로 선택이 되었다. 그
리 나쁠 것 같지 않아서 [문
제 없음]을 클릭했다.

　　다른 예를 들어 푸시업을 50개씩 한다고 하자. 근육운동은 매일 하면 근육
에 충분한 휴식 시간을 주지 못해서 좋은 운동법이 아니다. 그래서 주 3회씩
월·수·금으로 운동하려 한다. 이것을 매번 일일이 입력하기는 쉽지 않다. 게다
가 일정을 반복 설정했는데 다른 일과 겹치는 날은 그 날만 따로 일정을 바꿀
수는 없는 노릇이다. 하지만 이 '목표' 기능을 이용하면 손쉽게 자신의 일정을
조율할 수 있다.

　　많은 일을 병행하고 살아가는 경우, 구글의 도움만 있으면 매우 중요한 일
들을 우선순위에 놓고 해결할 수 있다. 많은 것을 누리고 중요한 일은 놓치지
않기를, 그리고 황금의 20%를 추구하며 살기를 기원한다.

미니멀 라이프는 미라클 라이프이다. "No"하는 법을 배우면 인생은 단순해지고
오히려 새로운 것들이 내 삶 속에 들어온다. 오로지 내게는 소중한 것만 남는다.

episode

06

미니멀
라이프

미니멀 라이프

구글의 홈페이지는 다들 아시는 것처럼 검색창 하나 외에는 모두 하얀색으로 여백이다. 왜 이렇게 단순한 디자인을 가지는 것일까? 이 질문에 대해 창시자 세르게이 브린은 구글의 20번째 직원이며 최초의 여성 엔지니어였던 마리사 메이어에게 "당시 웹마스터도 없었고 HTML로 꾸밀 줄도 몰라서 그랬다."라고 답했다고 한다. 농담 같기는 하지만 결국은 정보의 검색이라는 본질에 집중하고자 하는 그의 의도가 그러한 결과물을 낳은 것으로 생각한다. 그 결과 당시 야후Yahoo, 알타비스타Alta Vista, 네이버, 다음 등과는 전혀 다른 달랑 검색창 하나만을 남겨놓은 디자인이 나오게 된 것이고 이것이 결국 모든 차별을 만들었던 것 같다.

누군가가 나에게 왜 더 두꺼운 책을 쓰지 않았느냐고 말한다면 "내게 시간이 더 있었다면, 더 짧게 쓸 수 있었을 것이다."라는 우드로 윌슨 대통령의 말을 들려주고 싶다. 책의 분량을 늘리려고 글을 길게 쓰는 것은 의미 없는 행위이며 서로의 시간 낭비이다. 본질적인 중요한 이야기만 미니멀하게 전달하고 싶었다. 나 역시도 다른 이들의 책을 읽을 때 지나치게 길게 쓰인 것보다는 핵심만을 언급하는 미니멀한 책을 선호한다. 분량 늘릴 요령으로 이런 얘기 저런 얘기 늘어놓는 것은 누가 봐도 바로 알 수 있지 않은가!

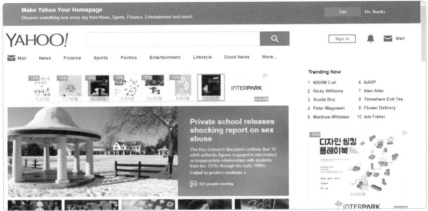

구글의 홈페이지(www.google.com)(위)의 모습이다. 구글 로고 아래에 달랑 검색창 하나가 자리 잡고 있다. 한때 인터넷 검색의 제왕으로 군림했던 야후 홈페이지(www.yahoo.com)(아래)를 살펴보면 광고와 신문기사, 동영상, 광고 등이 빼곡하게 자리 잡고 있다. 검색을 하러 들어갔다가 딴 길로 새는 경우가 허다하다. 일단 검색 사이트로서 본질이 퇴색되어 있다. 결과적으로는 신문 기사를 요약, 편집하여 제시하는 것에 관한 논란이 생기고 댓글 조작에 관한 불필요한 소모 전들이 발생하였다. 검색 사이트에서는 검색이 잘 되는 것이 핵심이다.

구글의 홈페이지 디자인은 궁극의 미니멀리즘의 산물이라 볼 수 있는데 나 역시도 이러한 디자인을 좋아하고 삶 속에 적극적으로 받아들인 편이다. 내가 2년 전부터 미니멀 라이프를 시작한 것은 순전히 〈우리 집엔 아무것도 없어〉라는 일본 드라마의 힘이 컸다. 《우리 집엔 아무것도 없어》라는 일본 만화를 원작으로 하는 드라마였는데 일본의 지진 때문에, 그리고 자신의 삶을 바꾸고자 하는 욕구 때문에 시작한 미니멀 라이프 도입 이후 물건의 소유에 대한 개념이 바뀐 주인공 마이는 자신을 '버리기 변태'라 칭하며 끊임없이 정리와 정돈을 반복 마침내 집에 거의 아무것도 없는 지경까지 만들게 된다.

현실에서 이를 실천하는 유명 미니멀리스트 곤도 마리에의 구글에서의 강의와 그녀의 책 《인생이 빛나는 정리의 마법》, 《설레지 않으면 버려라》를 통해 더욱 강력한 자극을 받게 된 나는 미니멀 라이프에 대한 결심이 굳어지게 되었다.

물론 이전에도 법정 스님의 《무소유》라는 책을 통해 우리는 너무나 무소유의 개념에 대해 잘 알고 있었지만, 무소유는 법정 스님 정도는 되어야 한다는 일정 수준의 보이지 않는 높은 진입 장벽이 있었던 것이 사실이다. 게다가 미니멀 라이프는 소유물을 최소화한다는 것이니 어느 정도 남긴다는 뜻이 있지만, 무소유는 말 그대로 아무것도 안 가진다는 것이니 지나친 극단적인 모습이 있어 보였던 것 같다. 그러니 무소유라는 것은 내가 할 일은 아니었다.

하지만 미니멀 라이프는 달랐다. 마이는 평범한 여주인공이다. 사실 평범하지는 않았다. 흔히 말하는 호더라는 수준에 이를 정도로 짐을 방안에 쌓아두던 존재였다. 그래도 법정 스님보다는 내 쪽에 훨씬 가깝다. 자신을 스스로

<우리 집엔 아무것도 없어> 드라마 중 한 장면. 가장 버리기 어렵다는 소파가 나가면 이제 다 나간 것이다. 그 외 작은 소품들은 자연스럽게 정리할 수 있다. 주인공의 집에는 사진에서 보는 것처럼 아무것도 없는 수준이 되었다.(ⓒNHK)

'버리기 변태'라 칭하며 미친 듯이, 때로는 소중한 물건까지 미련없이 버리며 쾌감을 느끼는 모습을 보며 나도 저 정도는 할 수 있지 않을까 싶었던 것이 사실이다.

물건 버리기의 시작

그렇게 나의 물건 버리기가 시작되었다. 물론 혼자만의 힘으로 버린 것은 아니다. 나와 내 아내는 서로 미니멀 라이프에 대한 니즈가 같았고 그러다 보니 더욱 경쟁적으로(?) 잘 버릴 수 있었다. 아마 이것이 큰 성공 포인트가 아닐까 싶다. 함께 버려야 한다. 이걸 버릴까 말까 하는 찰나에 아내에게 물어보면 아내가 보기에는 별로 쓸모없는 내 물건이니 당연히 쿨하게 '버려!'라고 한다. 아내에게 격려를 받으니 '그렇지!' 하는 마음으로 한결 홀가분하게 버릴 수 있었다. 반대로 아내가 망설이는 물건에 대해서는 내가 '버려~'라고 외쳐 주었으니, 서로서로 격려하며 신나게 버리기 시작했다.

내가 가장 큰 용기를 내어 버린 것은 아마도 초등학생 시절에 써서 지금까지 모아 두었던 일기장이었을 것이다. 개인적으로 펼쳐보면 얼굴이 화끈거리는 유치한 내용이지만 내 인생에서 의미 있는 어린 유년 순간이기도 하니 버리지 못하고 모아두던 것들이다. 하지만 미라클 라이프를 시작하고 집에 쌓여 있는 잡동사니들을 버리다 보니 이것도 버려야 할지 감히 고민하는 순간이 오게 되었다. 곰곰이 생각해 보았다. 내가 과연 나중에 박물관이 만들어질 만큼 위대한 위인이 될 것인가? 답은 당연히 '아니다!'였다. 그렇다면 굳이 일기를 보관할 이유는 없었다. 그렇다면 아들과 그 자손에게 일기를 물려주어 아빠를 기억해 달라는 뜻으로는 보관하는 것이 좋지 않을까? 하지만 그 역시 답은 '아니다!'였다. 삐뚤 빼뚤 쓰인 유치한 일기장을 아들에게 물려주고 싶지는 않았다. 그래서 모여 있는 일기장의 사진을 기념으로 한 장 찍어 두고는 몽땅 폐휴지 함에 던져버렸다. 바로 그것이 거대한 변화의 시작이었다.

그렇게 몇 개월을 집에 있는 중요한 물건들을 버리기 시작했다. 엉뚱하게도 나에게 놀라운 능력이 생기기 시작했다. 일상을 살면서 우리는 많은 제안과 부탁들을 받는다. "딱 한 잔만 하고 집에 가자", "박 교수 일 잘하니까 이거 금방 해 줄 수 있지 않을까?", "오래 걸리지 않으니 이거 잠깐만 봐 주세요" 등,

특히 나 같이 거절을 잘 못하는 나약한 인간들은 이런 거절하지 못하는 부탁들 때문에 내가 살고 싶은 인생보다는 남이 원하는 인생을 대신 살곤 한다. 그리고는 번번이 단호하게 거절하지 못한 자신을 탓하곤 한다. 하지만 초등학교 일기장을 버리는 순간이 큰 전환점이 된 것 같다. 그 소중한 추억들을 손에 쥐고 있다가 쓰레기통에 던져 넣는 순간!! 큰 변화가 시작된 느낌이었다.

소중한 물건도 버리는 판에 나를 괴롭힐 수 있는 남이 원하는 수많은 일은 하물며 굳이 고민할 이유가 있겠는가? 그렇다. '노!'하는 법을 배우기 시작한 것이다. 이전에는 '이 사람들이 나를 어떻게 생각할까?', '내가 여기서 거절하면 욕먹겠지?' 등등 염려를 하면서 거절을 못 하던 나였는데 하루에도 수십 가지 소중한 물건들을 버릴까 말까 고민하다 '노!'와 함께 자꾸 버리다 보니 인간관계에서도 좀 더 손쉽게 거절을 하게 된 것이다. 마치 '노!하기 학교'를 수석 졸업한 느낌이랄까.

미니멀 라이프 실천 전략

이렇게 시작된 나의 미니멀 라이프는 마침내 작업 공간까지 침범하게 되었다. 당시 라면 상자 13권 분량의 책을 3개의 책장에 꽂아 두고 6개의 외장하드와 3개의 PC로 작업하던 나로서는 미니멀 라이프가 과연 가능할지 염려되는 상황이었다.

연구실의 초기 상태. 정말 많은 살림살이가 나와있다. 사진에서는 보이지 않지만, 오른쪽에 두 개의 책장에 원서와 제본들이 잔뜩 꽂혀 있다.

미니멀 라이프가 시작되고 난 직후의 나의 연구실이다. 강제로 책장이 하나 나가고 난 뒤 조금 정리가 되기 시작했다. 우측의 책장들은 다음 차례이다.

최근의 연구실 사진이다. 책장이 빠지고 불필요한 짐들이 모두 빠졌다. 이렇게 많은 짐을 정리했지만 아직 마이의 수준에 도달하지는 못 했다.

버리기 변태의 경지는 정말 변태가 아니고서는 어려운 모양이다. 더 많은 책을 정리하고 자료들은 클라우드에 올려야 한다. 화이트보드와 여분의 의자들도 정리해야 한다.

잠시 책을 정리하는 노하우를 소개하겠다. 책을 읽으면서 좋은 문장이 있던 부분은 굳이 책에 줄을 긋지 않고 책 모서리를 접어서 표시만 해둔다. 그리고 책을 다 읽고 접혀진 페이지들을 모두 스마트폰으로 찍는다. 네 군데 책 모서리의 접히는 위치와 방향에 따라 모든 페이지를 표시해 둘 수 있다. 이렇게 찍혀진 수백 장의 사진들은 별다른 작업이 없이도 모두 자동으로 구글 포토 Google Photos에 동기화가 된다. 일단 사진의 양은 걱정할 필요가 없다. 구글 드라이브는 기본 계정에 15GB의 크기 한계가 있다. 그 이상을 요구하는 경우 일정 비용을 지급해야 한다. 하지만 구글 포토는 이와 별도로 구글 드라이브의 용량을 차지하지 않는다. 우리가 일반적으로 찍는 스마트폰 사진들은 기본적으로 고해상도로 촬영이 된다. 이걸 그대로 구글 포토에 올리면 용량을 차지한다. 하지만 2019년 2월 기준으로 1600만 화소 이하의 사진, 1080p 이하의 동영상은 무제한으로 업로드할 수 있다. 1600만 화소라면 사진 전문가가 아닌 이상은 굳이 더 높은 해상도가 불필요한 정도이다. 그러니 굳이 용량을 차지할 것 없이 무제한의 옵션을 누리며 저장하는 것이 유리할 것이다.

구글 포토에 앨범으로 생성하여 보관해둔 사진들. 책이 다시 필요한 경우라면 언제 어디서나 책의 원본 그대로를 꺼내 볼 수 있으니 그 어떤 보관법보다 간편하다.

좋은 책을 읽다가 좋은 문구가 있는 경우 이를 받아 적어 두면 나중에 쓸모가 있겠지만 그런 내용이 많아지면 힘이 들 수 있다. 일단 사진을 마음껏 찍고 이를 구글 포토에 동기화를 한다. 이것도 WIFI가 되는 환경에서만 업로드하도록 설정해 두면 데이터를 잡아먹지 않고 실속있게 업로드가 가능하다. 그리고 시간이 있을 때 구글 포토에 들어가서 표지 이하 사진들을 일괄 선택하고 이것을 새로운 앨범으로 생성하되 그 책의 이름을 폴더 이름으로 만들어 주고 있다. 이렇게 하면 한 권의 책에 맞게 하나의 앨범이 생성되니 나중에 자료를 찾아보기에 몹시 편하다.

이렇게 나의 방에서는 3개의 책장 중 2개가 사라졌고 수십 상자의 책들이 골고루 나누어져 나의 손을 떠났다. 그리고 내가 찍어 두던 가족사진, 일상생활, 환자 진료 중의 수술 동영상 모두는 이제 구글 포토를 통해 백업이 되고 있다. 앞서 말한 대로 구글 포토는 기본적으로 스마트폰의 사진들이 매 순간 동기화되는 클라우드이고 이렇게 동기화되는 사진들은 모두 시간대별로 저장되기 때문에 언제 어디에서라도 인터넷에 접속하거나 스마트폰의 앱을 이용하면 날짜를 검색하여 사진을 찾을 수 있다.

이 사진들은 동시에 앨범으로 만들어서 다시 분류를 할 수 있는데 이 앨범의 공유 기능이 매우 뛰어나서 가족들과 사진을 나눠서 즐기기에 너무나 편하다. 학회나 공공 이벤트 시에는 앨범의 링크를 공유하게 되면 참여한 모든 사람이 각자가 찍은 사진을 하나의 앨범에 올릴 수 있게 된다. 이렇게 수십 수백 명의 참여자가 수천 장 그리고 심지어는 동영상까지 올리게 되면 행사 후에는 내가 놓친 그 짧은 순간까지 기록된 강력한 사진 앨범이 만들어진다. 어시스턴트 기능에서는 인공지능이 특정 이벤트를 앨범으로 추천하도록 권유해 주고 있고 사진에 나온 사람의 얼굴을 자동으로 인식하여 얼굴로 따로 사진을 분류해 낼 수 있다. 그리고 매일매일 몇 년 전 그날의 사진들을 애니메이션으로 만들어주거나 움직이는 GIF로 만들어서 사용자를 놀라게 하고 있다.

더욱 재미있는 것은 인공지능 기능이 강화됨에 따라 아이들의 얼굴을 지정하고 이를 아내와 공유를 시키게 되면 나의 카메라에서 아이 사진을 찍으면 자동으로 아내의 구글 포토로 공유된다. 에버랜드에 놀러 가서 아내와 나의 카메라로 각각 아이들 얼굴이 나온 사진을 찍고 집에 와서 사진을 합하느라 고생했던 과거를 생각하면 이제 그럴 이유가 없다.

미니멀 라이프라고 하는 것은 물건과 소유가 미니멀이 된다는 뜻도 있지만 분명히 절차나 작업이 미니멀이 되는 것 역시 내포하고 있다고 생각한다. 생텍쥐페리는 '완벽함이란 더는 무엇을 더할 것이 없는 상태가 아닌 더는 뺄 것이 없는 상태.'라고 정의했다. 나 역시 예전에는 더 많은 것을 가지고 모든 용도에 적용 가능한 모든 도구와 장비를 가져야 한다는 강박관념에 사로잡혀 있었다. 하지만 미니멀 라이프를 통해 본질이 아닌 것은 버리고, 소중한 자료는 디지털화하여 클라우드에 올리게 됨으로써 물질에 의한 구속에서 벗어남을 체험하게 되었다. 구글이 제공하는 유튜브를 이용하여 내 강의 노하우를 클라우드에 올리면 보관도 될 뿐 아니라 자료들이 많은 이들과 공유되며 더 많은 가치를 창조하게 되는 것 같다. 예전에는 내 것이 중요했으나 이제는 공유를 통해 내 것이 나뉘고 오히려 다시 더 다양하게 발전하는 모습을 보는 것이 더욱 소중해졌다. 이것이 구글의 공유, 협력 툴들이 이끌어주는 세상이 아닐까? 미니멀 라이프를 통해 더욱 소중한 삶을 선택하고 불필요한 것에는 당당히 '노!'라고 말할 수 있는 삶의 주인이 되기를 권해본다.

개인정보 관리하기

구글의 클라우드 플랫폼에 자료들을 올림으로써 자유를 추구하는 노하우를 소개하였지만 중요한 개인정보나 기업의 비밀 또는 자신의 정보가 빅브라더에게 노출되는 것이 싫으신 분들을 위해 구글 플랫폼에서 자신의 정보를 지키는 노하우를 소개하겠다.

구글은 개인정보보호에 관해 명확한 개인정보처리방침을 공개하고 있다 (https://policies.google.com/). 시간이 많은 분은 자세히 읽어 보면 많은 도움이 될 것이다. 일단 이 자료를 통해서 구글이 얼마나 나에 대해 많은 것을 알고 있는가 정리해 보면 다음과 같다.

● 이름, 성별, 생일 ● 핸드폰 번호 ● 최근 검색 내용 ● 내가 방문한 웹사이트들 ● 내가 지난밤에 전등을 켰는지 ● 지난 몇 년간 내가 언제 어디에 있었는지 ● 내가 미식축구, 피자, 재즈, 오디오 등을 좋아하는지 ● 내 근무처 ● 내 집 ● 내가 본 유튜브 영상과 검색한 영상들 ● 구글 어시스턴트와 나눈 이야기들

내가 이전에 구글 플랫폼에서 생활했던 발자취를 토대로 구글에서는 내가 어떤 것을 좋아하는지를 설정하여 이 키워드에 맞는 광고를 나에게 제시해 준다. 자세히 보면 내가 중국 출장 때문에 검색했던 내용 때문인지 중국에 대한 내용이 보인다.

이런 내용이 수집되는 것이 싫으면 동일 페이지의 상단에 올라가면 토글 스위치가 있다. 이를 끄게 되면 이러한 개인화된 분석은 더는 진행되지 않는다.

↑ 구글 지도의 타임라인 기능(https://www.google.com/maps/timeline)을 이용하면 몇 년 몇 월 몇 시 몇 분에 어느 곳에 있었는지 그리고 무슨 사진을 찍었는지, 이후에 어떤 경로로 이동했는지 모두 알 수 있다.

↑ 왼쪽 위에서 날짜를 입력하거나 그래프에서 선택하면 해당 날짜의 경로가 제시된다. 2018년 7월 14일은 경북대에서 GEG 사우스 코리아 주최 구글 에듀 페스티벌이 개최되었던 날이다. 아침에 서울에서 출발하여 경북대까지 이동한 경로가 지도 상에 표시된다. 분 단위로 이동 경로가 나와있고 심지어는 특정 위치에서 촬영한 사진까지 모두 매칭이 되어 있다.

↑ 이러한 지리 정보 제공을 원치 않는다면 옵션을 제거할 수 있다. 위치 기록 관리 Manage Location History를 클릭하자.

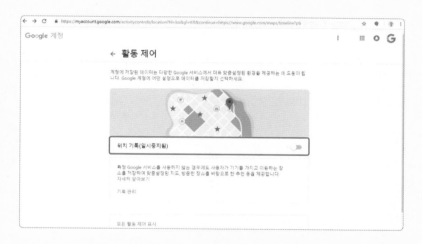

↑ 이어지는 페이지에서 옵션을 끄게 되면 이러한 지리 정보 수집이 중단된다.

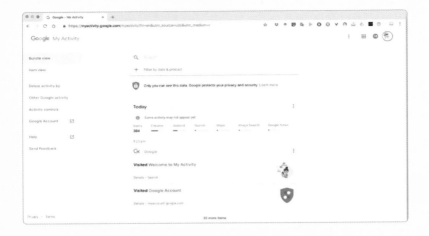

이외에도 구글과 관련된 나의 모든 행적을 보고 싶다면 마이 액티비티 창(https://myactivity.google.com/myactivity)으로 들어가면 구글 계정을 가지고 한 거의 모든 행적을 일목요연하게 확인할 수 있다. 나의 경우를 살펴보면 오늘 하루 동안 304건의 활동을 한 것이 보인다. 크롬브라우저와 스마트폰이 압도적이다. 가장 직전에는 오후 9시 23분 구글 검색을 통해 my activity와 google account를 검색하고 페이지를 방문한 기록이 남아 있다.

지메일을 확인한 것은 물론 페이스북에 방문하고 글을 남긴 것조차 다시 볼 수 있다.

구글 계정인데 왜 페이스북에 활동한 기록이 남아있을까? 바로 구글로 로그인한 크롬 브라우저를 통해서 페이스북에 들어갔기 때문이다. 결국은 구글

은 구글이 아닌 사이트의 활동조차도 모두 저장을 하는 것이다.

이러한 정보 수집이 싫다면 [활동 제어^{Activity controls}]를 클릭하여 들어간다. 이곳에서 다양한 웹 활동을 컨트롤 할 수 있다.

↑ 웹과 앱을 이용한 활동 기록은 수집, 저장하지 않겠다면 토글 스위치를 꺼버리면 된다.

↑ 마이 액티비티에는 구글 어시스턴트를 이용해서 음성 명령을 내렸던 내용이 정리되어 있다. 자세한 내용을 보려면 [기록 관리^{Manage Activity}]를 클릭하자.

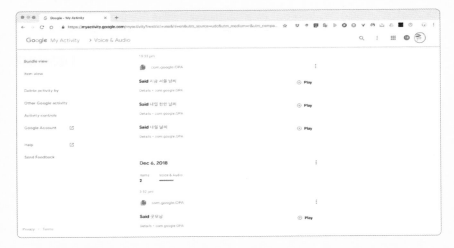

놀랍게도 시간의 흐름대로 내가 사용한 음성 기록들(구글 어시스턴트, 키보드 음성 입력 등)이 기록되어 있다. 더욱 놀라운 것은 우측에 [플레이] 버튼이 있는데 이를 누르면 내 목소리가 그대로 재생된다. 오래전 목소리까지 모두 저장을 해 둔 것이다. 이것은 내 계정의 용량을 차지하는 것은 아니고 구글이 음성 인식 기능의 개선을 목적으로 저장 활용하는 것 같다. 물론 마이 액티비티에서 설정을 끌 수 있다.

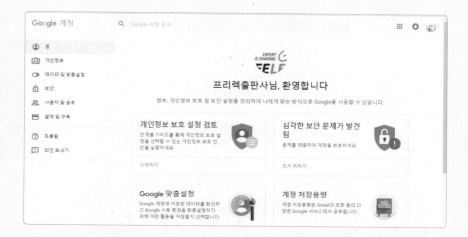

↑ 이와 같은 다양한 개인정보수집 수준을 일괄적으로 정리할 수 있는 사이트(https://myaccount.google.com)가 있다. 이곳은 구글 계정 관련해 모든 내용이 들어가 있는 컨트롤 타워와 같은 페이지이다. 개인정보 보호 설정 검토에서 [시작하기]를 클릭하여 들어가 보자.

↑ 하나하나 세팅을 확인해 가면서 자신의 정보에 관한 설정을 할 수 있는 사이트가 제시된다. 미니멀 라이프를 위해서 많은 자료를 클라우드에 올림으로써 자유를 찾을 수 있다고 설명하였다. 하지만 개인의 소중한 정보는 스스로 잘 관리하는 것이 중요하다.

모든 것은 클라우드에 올리고 몸은 가볍게, 글 쓰는 것조차 입으로 하자.
항상 모든 일에는 더 편하고 빠르게 하는 방법이 존재한다.

Google

episode

07

세상을
만나는
인터페이스의
변화

세상을 만나는
인터페이스의 변화

우연히 기회가 되어 영국에서 1년간 짧은 유학을 할 기회가 있었는데 그동안 큰아이는 영국의 유치원을 다니면서 영어와 만나게 되었고 영어책 읽기에 재미를 들였던 것 같다. 그게 인연이 되어서 한국에 돌아와서도 영어 소설들을 꾸준히 읽었다. ≪해리포터≫와 ≪나니아 연대기≫, ≪윔피 키즈≫ 등이 아이의 손에서 떨어지지 않던 단골 소설들이다. 거대한 세계관을 가진 시리즈물을 많이 읽더니 멋진 창작의 세계에 매력을 느꼈던 모양이다. 언제부턴가 자기도 책을 쓰고 싶다는 생각을 하고는 끄적끄적 습작을 시작했다. 처음에는 집에서 제본해서 동화책을 만들었지만, 어느 정도 스토리를 만드는 힘이 생기자 이제는 제대로 글을 쓸 수 있게 도와주려고 노트북을 구해줄까 싶어졌다. 하지만 초등학교 3학년 아이에게 고가의 노트북을 덥석 사주기는 불안했다. 고가의 디지털 장비이니 비용이나 파손에 대한 불안감도 있었고 무언가 이것저것 클릭하면서 악성코드가 잔뜩 깔리지 않을까 하는 두려움도 있었다. 그렇다고 저렴한 노트북을 사서 속도가 안 나와서 답답해하는 것도 아닌 것 같았다. 그래서 나온 결론은 크롬북Chromebook이었다.

가벼운 디바이스, 크롬북

크롬북은 리눅스 기반의 크롬 OS를 기반으로 하는 디지털 장비로서 크롬 브라우저가 떠 있는 모니터에 물리기반 키보드가 달린 것으로 생각하면 좋을 것이다. 2011년 에이서Acer와 삼성이 최초 출시한 이래 성장을 거듭하여 현재 학교에서 사용되는 교육용 PC의 60%를 차지하고 있다고 알려졌다. 그 분류는 노트북에 속하지만, 저장 하드 용량이 4GB, 8GB 정도에 불과하다. 요즘 나오는 USB 메모리 스틱이 128GB, 256GB를 훌쩍 넘는 시대에 이건 거의 노트북이라 할 수 없는 수준이다. 말 그대로 키보드 달린 모니터라고 보고 거기에 추가해서 인터넷이 된다는 정도로 보면 된다. 그렇다면 도대체 어떻게 이것이 노트북으로 기능을 할 수 있을까? 바로 크롬북은 클라우드를 십분 활용하는 클라우딩 컴퓨터 디바이스Clouding Computer Device이기 때문이다. 모든 저장은 클라우드에 하고 그때그때 끌어와서 작업하는 방식이다. 그러다 보니 크롬북은 부팅이 단 7초밖에 걸리지 않는다. 그만큼 OS가 단순하다는 뜻이다. 그리고 크롬 OS에 로그인하고 인터넷에 연결되는 순간 모든 저장소는 구글 드라이브라고 하는 클라우드로 연결된다. 배경화면, 북마크, 작업하던 모든 내용이 모두 그대로 유지된다. 지메일, 구글 문서, 구글 슬라이드 등으로 업무를 하고 유튜브로 음악을 듣고 영화를 본다. 그리고 로그아웃을 하면 기계는 공기계가 되어버린다. 최근에는 구글 플레이 스토어가 돌아가게 되어서 다양한 안드로이드 스마트폰용 앱도 구동할 수 있게 되었다.

그 다음 날 다른 친구가 그 크롬북을 집어 들고 자신의 아이디로 로그인하면 이제 그 기계는 다른 친구의 크롬북이 되는 것이다. 바탕화면부터 저장된 파일은 물론 작업하다가 띄워 둔 브라우저까지 그대로이니 여기저기 메뚜기처럼 일하는 이들에게는 큰 장점이 있다. 그래서 나는 진료실에서는 크롬북을 사용하고 연구실에는 내가 주로 작업하는 맥을 두고 있다. 연구실에서 작업하다가 환자를 보러 진료실에 가야 하는 시간이 되었다. 예전 같았으면 노트북을 들고 진료실로 가서 작업해야 했겠지만, 진료실에 비치해 둔 크롬북에 로그인하는 순간 지금까지 했던 일들이 그대로 이어지게 된다. 그러니 이제는 굳이 노트북을 들고 여기저기 돌아다니거나 메모리 카드에 최종본을 저장하고 다른 컴퓨터에서 열어서 작업하는 등의 번거로운 절차가 필요 없어진다. 본질만 남기고 모든 불필요한 절차가 사라진 것이다.

크롬북의 가장 큰 장점 중 하나는 가격이다. 크롬북의 가격은 아무리 비싸도 50만 원을 거의 넘지 않는다. 정말 저렴한 것은 20만 원 정도에도 구할 수 있다. 더욱 놀라운 점은 새로운 크롬북을 사지 않고 기존의 구형 노트북이나 허름한 데스크톱을 크롬북으로 변신시킬 수 있다는 것이다. 네버웨어(www.neverware.com)이라는 사이트에서는 크롬 OS를 기존의 윈도우 노트북이나 맥북에서 구동될 수 있도록 도와주고 있다. 홈Home 버전을 사용하면 무료로 사용할 수 있고 그리 어렵지 않기 때문에 누구나 집에서 노는 구형 노트북이 있다면 한번 시도해 보기를 권하고 싶다.

구글 독스 활용법

다시 본론으로 돌아가 아이에게 글을 쓸 수 있도록 도와주었던 이야기를 계속하겠다. 초등학교 저학년들에게 비싼 고급 노트북을 사주는 것은 어려울 것으로 보였고 집에서 마침 놀고 있던 구형 노트북이 있어 아이를 위해 이것을 크롬북으로 바꾸어 주었다. 버리기 아깝던 차에 오히려 잘 되었다고 생각되었다. 그리고 자연스레 아이는 글을 쓰기 시작했다. 구글 독스가 가지는 기능이 워낙 배우기 쉽기 때문이었다. 그리고 구글 번역기(https://translate.google.com)를 통해 자신이 필요한 문구나 단어 등은 도움을 받은 모양이다. 완성되기 전까지는 잘 보여주지 않아서 몇 달이 걸렸는지는 기억이 나지 않지만, 어느 순간 책을 다 썼다고 보여주었다. 초등학생이 쓴 영어책이니 당연히 문법적 오류나 단어가 틀린 것이 좀 있었다. 그래도 최대한 작가의 선택을 존중해주되 치명적인 문법적 실수만 수정해 주었다. 물론 아이가 보는 앞에서 바로 고치지는 않았다. 구글 독스의 공유 기능을 이용해서 아이 모르게 고칠 수 있기 때문이다.

구글 독스^{Google Docs}는 온라인상에 파일을 올려 두고 로그인 기반으로 접속하여 작업하는 워드 프로세서 앱이다. 마이크로소프트의 워드나 한컴오피스의 한글을 떠올리면 될 것이다. 하지만 결정적인 차이는 구글 독스는 모든 파일이 클라우드에 저장되어 있다는 사실이다. 오르락내리락하는 정도가 아니라 아예 파일 자체가 클라우드 상에 존재하고 사용자가 파일을 잠시 끌어내려서 쓰는 것에 가까웠다. 사실 그 시작은 구글에서 한 것이 아니라 라이틀리^{Writely}라고 하는 웹 기반의 워드프로세서 회사가 시초였다. 이 회사를 2006년 구글이 인수하고 2007년 구글 독스가 시작되었다.

구글 독스는 얼마 지나지 않아 혁신적인 기능을 도입한다. 개인적으로는 인류가 이루어 낸 가장 큰 창의적 발상이었다고 생각되는데 글을 쓰며 키보드를 치는 그 순간 바로바로 저장이 되는 기능을 만들어 낸 것이다. 그러니 저장하는 걸 깜빡해서 밤새 작업한 내용을 날렸다는 이야기 등은 이제 옛날이

'드라이브에서 모든 변경사항이 저장되었습니다.'라고 뜨면서 변경사항은 바로바로 저장된다.

야기가 되었다.

하지만 무엇보다 구글 독스의 가장 큰 장점은 동시 협업 작업이 가능하다는 것이다. 2019년 2월 기준으로 하나의 구글 독스 파일에 동시 50명이 접속하여 작업하는 것이 가능하다. 한 화면에서 50개의 커서가 움직이며 글을 써내려가는 모습을 보는 것은 마치 어마어마한 자연의 경관 앞에서 감탄하는 모습과 같다. 이것은 예술이다. 경험해 보지 않은 분들은 이해할 수 없을 것이다. 동시에 여러 명이 작업을 할 수 있으니 글 쓰는 속도가 빠를 수밖에 없다. 게다가 단일 파일에서 작업하니 버전 때문에 시간을 낭비하는 일이 없다. 나는 여러 타 대학의 교수님들과 공동 논문 작업을 많이 하곤 하는데 흔히 한 명이 작업한 워드 파일을 다른 교수에게 보내면 다시 돌아올 때까지 손가락만 빨고 기다려야 한다. 게다가 파일이 돌아올 때는 안전을 위해서, 그리고 기존 버전과의 차이를 두려고 '수정_1'이라는 이름의 파일로 바뀌어 온다. 다시 내가 수정을 하는 동안은 이번에는 상대 측 교수가 무한정 기다려야 하는 상황이 만들어진다. 몇 주가 지나고 '수정_1_최종'이라는 이름으로 파일이 보내진다. 이렇게 몇 번 오가고 나면 파일은 수십 개가 만들어지고 시간은 몇 개

세상을 만나는 인터페이스의 변화

월이 지나가 있다. 얼마나 비효율적인가? 하지만 구글 독스는 단 하나의 파일에서 작업이 가능하다. 동시에 두 사람이 열어서 작업해도 중복되는 일이 없다.

심지어는 버전History까지 기억해 준다. 어제저녁까지는 아무 문제가 없었는데 깨어보니 파일이 모두 지워져 있다고 가정해보자. 같이 편집한 분께 전화해보니 어젯밤에 고양이가 노트북 위에 올라가는 바람에 몇개월치 작업이 지워진 모양이다. 평소처럼 워드 파일에 작업하던 상황이라면 당연히 혈압이 올라 쓰러졌겠지만, 구글 독스에서는 언제 어디서나 원하는 시기의 버전으로 되돌아 갈 수 있는 옵션이 있다. 함께 협업을 하다 보면 충분히 발생할 수 있는 상황이다. 구글도 이러한 문제에 대해 피드백을 많이 받았던 모양이고 이에 대한 '패치'가 등장한 것이다. 애자일한 이들의 업무 방식이 정말 마음에 든다. 게다가 구글 독스는 아무리 많이 만들어도 구글 드라이브에서 용량을 차지하지 않는다. 구글의 방침이다. 물론 독스 파일의 자체 크기 한계는 있다. 100만 글자까지 입력할 수 있으며 워드로 환산하자면 50MB의 크기까지 작업이 가능하다. 참고로 스프레드시트는 200만 셀까지 형성할 수 있으며 슬라이드 프레젠테이션은 100MB까지 허용한다.

출판의 혁신 POD

다시 아들이 쓴 책 이야기로 돌아가겠다. 나는 아들 몰래 문법과 오타만 몇 개 잡아주었고 결과적으로 나름 원고의 형태를 갖추게 되었다. 이제 인쇄 및 출판 과정으로 들어가야 하는데 잠시 생각해보자. 초등학생이 쓴 동화책을 출판 허락해 줄 출판사가 어디 있겠는가? 출판 업계가 지금 호락호락한 상태가 아닌데 말이다. 당연히 아이의 책은 그렇게 잊혀 갈 뻔했다. 하지만 아주 우연한 기회에 나는 POD^{Publish on Demand} 서비스라는 것을 알게 된다.

기존의 출판 산업은 이렇다. 작가가 좋은 글을 가지고 온다. 출판사에서 글을 읽어보고 판매가 될 것 같은 책이라 판단이 되면 계약서를 작성하고 수정과 디자인 작업을 거쳐 한 권의 책으로 출판하다. 초판은 1000부이다. 이렇게 인쇄를 하고 서점에 배포하고 남은 책은 창고에 보관한다. 책이 잘 팔려 1000부를 넘게 되면 다시 2쇄를 찍는다. 3쇄를 찍는다. 반면 책이 잘 안 팔리면 창고에 쌓여 있는 수백 권의 책은 주인을 기다리다가 수년 뒤에는 결국 폐휴지로 전락하게 된다. 하지만 지금 시대가 어떤 시대인가? 아침에 클릭하면 오후에 배달되는 시대가 아닌가. 그리고 이제는 많은 사람이 인터넷에서 좋은 책을 보고 몇 번의 클릭만으로 인터넷 서점에서 책을 주문한다.

그러니 책을 초판으로 1000부를 찍을 것이 아니라 인터넷상에서 주문이 들어오면 그때 얼른 찍어서 택배로 보내주면 어떨까? 인쇄하고 제본하는 며칠의 시간이 소요되기는 하지만 그렇게 하면 책값도 저렴해지고 출판사에서는 책을 미리 찍어 둘 필요가 없으니 비용적 부담도 덜하다. 또한, 작가에게 인세도 더 많이 줄 수 있다. 모두가 행복해지는 상황이 만들어지는 것이다. 이것이 바로 POD이다. 출판의 혁명이다. 단, 모든 편집, 디자인, 오탈자 교정 작업 등을 모두 내가 맡아서 해야 한다.

국내에는 POD 서비스가 많지는 않지만 현재로서는 교보문고의 퍼플과 브런치와 제휴한 부크크라는 회사가 널리 알려졌다. 나는 워낙 초등학생 때부터 주말마다 찾아가서 시간을 보내고 오던 교보문고가 친숙했던 지라 별다른 고민 없이 퍼플을 우선으로 선택했다. 안타깝게도 퍼플은 아직 최적화가 되어 있지 않은 듯했다. 그리고 미성년자가 계정을 만드는 것은 너무도 어렵게 되어 있어서 그냥 내 이름으로 계정을 만들었다. 알고 보니 책의 저자로 아들의 이름을 넣는 것은 나중에도 충분히 할 수 있는 일이었다. 이후 몹시 간단한 작업을 몹시 복잡하게 설명한 사이트의 도움말을 어렵게 따라 하여 성공적으로 원고를 업로드하였다.

표지도 기본 그림을 넣는 방식과 직접 그린 그림을 올리는 옵션이 있었다. 이왕이면 아이의 솜씨로 모두 꾸며주고 싶어서 아이가 직접 그린 그림을 표지로 쓰기로 했다. 이것 또한 간단하다. 아이가 그린 그림을 스마트폰으로 찍는 것이다. 단순하게 스마트폰 카메라로 찍는 것이 아니라 구글의 포토스캐너 앱을 이용하는 것이다. 이 앱은 사실 사진을 스캔하기에 적격이다. 아마도 대부분 이런 경험이 있겠지만 번쩍거리는 사진에 카메라를 들이대면 사진상에 형광등이나 빛이 반사되어 도저히 깨끗하게 사진을 찍을 수가 없다. 하지만 이 앱은 사진을 4개의 각도에서 빛의 반사를 피해서 찍게 한 뒤에 4장의 사진을 인공지능이 식간에 중복되는 부분을 겹치고 빛 반사는 제거하여 결과물을 내어놓는다. 빛 반사 하

4개의 원에 맞추어 사진을 찍으면 4장의 사진이 자동으로 한장으로 중첩되어 제시된다.

나 없이 정말 스캔한 것처럼 깨끗한 사진이 얻어졌다. 그 속도가 워낙 빠르니 굳이 스캐너에 사진을 올리고 자시고 할 것도 없이 이렇게 촬영을 하면 되는 것이다. 스캐너 회사들이 또 이렇게 타격을 받는구나 싶었다. 이후에 이야기할 파괴적 혁신의 사례였다. 여하튼 이 앱을 사용한 덕분에 손쉽게 아이가 그린 그림이 표지 사진이 되었다.

그리고 아이의 책은 곧 승인을 받아서 판매가 시작되었고 책은 네이버 검색 엔진에서 연동이 되어 찾아볼 수 있게 되었다. 초등학교 3학년 학생이 작가가 된 것이다. 이후 아이는 너무나 뿌듯해하고 자신은 글쓰기에 타고난 재능을 가지고 있다고 확신하게 되었다. 그리고 자신의 강점을 더 발전시키기 위해 더 많은 책을 읽고 더 많이 쓰게 되었다. 아이에게 잊지 못할 큰 선물을 해준 셈이다. 이 과정에서 들인 돈은 '0원'. 물론 아이에게 책을 보여주어야 하니 책을 내가 직접 샀고, 아이의 할아버지도 두 권 구매를 해주셨다. 아마 이것이 모든 판매 실적의 끝일 가능성이 크지만 이를 통해 얻은 경험의 가치는 환산할 수 없다.

이것은 한 아이의 사례이기도 하지만 사실은 이 사례를 자세히 들여다보면 우리가 알고 있던 모든 경제의 원칙과 이전 생활 방식이 혁명적으로 바뀌고 있음을 찾아볼 수 있다.

음성인식의 새로운 시대

더욱 놀라운 사실은 이제는 이렇게 책을 쓰려고 책상 앞에 앉아 키보드를 두드리지 않아도 된다는 사실이다. 사실 지금 이 문장은 내 스마트폰에서 구글 독스 앱을 연 뒤 음성인식 기능을 이용해 입으로 입력하여 쓴 문장이다. 복잡한 단어가 아니면 인식률은 꽤 훌륭하다. 앞서 말한 대로 구글 독스는 클라우드 상에 원고가 있기 때문에 데스크톱에서 원고를 작성하다가 이동을 해야 하는 상황이 되면 언제든지 자리를 떠날 수 있다. 그리고 이동 중에는 스마트폰의 구글 독스 앱을 통해 이어서 글을 쓸 수 있다. 당연히 내가 작업하고 있던 내용이 그대로 반영되어 있다. 물론 동시에 작업도

스마트폰을 이용해서 지금 이 책을 쓰는 장면

가능하다. 하지만 알다시피 엄지손가락 두 개만으로 글을 많이 쓰면 몹시 힘들다. 특히 나와 같은 7080세대들은 오타가 많이 나오는 편이다. 또는 노안이 오게 되면 좁은 스마트폰 화면에 집중하기가 쉽지는 않다. 결국은 말로 입력하는 것이 더욱 편하고 빠른 방법임을 모두가 깨닫게 될 것이며 구글은 현재 그 방향으로 아주 빠른 속도로 달려가고 있다.

마블의 〈아이언맨〉이라는 영화에서 토니 스타크는 그의 인공지능 비서 자비스와 끊임없이 대화하며 작업을 한다. 또한 할리우드 영화에서 심리 상담사들은 대부분 환자에 대한 기록을 테이프 리코더에 남기고 외계 생명체를 연구하는 실험 과학자들은 비디오 로그를 남기곤 한다. 아주 전형적인 할리우드 영화 속의 모습이다. 미국인들이 손으로 글을 쓰는 것을 싫어하거나 아니면 목소리를 듣는 것을 좋아해서인지 아니면 문화적인 차이이거나 언어 자체의

특성 때문일지는 모르겠지만 분명히 서양인들이 음성으로 기록을 남기고 대화를 많이 하는 것에는 이유가 있을 것이다. 하지만 이러한 음성인식을 통한 업무는 분명히 그 속도 면에서 강점을 갖는다.

나는 하루에도 수십 장의 전자 차트를 기록을 하고 있다. 환자의 불편감을 기록하고 내가 판단한 객관적인 상태를 기록한다. 그날 진행한 치료 내용을 쓰고 다음 약속을 적어 둔다. 이러한 작업들을 하루에 수십 명씩 반복해야 하는데 이러한 과정에서 상당히 많은 시간의 낭비가 발생한다. 환자와 더 많이 대화하고 이야기를 들어주어야 하는데 글을 쓰는 중에는 대화에 집중하기가 어렵다. 그러다 보니 차트를 자비스 같은 인공지능이 받아 적어주면 어떨까 생각하곤 한다. 필요는 발명의 어머니라고 했던가.

일반적으로 독수리 타법으로 영어 단어를 입력하는 경우 20wpm[words per minute, 분당 단어수]의 속도를 낸다고 한다. 일반적인 비즈니스 분야 전문가는 100wpm의 속도를 얻을 수 있고 드보락 키보드를 이용한 경우 세계 기록은 212wpm이다. 반면 드래곤 내추럴리 스피킹[Dragon Naturally Speaking]이라는 음성인식용 소프트웨어를 사용한 경우 아주 손쉽게 165wpm을 얻었다는 보고가 있다. 꽤 나쁘지 않은 실력이다. 아니 사실 매우 대단한 것이기도 하다. 현재 의과 영역에서는 환자의 전자 차트 기록 시에 이러한 키보드 입력이 익숙하지 않은 원로 교수님들의 특진 진료를 위해 차트만 받아 적는 수련의가 교수님 옆에 앉아 있고 전산으로 처방을 입력하는 간호사가 따로 붙어 있다. 3명의 전문 인력이 진행하는 지금의 업무를 음성인식을 이용하면 손쉽게 혼자서도 진행할 수 있다. 게다가 의료 과실 등에 대한 법적 공방이 많아지는 최근 들어서는 정확한 기록을 남기기 위해 음성인식 입력 툴에 대한 수요도 높아지고 있다. 실제로도 연세의료원의 영상의학과 같은 경우 방사선 판독을 음성인식 솔루션으로 진행하는 연구가 진행되어 있다.

교실에서 노트에 필기를 받아 적고 교사는 칠판에 판서했던 시절을 지나 맥도날드에서 거대한 전자 디스플레이상에 주문을 입력하고 스마트폰을 대고 결제하는 세상이 왔다. 세상을 대하던 인터페이스 자체가 바뀐 것이다. 그 중심에 구글이 있다. 이제 우리는 우리의 모든 소중한 정보들과 소지품들을 클라우드 상에 올려버리고 디바이스를 가리지 않고 이를 통해 자신의 작업을 진행하고 창의적인 과제를 시행하며 느리고 불편한 키보드가 아닌 '생각의 속도'대로 이야기를 쏟아낼 수 있게 되었다. 앞으로 기술이 발전하면 얼마나 많은 창의적인 작업들이 빛의 속도로 얻어질 수 있을지 상상만 해도 짜릿하다. 게다가 구글 독스는 동시 50명까지 동시 작업이 가능하지 않던가! 그 무시무시한 협업의 힘은 지금의 수백 수천 배로 소중한 결과물들을 만들어 낼 것이다. 입력의 툴은 인간이 만든다. 하지만 이 툴에 의해 인간은 또다시 바뀔 것이다. 다양한 인터페이스와 친숙한 이들이 성공하는 시대가 오고 있다.

세계 기업들의 음성인식 툴
현재 세계 굴지의 디지털 기업들이 각자의 음성인식 툴을 개발하여 이를 발전시키기 위해 회사의 사운을 걸고 대결하고 있다. 안타까운 것은 국내 기업들은 이러한 부분에 대해서 딱히 노력하는 것이 보이지 않는다는 점이다. 한글 폰트 개발 때도 마찬가지였지만 한글 음성인식에 대한 많은 연구 지원이 절실하다.

구글 독스에서 음성인식으로 기록하기

구글 독스에서 키보드가 아닌 음성으로 글을 입력하려면 일단 데스크톱에서는 크롬 브라우저가 설치된 경우에만 사용할 수 있다. 우선 노트북에서 마이크가 켜져 있는지 확인해야 한다. 또한 기기 및 마이크가 다양하므로 정확한 방법은 컴퓨터 사용자 설명서를 확인하자. 마이크 설정은 보통 맥의 '시스템 환경설정' 또는 PC의 '제어판'에서 찾을 수 있다.

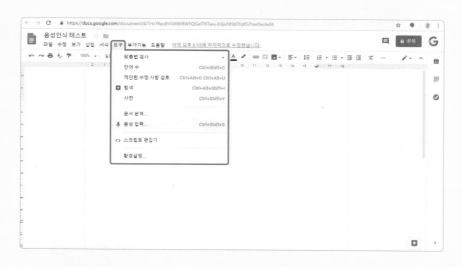

크롬 브라우저를 사용해 구글 문서에서 문서를 연다. 구글 문서(https://docs.google.com)를 들어가거나 구글 드라이브(https://drive.google.com)에서 문서 파일을 생성하면 된다. [도구] 아래의 [음성 입력]을 클릭하면 좌측에 마이크 상자가 표시된다.

↑ 만일 노트북이 영어로 설정되어 있으면 언어가 영어로 되어 있다. 드롭다운[▼] 버튼을 눌러 한국어로 설정을 바꾼다. 그리고 말할 준비가 되면 [마이크]를 클릭한다. 이 때 요령은 최대한 조용한 곳에서 적절한 소리 크기와 속도로 명확하게 말하는 것이다. 혹시 외장 마이크가 있다면 마이크에 가까이 말하는 것도 좋은 방법이다. 몇 번 하다 보면 말하고 잠시 뒤에 구글이 인식하고 이것이 표시되는 패턴이 반복되며 점차 요령이 늘게 된다.

프레젠테이션 발표자 노트에 음성 입력하기

136

음성인식은 구글 독스에서만 되는 것이 아니다. 구글 프레젠테이션에서도 발표자 노트에 음성을 입력할 수 있다. 발표자 노트를 직접 치는 것보다 그 속도가 당연히 빠를 수밖에 없다. 우선 마이크가 작동하는지 확인한다. 앞서 언급한 대로 크롬 브라우저를 사용해 구글 프레젠테이션에서 프레젠테이션을 연다. [도구] 아래 [발표자 노트 음성 입력]을 클릭한다. 즉시 발표자 노트가 열리며 마이크 상자가 표시된다. 말할 준비가 되면 [마이크]를 클릭한다. 역시 적절한 소리 크기와 속도로 명확하게 말하면 된다.

한 가지 요령은 음성 입력 중 잘못된 내용을 고쳐야 하는 순간이 있을 텐데 이때는 마이크를 끄지 않고 커서를 실수한 곳으로 옮겨서 계속 고쳐 나갈 수 있다. 잘못된 내용을 고친 후 계속할 위치로 커서를 다시 가져가면 계속 음성 입력을 할 수 있다. 만일 영어로 입력하는 사용자의 경우라면 다음 문구를 사용해 텍스트에 문장부호를 추가할 수 있다. 아쉽게도 아직 한글은 지원되지 않는다.

Period (마침표)

Comma (쉼표)

Exclamation point (쉼표)

Question mark (물음표)

New line (줄바꿈)

New paragraph (문단바꿈)

참고: 문장부호는 독일어, 영어, 스페인어, 프랑스어, 이탈리아어, 러시아어에서만 지원된다.

구글 독스에 이미지 넣는 법

마이크로소프트의 워드와 한컴오피스의 한글이 지배적인 이 나라에서 무료로 워드프로세서를 쓰기란 쉬운 일이 아니었다. 그런데 무료로 쓸 수 있는 워드프로세서가 간편하고 강력한 기능을 갖추고 있다면 쓰지 않을 이유가 없다. 게다가 구글 독스는 그림 하나 넣는 인터페이스 하나하나에도 많은 생각을 넣어두었다. 결국은 이런 작은 곳에서 느껴지는 생각의 차이가 거대한 결과의 차이를 만들어 내는 것이 아닐까?

↑ 책을 쓰려면 많은 문헌 검색과 자료 정리를 해야 한다. 구글 독스에서는 외부 사이트나 브라우저로 빠져나갈 필요가 없다. 모든 검색 툴이 구글 독스 안으로 들어와 있기 때문이다. 오른쪽 아래에 [탐색]을 누르면 구글 검색, 이미지 검색, 내 구글 드라이브 내 파일 검색이 가능하다. 더욱 빠르게 글을 쓰고 더욱 정확하게 검증된 자료를 만들어 낼 수 있다.

← '남대문'을 검색하고 [이미지]를 클릭하니 구글 이미지 검색에서 남대문 이미지가 추려져서 나온다.

↑ 이번에는 구글 검색창에 직접 '남대문'을 입력하여 이미지 검색을 해보았다. 구글 독스 내에서 이미지 검색한 것과는 다른 결과가 나온다. 왜 그럴까? 바로 구글 독스 내에서 이미지를 활용할 때는 저작권의 문제가 발생할 수 있으므로 저작권 문제가 해결된 이미지를 한번 선별해서 제시해 주기 때문이다.

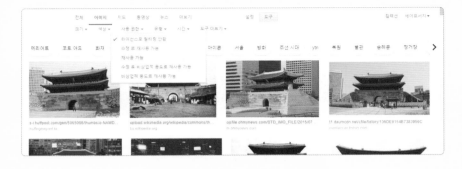

물론 구글 이미지 검색에서 [도구]를 선택하고 [사용 권한]을 수정하면 저작권 문제가 해결된 이미지를 검색할 수 있다. 구글 독스에서는 그 과정을 생략할 수 있도록 도와준 것이다. 얼마나 효율적이고 합리적인 사고인지 감탄하게 된다. 하지만 저작권 문제를 해결한 이미지만 나오게 되면 아무래도 그림의 수가 한정적이다.

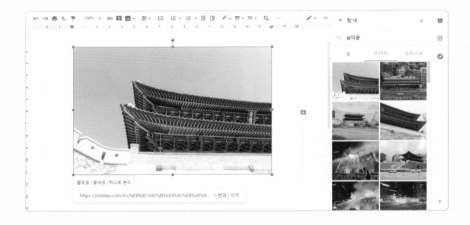

구글 독스에서 이미지를 선택해서 본문에 삽입해 보았다. 처음에는 그림만 들어간 것처럼 보이지만 그림을 클릭하면 위와 같은 복잡한 주소가 나온다. 바로 이미지를 추출해 온 원본 링크가 그림과 함께 들어가 있다. 글을 쓰다 보면 다음과 같은 난감한 순간이 있으실 것이다. 분명히 어디에선가 자료를 보고 퍼왔는데, 마무리하는 단계에서 인용 정보를 넣고 싶은데 도저히 기억이 나지 않는 것이다. 구글 독스에서는 이러한 부분을 해결해 주고자 그림 속에 링크를 친절히 저장해 주었다. 또다시 감탄하게 된다. 아직 우리 문화에서는 생소한 일이지만 구글을 통해 작업하면서 나도 점차 이런 작은 디테일 하나에도 저작권을 생각하게 되었다.

검색 탭에서 [드라이브]를 선택하니 내 구글 드라이브에서 구글 문서들과 PDF 등을 검색해 보여준다. 예전에 써 둔 글이 있거나 관련된 자료를 받은 적이 있는 경우 구글 드라이브로 들어가서 찾아야 하는데 역시 그 과정을 생략해 주는 것이다. 클릭하면 다음 탭에서 문서가 열리게 된다.

추가로 주요 문서를 간단히 만드는 기능을 소개하겠다. 옴니박스에 다음 키워드를 치면 손쉽게 새 파일을 시작할 수 있다.

문서: doc.new / docs.new / documents.new

스프레드시트: sheet.new / sheets.new / spreadsheet.new

프레젠테이션: slide.new / slides.new / deck.new / presentation.new

설문지: form.new / forms.new

사이트 도구: site.new / sites.new / website.new

구글 업데이트 블로그(https://gsuiteupdates.googleblog.com)에서는 구글 툴이나 도구들의 업데이트 내용을 수시로 공개하고 있다. 구글의 변화 양상에 귀를 기울이고 싶으신 분은 이 공식 사이트를 점검하거나 9TO5Google사이트 (https://9to5google.com)를 방문하기 바란다. 이곳은 구글 도구에 대한 소식뿐 아니라 구글 프로덕트 전반에 관한 소식을 알려주는 곳이다. 구글의 최근 행보를 알기에 가장 좋은 곳이다.

끊임없이 쏟아지는 그 많은 일을 어떻게 해치울 것인가?
바로 GTD 방식이 답이다! 단 하나도 놓치지 말자.

episode

08

끊임없이
쏟아지는 일,
지메일로
해치우기

끊임없이 쏟아지는 일,
지메일로 해치우기

피터 드러커Peter Ferdinand Drucker의 책에는 효율Efficiency과 효과Effectiveness에 관한 이야기가 나온다. 성과 관리 면에서 무슨 의미가 있는 것이기에 피터 드러커는 이에 대해 새로운 정의를 내린 것일까? 우리가 익히 알고 있던 것처럼 효율을 능률로 해석하는데 있어서는 그도 이견이 없었다. 하지만 그는 능률이 갖는 한계를 지적했는데 그의 표현을 빌자면 "육체 노동자에게는 능률Efficiency만 필요했다. 그것은 올바른 목표를 달성하는 능력이 아니라 주어진 일을 올바르게 할 수 있는 능력이다."라고 말했다. 즉 일의 합리성, 목적 타당성과는 무관하게 주어진 과업을 얼마나 잘했는가를 평가하는 것이다.

하지만 지식 근로자에게는 다른 것이 요구되는데 바로 목표 달성 능력Effectiveness이라고 한다. 우리가 아는 '효과'라는 것과는 다른 번역, 다른 개념이다. 이 목표 달성 능력이라는 것은 무엇인가? 피터 드러커는 "지식 근로자에게 있어 지능과 상상력 그리고 지식은 기본적인 요소로서 이 요소들을 성과로 연결하려면 목표 달성 능력이 필요하다."라고 말한다. 결국 성공을 위한 모든 요소를 가지고 있을지라도 마지막 열쇠는 목표 달성 능력이라는 뜻이다. 축구를 예로 들자면 아무리 패스, 수비, 팀워크 등이 좋아도 결국은 골문 앞에서 득점할 수 있어야 한다는 뜻이다.

GTDGetting Things Done라는 컨셉이 있다. '일 해치우기'라는 뜻이다. 여기서는 자신의 평소 활동을 중요도와 긴급도에 따라 4가지 영역으로 나누고 차례대로 처리하도록 조언한다.

1. 중요하면서 빨리 처리해야 하는 일
2. 중요하지는 않지만 빨리 처리해야 하는 일
3. 중요하지만 빨리 처리하지 않아도 되는 일
4. 중요하지도 않고 빨리 처리하지 않아도 되는 일

이 중에서 중요한 일들을 잘 골라서 우선순위를 정해야 한다는 것이 자기 경영의 본질인데 인생은 이렇게 호락호락하게 굴러가지 않는다. 모든 일을 4분면 안에 두부 썰 듯이 잘라 넣기 애매한 경우가 많다. 그리고 일의 특성상 끊임없이 일이 꼬리를 물고 진행되는 경우에는 중요도와 긴급성이 계속 바뀔 수 있다. 그러다 보니 이 방식의 단점을 극복하는 방법에 대한 수요가 존재했다.

GTD라는 콘셉트를 만든 데이비드 알렌David Allen의 책 이름 ≪쏟아지는 일 완벽하게 해내는 법≫이라는 책에서 보듯이 일은 무자비하게 인정사정 보지 않고 쏟아져 들어온다. 그런 상황에서는 일을 분류하고 있을 겨를도 없을 것이다. 그냥 닥치는 대로 일을 하는 것이다. 그렇기에 GTD는 시간 관리를 하기보다는 일의 흐름Workflow에 주목하고 있다. 그리고 놀랍게도 바로 이 흐름이 가장 잘 구현된 것이 지메일이다.

데이비드 알렌은 일을 처리하는 순서를 아래와 같이 설명하고 있다. 간단하게 지메일과 연관하여 설명하면 다음과 같다. 모든 일은 인박스Inbox에 보관한다. 말 그대로 모든 일이 모이는 일원화된 장소이다. 인박스에 20개의 지메일이 있다면 아직 분류되지 않은 미완의 일이 20개라는 뜻이다. 우리의 목표는 인박스를 '0'으로 만드는 것이다. 이것은 멀린 만[Merlin Mann]이라는 컨설턴트가 구글 테크 톡[Google Tech Talk]에서 〈인박스 제로[In box zero]〉라는 주제로 강의하면서 널리 알려지기 시작했다(http://bit.ly/인박스제로). 그 이후부터 지메일은 인박스 제로의 콘셉트에 충실하게 발전하기 시작했다. 이 부분에 대해 더욱 자세히 실질적인 실천을 보고 싶다면 유튜브에 올라간 나의 강의 (http://bit.ly/googleofficevideos)에서 〈#4. Gmail 부가기능 및 Getting things done!〉 편을 참고하면 좋을 것이다.

이와 동시에 나는 구글의 태스크[Task]라는 앱을 이용하고 있다. 이메일로 오지 않는 일들 역시 기록을 해서 인박스에 넣어야 하는데 태스크는 지메일과 연동이 되어 있어 사용이 매우 편리하다. 물론 태스크와 비슷한 개념의 무료, 유료 앱들이 많지만 구글 툴들과 호환이 잘 되는 관계로 태스크처럼 단순한 앱을 쓰는 것을 권장하고 싶다.

2018년 5월 구글은 기존의 태스크를 업그레이드하여 지메일과 완벽히 연동되도록 하였고 별도의 스마트폰 앱도 출시하였다. 물론 무료이다. 2018년 8월에는 구글 독스, 지메일 등에 사이드 메뉴로 완벽히 녹아 들어갔다. 태스크에 큰 힘이 실리게 될 것이라는 흐름을 읽을 수 있다.

끊임없이 쏟아지는 일, 지메일로 해치우기

지메일을 이용한 GTD의 워크플로우

지메일을 이용한 GTD는 다음과 같이 진행된다. 일단 인박스에 담긴 일들을 빠른 속도로 리뷰하며 "실행 가능한가?"를 우선으로 평가한다. 내가 해야 할 일도 아니고 관심 있는 일도 아니라면 휴지통으로 즉시 버린다. 여기에는 미니멀 라이프에서 습득한 기술이 활용된다. 만일 관심 있는 일이지만 지금 당장 할 만할 일이 아니라면 숙성Incubate시킨다. 이렇게 숙성된 일들은 일정 기한을 두고 다시금 고민할 수 있는데 지메일에서는 스누즈Snooze 기능이 바로 그 역할을 해주고 있다. 내일, 다음 주, 아니면 지정한 날짜에 다시 메일이 인박스에 뜰 수 있도록 잠시 눈앞에서 사라지게 해주는 것이다. 기가 막힌 기능이다. 과도한 업무들이 줄지어 있다는 정신적인 스트레스를 줄일 수 있고 현재 내 손에 주어진 일에만 몰두할 수 있게 해준다. 물론 무의식의 세계에서는 그 과제에 대한 고민과 상상의 시뮬레이션들이 진행된다. 이렇게 업무에 대한 숙성이 이루어졌을 즈음 이메일이 다시 푸시 알림으로 지정한 시간에 떴을 때 빠르게 바로 업무에 몰입할 수 있다.

다음으로, 당장 행동을 해야 할 업무는 아니지만, 앞으로 다른 일을 할 때 참고할 만한 것이라면 '참고'라고 표시할 수 있다. 이것은 지메일에서 참고라는 라벨을 달아주거나 보관Archive이라는 기능을 통해 보관할 수 있다. 보관 기능은 메일을 인박스에서 제거하지만 사실 삭제가 되는 것은 아니기에 지메일이 가지는 풍성한 하드 용량을 십분 활용하는 것이며 동시에 지메일 보관함을 막강한 구글 검색 기능으로 검색하여 언제 어디서건 보관한 메일을 찾아서 쓰라는 것이다. 실제로도 지메일에서는 보낸 사람, 받는 사람, 첨부 파일

유무, 첨부 파일 크기별 등등 다양한 옵션으로 메일을 필터링 해낼 수 있고 심지어는 이러한 조건에 맞게 메일에 라벨을 달거나, 보관함에 자동으로 보내거나, 스팸을 걸러내는 강력한 기능이 존재한다. 개인 비서가 한번 메일을 걸러주니 얼마나 편하겠는가?

지메일 상단의 검색창에서 드롭다운[▼] 버튼을 누르면 다양한 검색 옵션이 등장한다. 제목에서 포함하는 단어, 제외할 단어와 첨부 파일의 유무 등을 설정하여 검색하면 거의 한 단계 안에 원하는 메일을 찾을 수 있다. 따라서 지메일에서는 메일을 지우기보다 보관하는 것을 권장한다. 지우면 복구가 어렵지만 보관한 것은 언제라도 찾을 수 있기 때문이다.

이렇게 보관하다가 어느 날 계정 용량이 너무 커진다는 생각이 들면 선별적으로 용량이 큰 메일을 삭제하면 된다. 메일함에서 첨부 파일의 사이즈에 따른 검색 방법은 'size:5242880'라 입력하면 5MB이상의 첨부 파일을 가진 메일이, 'size:10485760'라 검색하면 10MB이상의 메일이 검색된다. 이 숫자를 외우기 어렵다면 언제라도 구글 검색창에서 "Gmail file size search"라고 입력하자.

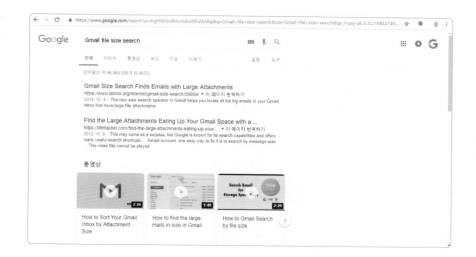

　"Gmail file size search"라고 검색하면 파일 크기에 따른 검색 노하우가 상단에 제시된다. 가끔씩 쓰는 이런 기능들은 굳이 외울 필요가 없다. 구글에서 바로 검색하면 원하는 답이 나온다.

　이런 절차를 거쳐 첫 단계에서 "행동 가능한가?"라는 질문에 "그렇다."라고 답해진 일은 드디어 프로젝트로 인정받게 된다. 이제 이 과제를 처리하기 위한 액션 리스트들이 만들어지게 된다. 우선 "2분 안에 할 수 있는가?"라는 질문을 한다. 바로 처리할 수 있다면 바로 시행한다. 기존의 업무 흐름에 차질을 주지 않는 시간으로 2분을 설정한 것 같다. 아주 간단한 것들, 즉 문자를 보내거나 서류를 제출하거나 하는 등의 일이 되겠다. 만일 그런 일이 아니라면 "다른 사람에게 위임할 수 있는가?"를 물어야 한다. 만일 서류를 제출하러 가는 곳이 멀거나 멤버들과 일정을 조절하여 약속을 잡아야 하는 등의 일이라면 이것은 굳이 직접 하지 않고 다른 이에게 위임한다. 그리고 잊어버리는 것이다. 만일 그조차도 해당하지 않는다면 다음 액션 리스트를 작성하거나 또는 지정 날짜를 정해서 업무를 시행할 날짜를 잡는다.

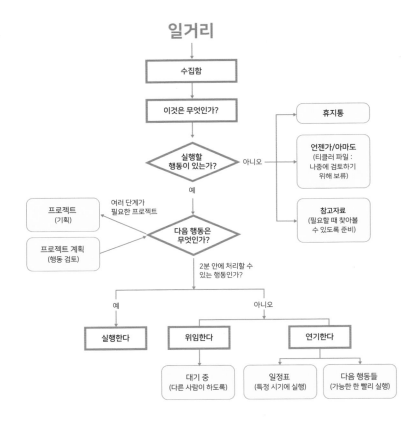

GTD 개념에 근거한 일의 흐름. 이 개념으로 일을 처리하면 일이 쌓이는 속도보다 해치우는 속도가 빨라진다.

이러한 방식으로 업무를 처리하게 되면 프로젝트를 진행하고 다수 프로젝트를 새로 만들고 기존 프로젝트를 마무리하며 목록을 들여다보는 것으로 매일매일의 아침이 시작될 것이며 자신의 일상과 인생을 훨씬 더 여유롭게 관망할 수 있을 것이다. 일을 깜빡하는 횟수도 줄어든다. 2018년에 새롭게 업데이트된 태스크는 이제 지메일의 우측 사이드바 메뉴에 들어가 있다. 이메일 중에 프로젝트로 인정하여 진행해야 할 일은 간편하게 '드래그 앤 드롭'하면 하나의 과제로 표시가 된다. 그리고 하부에 추가 과제들을 손쉽게 추가할 수도 있다. 이렇게 아무리 작은 일조차도 바로바로 태스크에 올려 버리면 몸과 마음이 가벼워진다. 잊지 않고 태스크 항목을 보며 철저히 일을 진행할 수 있다. 왜냐하면 일의 중간에, 때로는 쉬는 시간에 태스크 리스트를 보면서 당장 할 수 있는 일을 새로 발견하면 바로바로 해치울 수 있기 때문이다. 그렇기에 일의 처리 속도가 빨라지게 되고 더욱 효과적인 시간 관리가 가능해진다. 그리고 지메일과 태스크에는 이러한 일의 철학이 온전히 녹아 들어가 있다. 만일 이런 방식으로 지메일과 태스크를 활용하고 있지 않다면 지메일을 100%로 활용하고 있지 않은 것이다.

우리는 지메일이다

앞서 언급한 "우리는 도구를 만들고, 그 도구는 다시 우리를 만든다."라는 문구처럼 구글의 엔지니어들은 지메일과 태스크를 만들어주었다. 우리는 그 툴을 사용하고 점차 그 툴에 의해 사고방식이나 일의 처리 양상이 바뀌게 된다. 지메일이 GTD를 기반으로 애초부터 구성된 것인지는 알 수는 없지만, 분명히 GTD 방식으로 활용하면 그 효과를 극대화할 수 있음은 명확하다. 많은 구글 전문가들이 이 방식 인박스 제로을 선호하고 있기 때문이다.

예전에는 전화번호를 멋지게 생성하여 자신의 직업을 드러내고 자신의 정체성을 표시하곤 했다. 내 선배와 동료들 중 전화번호가 죄다 2875(이빨치료)로 끝나는 이유이기도 하다. 하지만 스마트폰의 등장에 따라 전화번호를 외워서 연락하는 일은 없어졌다. 가족끼리 서로의 전화번호도 잘 모르는 경우가 생길 정도이다. 이제는 전화번호보다는 이메일이 더욱 자신을 나타내는 존재가 되어 가기에 멋진 이메일 계정을 통해 자신을 나타내는 일이 많아졌다. 이메일 계정은 정체성과 같다. 게다가 이메일은 우리 업무에서 빼놓을 수 없는 중요한 부분을 차지하게 되었다.

라디카티 그룹의 이메일 통계 자료Radicati's Email Statistics Report에 따르면 현대인들은 평균 하루에 126통의 이메일을 주고받고 있다고 한다. 또한 칼튼Carleton 대학이 1500명을 대상으로 시행한 연구에 의하면 우리는 이메일을 읽고 답변하는데 우리 업무 시간의 1/3을 보내고 있다고 한다. 게다가 이 중 30%의 이메일은 중요하지도, 급하지도 않은 이메일이었다고 한다. 그러니 시간 순서대로 차곡차곡 쌓여가는 이메일을 효과적으로 처리하고 분류하고 위임하는 GTD가 얼마나 중요할지는 짐작하실 수 있을 것이다.

화면 우측에 보이는 것처럼 나의 지메일에는 태스크가 항상 열려 있다. 2018년에 추가된 기능 더욱 멋진 것은 지메일 중 태스크로 옮겨야 하는 일은 바로 '드래그 앤 드롭'할 수 있다는 점이다. 인박스 제로 프로젝트에 최적화되어 있다. 감동적이다.

이러한 방법 외에 지메일을 더욱 신속하게 사용할 방법이 있으니 이것은 바로 단축키이다. 다른 메일 제공 업체들이 많지만, 단축키를 가진 메일 서비스는 많지 않다. 지메일은 다양한 단축키를 가지고 있으며 심지어는 단축키의 구성을 맞춤형으로 설정할 수 있다는 장점이 있다. 다음은 GTD 개념을 지메일에서 적용하기 위해 권장되는 단축키들이다.

C: 새로운 이메일 작성

e: 보관하기

#: 삭제

R: 회신

A: 모두에게 회신

S: 별표 달기

/: 검색하기

또한, 지메일에는 단순하게 편지를 보내는 방법 외에 '보내고 보관하기'의 기능이 기본으로 설정되어 있다. 다른 메일 서비스들과는 참으로 다른 방식이다. 무슨 기능인지 좀 더 자세히 설명하겠다. 일반적으로 받은 메일은 일단 인박스에 저장된다. 그리고 이 인박스에서 이메일을 읽고 회신을 보내는 것이 일반적인 일의 흐름이다. 문제는 이렇게 회신을 보내게 되면 처음에 받은 메일은 여전히 인박스에 남아있게 된다. 하지만 GTD를 하는 사람으로서는 회신을 보낸 일은 이미 처리한 과제이니 굳이 이 편지를 인박스에 보관할 이유가 없다. 따라서 메일에 회신을 보내는 즉시 받은 메일과 보낸 메일 모두가 보관 처리된다면 일이 간편해진다. 바로 이 기능이 [보내기 + 보관하기] 버튼에 녹아있다. 현재 이 기능은 오른쪽 위의 [설정 → 설정 → 전송 및 보관처리]에서 [답장에 '전송 및 보관처리' 버튼 표시]를 체크해야 활성화될 수 있도록 만들어져 있다.

메일에 회신을 보내는 즉시 보관되면 보관함에서 이메일이 자동으로 사라지게 되므로 별도로 정리할 필요가 없다. 평소와는 달리 [보내기] 버튼 옆에 [보내기 + 보관하기] 버튼이 만들어져 있다.

이러한 작은 프로세스 하나하나가 궁극적으로 멀린 만이 추구했던 인박스 제로로 성취될 수 있으며 우리의 집중력은 더욱 중요한 황금의 20%에 집중할 수 있게 되는 것이다. 내가 끊임없이 쏟아지는 일들을 해치우며 계속 더 많은 일을 할 수 있는 원동력의 비밀은 여기에 있다.

지메일 계정 활용법

지메일의 사용을 이미 하고 계시는 분 중에도 아직 지메일의 다양한 기능을 모두 누리고 계신 분들은 많지 않은 것 같다. 이 중 내가 즐겨 사용하는 지메일 계정 수천 개를 만드는 노하우를 공개한다.

Harry.Potter@gmail.com

harry.potter@gmail.com

harrypotter@gmail.com

놀랍게도 위 3개 계정은 모두 같은 계정이다. 지메일에서 아이디 부분은 대문자 소문자를 가리지 않으며 중간에 들어간 마침표 역시 의미가 없기 때문이다. 따라서 의미 단위로 마침표를 넣어서 식별성을 높이는 것도 좋은 방법이 될 것이다. 다음 계정들은 어떨까?

harry+magic@gmail.com

harry+school@gmail.com

harry+potter@gmail.com

위 3개 계정 역시 모두 같은 계정이다. 원 계정은 'harry@gmail.com'이다. 지메일에서는 '+' 이하의 글씨는 모두 무시하기 때문이다. 이 사실을 활용하면 지메일을 이용해서 수천 개의 계정을 만들 수 있다. 이렇게 하면 무엇이 좋은 것일까?

예를 들어 홈플러스에 갔더니 이메일을 등록하면 선물을 준다고 한다. 개인 정보가 노출되는 것은 싫지만, 선물을 받는 것은 좋아서 이메일을 적을 수밖에 없다. 하지만 업무와 개인 연락 목적으로 쓰는 이메일이라 이쪽 이메일로 홈플러스에서 계속 스팸 메일처럼 보낼 것이 걱정된다면 'harry@gmail.com'을 적지 않고 'harry+homeplus@gmail.com'을 적어서 내면 된다. 나는 집으로 와서 지메일에서 'harry+homeplus@gmail.com'으로 들어오는 이메일은 모두 필터링을 해서 '받은 편지함 건너뛰기 보관'과 '다음 카테고리로 분류 프로모션' 하라는 명령을 입력하였다.

지메일 검색창 오른쪽의 드롭다운[▼] 버튼을 누르면 검색 필터 넣는 창이 열린다. 받는 사람을 'harry+homeplus@gmail.com'이라 입력하고 하단의 [필터 만들기]를 클릭한다.

↑ 필터로 들어가서 '받은 편지함 건너뛰기 보관' 및 '다음 카테고리로 분류하여 프로모션' 쪽에 자동으로 넣기를 결정했다. 이제 홈플러스가 'harry+homeplus@gmail.com'으로 보내는 메일은 자동으로 필터링 작업이 작동된다.

이제 홈플러스에서는 'harry+homeplus@gmail.com'이라는 정보가 DB에 들어갔으니 'noreply@homeplus.com'의 계정을 이용하거나 또는 'customer@homeplus.com' 또는 그 어떤 홈플러스의 계정을 이용해서 내게 이메일을 보낼 것이다. 하지만 도착하게 되는 메일은 단 하나, 'harry+homeplus@gmail.com'이니 이렇게 홈플러스로부터 들어오는 모든 메일은 내가 만든 필터링 조건에 따라 자동으로 분류될 것이다. 단순하게 스팸으로 처리하는 것보다는 이렇게 필터링으로 관리하면 편리할 것이다. 이에 관련된 노하우는 동영상 강의(http://bit.ly/googleofficevideos)로 잘 정리되어 있으니 참고하기 바란다.

끊임없이 쏟아지는 일, 지메일로 해치우기

파괴적 혁신을 통해 세상의 논리를 파괴하고 혁신을 창조하자.
이제는 모든 이들이 생산자가 될 수 있고 또 되어야 한다.

episode

0 9

파괴적
혁신

파괴적 혁신

스마트폰과 주머니칼.

과연 두 가지 도구의 차이점은 무엇일까? 독자 여러분도 한번 생각해 보기 바란다.

먼저 주머니칼에 대해서 한번 생각해 보자. 한 손에 쏙 들어오는 아주 예쁜 디자인의 도구 속에 큰 칼, 작은 칼, 톱, 손톱깎이, 족집게, 작은 볼펜 심지어는 USB까지 상상하기 어려운 기구들이 차곡차곡 들어가 있다. 게다가 작업이 끝나고 도구를 접어 넣으면 다시 얌전하고 예쁜 조약돌 모양의 도구로 바뀌게 된다. 한 손에 들어가 착 감기는 미학적인 디자인은 예술적으로는 말할 것도 없고 기능적으로도 기존의 전문 도구들의 편이성을 이리저리 잘 모은 기가 막힌 도구이다. 사실 이것만 가지고 있으면 기본적으로는 못할 것이 없는 장비이다. 그렇기에 캠핑장에서, 군대에서 혹은 다른 야외에서 요긴하게 쓰는 것이 아닐까? 물론 아마도 이 주머니칼을 가장 잘 활용하는 이는 맥가이버일 것이다. 상상의 인물이긴 하지만 어쨌건 상당히 과학적인 방법에 근거하여 주머니칼 하나로도 지구를 구하지 않던가. 그러한 관점에서 볼 때 주머니칼은 대단한 도구임이 틀림없다.

반면 스마트폰은 어떨까? 기존의 피처폰처럼 별다른 추가 기능 없이 그저 튼실한 무선 전화기에서 진화하여 다양한 능력을 갖춘 기구로서 아이폰을 그 대표적인 예로 들 수 있다. 단순한 무선 전화 기능에 추가해 앞뒷면에 달린 카메라를 이용해 사진 촬영도 하고 지하철 노선도도 볼 수 있다. 인터넷이 연결되기에 영화 예매, 영화 감상 이제는 더 나아가 건강 관리까지 해준다. 그 용도로 보아서는 주머니칼보다 훨씬 더 많은 기능을 가지고 있다. 그 기능의 수적인 면에서 두 기기 사이에 분명한 차이가 있지만, 본질적으로는 주머니칼과 스마트폰은 다양한 유익한 도구를 한 곳에 모아두었다는 공통점이 있다. 그럼에도 우리는 주머니칼을 보고 스마트 기기라고는 말하지 않는다.

사실 다목적 도구들은 주머니칼 이전에도 많이 존재했었다. 지우개가 달린 연필, 병따개 기능이 들어간 벨트, 못을 빼는 장도리가 달린 망치, 지하철 노선도가 그려진 안경 닦는 천 등. 하지만 스마트 폰이 나왔을 때 우리는 모두 놀라지 않을 수 없었다. 기존의 주머니칼은 기능을 합했다는 관점에서 '1+1=2'의 공식이 성립했던 반면 스마트폰은 '1+1=무한대'라는 공식이 적용되었던 것이다. 기술의 등장으로 그 이후 경제의 구조 자체와 사람들의 생활 방식이 바뀌어 버렸다. 소위 말하는 게임 체인저^{Game changer}였던 것이다. 특히 그 누구나 어렵게 생각했던 해외 로밍 시 유심 교체를 이용한 전화의 사용, 인터넷 와이파이 접속, 은행 서비스 그리고 사진 촬영 후 이를 가공하고 업로드하는 기능 등 기존의 기술이 가지고 있던 진입 장벽을 현저히 낮추고 그 모든 것들을 스마트폰에서 쉽게 할 수 있도록 만들었다는 점에서 파괴적 혁신_{Disruptive Innovation}의 좋은 사례이기도 하다.

파괴적 혁신이란 무엇인가? 1997년 클레이튼 크리스텐슨[Clayton Christensen] 하버드내 교수의 저서 혁신 기업의 딜레마[Innovator's Dilemma]에서 언급된 내용으로, 계속해서 기술력을 높여 하이엔드 제품을 만들어내는 존속형 혁신[Sustaining Innovation]과는 달리 기존의 기술보다 더욱 낮은 기술력으로 기존 시장을 파괴하고 새로운 시장을 만들어 내 고객들을 사로잡는 방식을 의미한다. 사실 엄밀히 말하자면 아이폰은 기술력의 집약체라 볼 수 있어 파괴적 혁신의 개념에는 정확히 들어맞지는 않는다. 그러나 실제 사용자들로서는 기존의 기술보다 더욱 간단하게 사용할 수 있고 심지어는 어린 애들도 밀어서 잠금해제를 하고 사진을 찍고 전화를 건다.

그 결과 기존의 서비스들에 지각 변동을 가져왔다는 관점에서 테슬라, 우버 택시 등과 함께 파괴적 혁신의 대표적인 사례로 다루어지고 있다. 상식적으로 생각할 때 어느 정도의 기술 발전이 이루어져 기술이 잘 보급이 된 성숙한 시장에서는 그보다 높은 기술력으로 도약하려면 큰 비용과 많은 노력이 발생하게 된다. 하지만 이러한 시장에서 오히려 기존의 발전 전략과는 달리 더 낮은 기술을 통해 새로운 시장을 만들어 내는 혁신적인 경제 모델이다. 역발상이다.

파괴적 혁신의 최선봉에 서 있는 아이폰이 가져온 지각 변동의 가장 좋은 예는 차량용 내비게이션이다. 기존의 지도 정보를 디스플레이에 뿌려주고 이를 GPS[Global Positioning System]을 통해 위치 동기화를 해 주는 기능이 차량용 내비게이션의 전부임에도 뭐가 그리 어려웠던 것인지 사실 기술의 개발 초기 단계에 우리는 꽤 높은 가격을 내고 나서야 내비게이션을 살 수 있었다. 지도 업데이트를 위해서도 번번이 비용을 내야 했다. 전혀 쓸 일이 없는 게임 기능과 생뚱맞은 요리 메뉴까지 들어가 있는 불필요한 구색 맞추기 정보들이 들어가 있었다. 하지만 아이폰이 등장하고 아이폰 자체의 GPS 칩을 이용해 내비게이션 애플리케이션을 내려받게 되자 그 누구나 멋진 차량용 내비게이션을 갖게 되었다. 게다가 무료다! 기존의 기기들보다 훨씬 더 부드러운 화면 전환과 선명한 화면을 가지고 있으니 차량용 내비게이션 업체로서는 날벼락과 같은 변화였을 것이다. 이러한 위협으로부터 살아남으려고 노력하는 업체들은 그나마 블랙박스와 하이패스 장비 업체로 변신하여 명맥을 유지했다. 이에 적응하지 못하고 흐름을 거슬러 보려 했던 업체들은 역사의 뒤안길로 사라져 갔다.

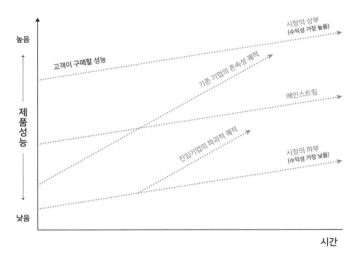

파괴적 혁신의 개념. 기존에 주도하던 업체보다 더 낮은 기술, 성능의 제품으로 로우엔드 시장을 공략한뒤 시장을 키우는 전략이다.

식성 좋은 아이폰이 잡아먹은 것은 이 외에도 많지만 MP3 플레이어도 또 하나의 좋은 사례이다. 아시는 것처럼 전화와 문자만 주고받던 무선 전화기에서 이제는 고음질의 음악을 들을 수 있게 되었다. 심지어는 새로운 음원이 나오면 인터넷을 통해서 직접 무선으로 다운을 받을 수도 있게 되었고 노래를 듣다가 원하면 뮤직비디오를 볼 수도 있게 되었다. 그러자 기존의 USB 케이블로 PC와 연결해서 MP3를 내려받아 음악을 듣게 하던 방식을 고수하던 수많은 MP3 플레이어 업체들이 줄도산하기 시작했다. 그 와중에 와이파이 기능을 이용해서 편하게 내려받을 수 있게 변화를 시도한 업체들도 있었으나 사실 언제 어디서나 인터넷을 통해 내려받을 수 있는 아이폰과 대비하여 자신의 PC 근처에서 내려받는 방식은 당연히 성공할 수 없었을 것이다. 그 결과 전설과도 같았던 한 국내 업체는 큰 타격을 받고 MP3 플레이어 사업은 접고 PMP Portable Multimedia Player 사업과 전자사전 사업으로 방향 전환을 했으나, 결국 이 부분까지 스마트폰에 먹혀버리게 되었다. 스마트폰의 화면이 커지면서 PMP를 들고 다닐 필요가 없게 되었고 스마트폰에 전자사전 앱을 깔아버리거나 인터넷으로 검색할 수 있으니 전자사전을 살 필요가 없어진 것이다. 그나마 최근에는 인터넷 강의를 들어야 하는 수험생들만을 위한 모델을 제공함으로써 틈새시장 아닌 틈새시장에서 선전하는 것으로 알려졌다. 하지만 과거의 영광을 생각하면 안타까운 일이 아닐 수 없다.

파괴적 혁신의 대표는 구글

스마트폰의 파괴적 혁신이 아이폰이라고 한다면 검색 기술의 파괴적 혁신은 구글이라 할 수 있을 것이다. 번쩍번쩍 거리는 잡다한 광고 없이 오로지 최대한 단순하게 검색에만 충실한 기술을 통해 누구나 손쉽게 검색을 할 수 있게 해주는가 싶더니만 이제는 따라가기 어려운 거대한 혁신 기업으로 성장했다. 구글의 파괴적 혁신의 대표적인 예는 구글 카드보드^{cardboard}이다. 이 장비는 말 그대로 마분지로 만들어진 가상현실용 장비이다. 잘 알려진 것처럼 가상현실 장비들은 대개 오큘러스, 소니, HTC 등의 기업들이 주도하고 있고 괜찮은 품질의 체험을 즐기려면 최소 100만 원 정도 하는 장비를 사야 한다. 가상현실 콘텐츠를 업으로 삼고 있거나 가상현실 마니아가 아니고서는 섣불리 사기 어려운 가격대이다. 이 시점에서 구글은 파괴적 혁신을 도입한다. 이 카드보드 프로젝트는 앞서 언급한 구글의 20% 타임 프로젝트 덕분에 나온 또 다른 산물로 당시 프랑스 파리에서 구글 아트 앤 컬처$^{Arts\ \&\ Culture}$를 주도하고 있던 데이비드 코즈$^{David\ Coz}$와 데미안 헨리$^{Damien\ Henry}$라는 두 직원이 2014년 구글 I/O 콘퍼런스에서 최초로 발표하고 참가자들에게 나누어 주면서 시작된 것으로 알려졌다. 당시 동영상을 보면 약간은 공부벌레 같아 보이는 두 청년이 수줍어하며 발표하는 모습이 보인다.

구글 카드보드 장비. 마분지와 볼록렌즈 2개로 구성되어 있다. 손쉽게 조립하여 스마트폰에 연결하면 가상현실 체험 준비가 완료된다.

이들은 카드보드의 도면을 무상으로 대중에게 공개했고 원하는 이들은 스스로 마분지를 재단하여 만들 수 있게 했다. 20% 프로젝트에서 시작된 사업이기에 가능한 어프로치였다. 그 덕분에 이 기술은 아주 빠른 속도로 전파되었고 개중에는 이 무료 카드보드 도면을 다소 수정하여 상업적으로 제품을 내놓은 일도 있었는데 대표적인 사례가 중국 베이징의 폭풍마경 과학기술 유한회사 北京暴风 魔镜科技 有限公司가 만들어 낸 '폭풍마경'이다. 이러한 카피 제품이 나올지라도 구글은 꾸준히 제 갈 길을 갔고, 더 많은 사람이 이 도구를 사용할 수 있게 해 주어 파괴적인 속도로 사용자 사이에 퍼져 나갔다. 특히 구글 익스페디션Google Expeditions이라는 이름의 추가적인 프로젝트는 학교 현장에서 학생들의 디바이스를 손쉽게 관리하면서 교사가 원하는 장면으로 유도해 나갈 수 있는 관리자 기능이 부가적으로 더해져서 많은 학생에게 좋은 가상현실 체험의 기회를 주게 되었다. 최근에는 가상현실 콘텐츠를 스스로 만들어서 올릴 수 있는 플랫폼인 투어 크리에이터Google Tour Creator가 등장하였다. 이제 가상현실은 특정 전문가들의 소유물이 아닌 일반인들도 누릴 수 있는 기술이 되었다. 구글의 파괴적 혁신 덕분이다.

구글의 크롬북은 어떠한가? 이 역시도 파괴적 혁신의 또 다른 예라고 볼 수 있다. 기존의 노트북 시장은 150만 원에서 200만 원 정도 수준에서 적절한 수준의 노트북을 살 수 있는 시장이 형성되어 있다. 저렴한 가격은 아니다. 하지만 윈도우 PC의 특성상 몇 년이 지나면 속도가 점점 느려지고 악성코드가 여기저기 깔리며 USB로 오가는 사이에 바이러스도 잔뜩 감염된다. 한번 갈아엎으려면 윈도우 OS를 구매하고 이를 설치해야 하는데 그게 쉬운 일이 아니다.

게다가 한 번에 잘 되는 경우도 드물고 온갖 이해할 수 없는 오류가 발생하며 사용자를 좌절하게 한다. 그러다보니 다음과 같은 농담도 생겼다.

> "젊은 시절, 위대한 작가가 되겠다는 포부를 밝히고 다니던 사내가 있었다. '위대하다는 게 대체 뭐냐?'는 질문에 그는 '난 세상 모든 사람이 읽게 될 글을 쓰고 싶습니다. 사람들을 뼛속 깊은 곳까지 전율케 하는 글 말입니다. 사람들이 고통과 분노로 비명을 지르고 울부짖고 절규하는 그런 글 말이죠.'라고 답했다. 그는 지금 마이크로소프트에서 오류 메시지를 작성하고 있다고 한다."

하지만 크롬북은 기존의 노트북 시장을 파괴적으로 혁신하게 된다. 어떻게 한 것일까? 랩톱을 제작하였는데 달랑 8GB 내지는 16GB의 저장용량을 가지고 있고 CPU나 메모리가 초라하기 그지없는 수준이었다. 하지만 이게 인터넷에 연결만 되면 구글 드라이브와 연동하여 엄청난 양의 자료를 저장할 수 있고 마이크로소프트 워드나 엑셀, 파워포인트처럼 유료 프로그램이 아닌 무료의 구글 독스나 시트, 슬라이드 같은 오피스 프로그램을 쓸 수 있다. 20만 원에서 50만 원 정도의 워낙 저가로 형성되어 있는데다가 튼튼하며 항상 업데이트가 되어 있고 바이러스나 악성 코드로부터 안전하다 보니 마음 놓고 인터넷 작업을 하고 싶은 이들의 취향을 저격한 듯싶다. 학교 현장에서도 마찬가지로 엄청난 성장을 하게 된다. 아이들이 떨어뜨리고 고장 내도 비용이 적게 들고 보수가 간단하다. 게임을 깔거나 악성 코드가 깔릴 일도 적고 무엇보다 교사

가 크롬북의 사용이나 프로그램의 설치를 일괄 조절할 수 있는 막강한 힘이
있다.

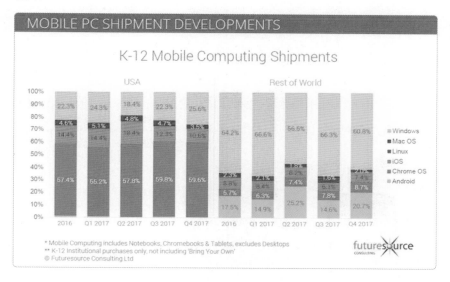

크롬북은 현재 미국 내 학교 현장에서 놀라운 속도로 점유율을 높여 나가고 있다. 한 때 미래 교실을 점령할 것만 같았
던 아이패드는 지나치게 고가인데다가 아이들이 떨어뜨려서 액정을 고장 내는 경우가 많아서 점차 사용하는 인구가
줄고 있다. (출처: Futuresource Consulting)

구글이 가진 놀라운 기술들

구글이 만들어 내는 파괴적 혁신은 우리 사용자들이 쓰기에는 아주 손쉽고
간단해 보이는 기술들이므로 파괴적 혁신의 좋은 사례가 된다. 하지만 그 이
면을 들여다보면 구글의 기술력은 사실 업계 최고라고 보아도 무방하다. 구글
이 만들어 내는 혁신 중에서 외국 여행 시에 유용하게 쓰이는 것이 있는데 바
로 구글 번역 앱Google Translate App이다. 초창기에는 글자를 일일이 입력하면 원하

파괴적 혁신

는 언어로 번역되었는데 이제는 입력할 필요도 없이 사용자가 휴대폰으로 다른 언어의 표지판 등을 비추면 사용자의 언어로 번역된 것이 이미지 위에 나타난다. 아주 간편해서 여행자들에게 필수 앱으로 통하고 있다. 사용이 간단하니 이것 또한 파괴적 혁신으로 보아야 할까? 하지만 글자가 겹쳐져서 화면 위에 실시간으로 뿌려지는 모습을 보면 이건 절대 쉬운 기술은 아니라는 것을 직감할 수 있다. 그저 아주 쉬운 것처럼 보일 뿐이다. 이외에도 구글이 만들어 낸 혁신은 한둘이 아니다.

구글 번역 앱을 통해 카메라로 모르는 글자를 비추면 실시간으로 번역해서 보여준다. 외국여행 중 아주 편하게 쓸 수 있는 기능이다.

다시 주머니칼 이야기로 돌아가 보겠다. 주머니칼 시장이 아무리 발전을 한다 할지라도, 그리고 제아무리 예쁜 주머니칼이 나온다 해도 기존의 칼, 톱, 손톱깎이의 시장을 잠식하는 일은 발생하지 않는다. 하지만 스마트폰은 기존의 시장을 무서운 파괴력으로 흡수해 버렸고 세상을 바꾸기 시작했다. 기차표를 사려고 몇십 분씩 창구에서 줄을 서던 모습은 사라졌고 영화관에 가기 전에 앱을 통해 영화를 예매하고 심지어는 자리까지 지정할 수 있다. 은행은 어떠한가? 은행 근무 시간에 은행에 가서 송금할 수 있는 직장인은 그리 많지 않을 것이다. 하지만 스마트폰이 나온 이후 은행에 갈 일이 없어졌다. 얼마 전 등장한 카카오 뱅크는 불과 5분 정도의 시간이면 은행 계좌를 만들고 대출을 받을 수 있다. 송금은 무료가 되어 버렸다. 토스Toss라는 앱은 더욱 파괴적이다. 계정을 하나만 만들어도 국내 금융계에서 자신이 만든 모든 계좌가 검색되고 숨어 있는 잔액을 회수할 수 있게 되었다. 외국 주식을 투자하는 것은 주식의 고수가 아니고서는 꿈도 못 꾸는 진입 장벽이 높은 일이었는데 이제는 누구나 손쉽게 구글, 애플, 코카콜라의 주식을 살 수 있게 되었다. 스마트폰은 기존의 인류가 해왔던 사고의 방식과 행동 양식을 모두 바꾸기 시작한 것이다.

생산의 주체가 되어 세상을 바꾸자

이러한 혁신이 가진 또 하나의 파괴적인 모습은 소비의 주체가 되느냐 반대로 생산의 주체가 되느냐는 문제이다. 주머니칼로 할 수 있는 생산 활동은 제한적이었다. 아무래도 전문적인 칼이나 톱보다는 쓰기가 불편했다. 편하게 들고 다닐 수 있으니 간편하긴 했지만 말이다. 따라서 주머니칼로 무언가 제품을 생산하는 것은 불가능했다. 예술품을 만들기도 불가능했다. 하지만 스마트폰은 단순히 전화나 문자 주고받는 기능 외에도 생산할 수 있는 능력을 사용자에게 제공하기 시작하였다. 소유자의 능력에 따라 스마트폰의 카메라를 이용하면 방송이 되기도 하고 이를 통해 생중계하는 기자가 될 수도 있다. 이제 나는 스마트폰과 키보드를 들고 다니며 언제 어디서나 글을 쓰고 논문을 써서 투고하고 수정하는 일이 가능해졌다. 동시에 논문 작업이 쉬워지니 세계

곳곳에 흩어진 수많은 연구자와 함께 공동 작업을 하는 것이 한결 간편해졌고, 그 결과 예전보다 더 많은 논문과 교과서를 쓸 수 있었다. 게다가 예전에는 외장하드에 보관하던 어마어마한 양의 자료들이 모두 클라우드에 올라가 있게 되다 보니 언제 어디서나 인터넷만 된다면 로그인만 하면 바로 나의 연구실에서, 서가에서, 도서실에서 업무 수행하듯이 편하게 일을 하고 기존 자료에 접근하고 신속한 공유가 가능해졌다. 이제는 스마트폰만 있으면 어느 곳이나 스튜디오와 오피스, 서재가 되는 시대가 되었고 스마트폰만 있으면 누구나 PD와 기자, 작가, 영화감독이 될 수 있게 되었다.

유튜브의 예를 들어보자. 한 때 택배를 배달하던 젊은이는 어려서부터 호기심이 많았다. 평소 궁금했던 것들을 동영상으로 찍어서 인터넷에 올렸는데 어린아이들이 그 내용에 열광했다. 이제 그 젊은이는 전문 유튜버로서 전문적으로 다양한 실험을 하는 초통령이 되었다. 억대 부자가 된 것은 말할 것도 없다. 바로 허팝이다. 평범한 가정주부인 재미교포 에밀리 김씨는 2007년 오징어볶음을 만들어 유튜브에 올렸고 이것이 엄청난 인기를 끌어 현재 270만 명의 팔로워를 가진 파워 유튜버가 되었다. 한식의 전도사로서 외국에서 큰 인기를 끄는 망치의 이야기이다. 한국어를 가르치는 영상을 올렸다가 주한미군 공식 한글 학습 채널이 된 한국언니, 마인크래프트를 통해서 초등학생들에게 거의 대통령만큼 인기인이 되어버린 도티와 잠뜰, 그리고 스미홈트, 심방골주부, 가전주부 등 모두 유튜브를 통해서 인생이 바뀌었다고 말하는 실제 성공사례들이다.

예전에는 절대적인 지식과 경험을 가진 전문가 집단이 주도했던 지적 콘텐츠의 발굴과 생산을 이제는 전혀 엉뚱하게도 기존의 기준에 의하면 문외한에 가까운 아마추어들이 유튜브를 통해서 전파하기 시작했고 유저들은 오히려 이들의 콘텐츠에 더욱 열광하고 있다. 하루에도 65년이 넘는 시간의 영상이 하루에 유튜브에 올라오고 있다고 한다. 한평생을 본다고 해야 겨우 다 볼 수 있는 분량이다. 전 세계에서 각 나라의 언어로 그 나라의 문화, 역사, 음악, 미술, 영화 등등의 콘텐츠가 쏟아지고 있다. 이러한 핵폭탄급 콘텐츠가 우리 손, 스마트폰에 들어 있다. 소름이 돋지 않는가?

구글 아트 앤 컬처Google Arts & Culture는 어떠한가? 2011년 아밋 수드Amit Sood라는 한 구글러의 20% 타임 프로젝트로 시작된 이래 오르세이 미술관, 게티 미술관, 뉴욕의 MOMA, 네덜란드의 반고흐, 릭스 미술관 등 전 세계를 대표하는 국가대표 미술관들이 자신들이 소장한 자료들을 기가픽셀 카메라로 스캔하도록 허락하고 있다. 놀라운 일이다. 작품을 공개하면 미술관에 찾아오는 사람들이 줄어들지 않을까? 하지만 그렇지는 않은 것 같다. 일단 미술관의 공공적 의미 때문에 자료를 공개하지 않은 미술관들은 끊임없는 요청을 받고 있고 흥미롭게도 자료를 공개하고 많은 사람이 미술에 대한 관심이 증가함에 따라 미술관도 덩달아 방문자가 늘었던 모양이다. 무엇보다 제일 재밌는 사실은 미술관들조차도 자신들의 소장품을 소개하거나 교육하는 자리에서 구글 아트 앤 컬처를 이용해서 줌인하고 패닝하고 이를 적극적으로 활용하고 있다는 사실이다. 여하튼 모두가 서로 이익이 된 상황인 듯하다. 이 역시 구글이 만들어낸 파괴적인 혁신의 또 다른 예이다.

파괴적이고 혁신적인 초이스

우리는 살아가면서 끊임없이 다양한 결정을 내려야 한다. 오늘 저녁에 집에 가서 씻고 넷플릭스를 보며 멋진 휴식을 취할 수도 있고 쓰는 책을 위해서 도서관에 가서 자료를 조사할 수도 있다. 이번 주말에 집에서 늦잠을 자고 쉴 수도 있고 조금 부지런을 떨어서 짐에서 운동을 하고 사우나를 다녀올 수도 있다. 회식을 하며 맛있는 음식을 즐기고 웃고 떠들며 행복한 네트워킹을 즐길 수도 있고, 음식의 사진을 찍고 맛을 객관적으로 평가하며 맛집에 대한 포스팅을 할 수도 있다. 앞으로 다가올 아시아 중심의 세계 구도 개편을 예상하며 중국어를 배우기 시작할 수도 있고 반대로 기존에 배운 바 있는 영어를 능숙한 스피치가 가능할 수 있도록 TED 영상을 보며 공부할 수도 있다. 이 모든 것들은 선택, 초이스이다. 이 책의 앞부분에서 나는 거절을 잘하지 못하는 성격이었으나 미니멀 라이프를 하면서 노를 잘하게 되었다고 말했다. 거절 역시 선택이다. 나이 40에 터득한 선택의 요령은 내 인생을 바꾸어 놓기 시작했다.

우리 인생을 리허설이 없는 롱테이크 영화라고 생각해 보자. 주인공인 나는 아침에 일어나서 잠들기 직전까지 하루에도 수십 아니면 수백 번의 결정을 하고 산다. 놀랍게도 우리가 순간순간 내리는 결정들은 영화의 결말을 해피엔딩으로 만들 수도 있고 그냥 그런 중급 영화로, 아니면 그냥 망할 수도 있다. 그 모든 것들은 순간순간 내리는 작은 결정들이 모여서 거대한 방향성을 가지고 인생을 이끌어 가기 때문이다.

작은 선택 하나하나는 각기 다른 방향을 가진다.
하지만 수많은 선택이 모이면 점차 방향성을 띄기
시작한다.

그래서 오늘 내가 내리는 작은 선택들은 절대 작지 않은 큰 결정이라 할 수 있다. 파괴적 혁신은 기존보다 더 낮은 수준의 기술을 활용한다. 전문가들의 수십 년의 연구 내공이 아닌, 우리가 익히 잘 알고 있던 기술을 시기적절한 장소에 잘 터뜨리는 것이 파괴적 혁신의 핵심인 것 같다. 그리고 그 안에는 지독한 인간 중심 사상이 들어가 있다. 더 쉽게 쓰고 더 친근하게 느껴지고 더 편하고 더 좋은 그 무언가. 그것을 세상에 내어놓는 것이 파괴적 혁신을 시작하는 방법인 것 같다. 자 이제 기존의 게임 룰을 한순간에 뒤집어엎는 힘. 독자 여러분의 손에 들려 있다. 작은 스마트폰이지만 이를 통해 여러분은 구글이라고 하는 초국가적 기술 회사와 연결될 수 있다. 그들의 다양한 툴을 이용하여 세상에 없는 이야기를 쓰고 놀라운 그림과 영상을 만들어 내며 주변 사람들에게 새로운 세상을 선사할 수도 있다. 별것 아닌 글쓰기와 별것 아닌 사진 촬영이지만, 별것 아닌 동영상이지만 구글의 플랫폼에서는 엄청난 콘텐츠가 될 수 있다. 구글이라는 혁신 기업이 가진 파괴적인 도구를 이용해서 생산의 주체가 될 것인가 단순한 주머니칼로만 쓰다가 이야기를 마칠 것인가? 모두 독자들의 몫이다.

파괴적 혁신

유튜브 활용 콘텐츠 제작하기

혹시 '구글러'라는 이름을 아는가? 구글에서 근무하는 이들의 이름을 우리는 '구글러'라고 부르고 있다. 그렇다면 혹시 '구슬러'라는 뜻은 어떠한가? 아마 생소할 것이다. 바로 '구슬을 잘 꿰는 사람'이라는 뜻의 순 우리말이다. 내가 그냥 지어낸 말이기 때문에 알고 있던 사람은 없을 것이다.

구슬러의 자세로 유튜브를 활용한 간단한 콘텐츠 제작 기법을 소개하겠다. 이것은 '당신의 모험을 선택하세요Choose your own adventure, CYOA'라는 방식으로 이미 어린 시절 이와 비슷한 책을 읽어 보았을 것이다. 1페이지에서 "당신은 복도에서 당신의 적을 만났다. 어떻게 할 것인가? 피한다면 2페이지로. 총을 쏜다면 3페이지로." 이렇게 계속 선택을 함에 따라 페이지가 달리 넘어가게 되고 한 권의 책에 다양한 결말을 맞게 되는 책이다. 우리나라에도 번역되어 나왔는데 ≪내 맘대로 골라라 골라맨≫이라는 생소한 이름으로 번역이 되어 다소 아쉬운 부분이 있다.

이러한 방식은 책으로 쓰게 되면 플롯을 잘 써서 준비해야 하기 때문에 논리적인 고민이 많이 되고 좋은 훈련이 될 수 있다. 그렇기에 미국에서는 이 알고리즘을 통해 코딩 교육에 활용하고 있다고 한다. 하지만 이 스토리를 글로 쓰는데 멈추지 않고 영화처럼 만들어본다면 어떨까? 다행히 유튜브를 이용한다면 이것이 가능하다.

유튜브는 동영상을 올리고 자막, 번역, 광고 등 세부적인 사항들을 수정할 수 있게 되어 있다. 이 중에서 영상이 끝나는 마지막 장면에서 시청자로 하여금 특정 사이트로 가거나 권장하는 동영상으로 이동, 또는 해당 채널을 구독할 수 있도록 구독 버튼이 뜰 수 있게 설정을 할 수 있다.

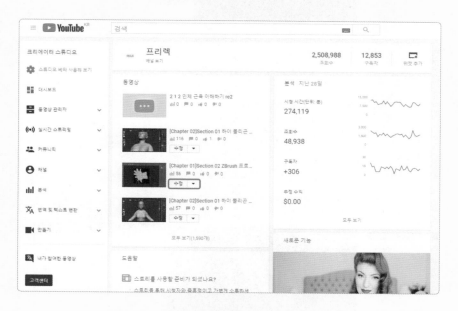

크리에이터 채널에 들어가면 내가 올린 영상이 보인다. [수정] 버튼을 눌러 수정 화면으로 들어간다.

파괴적 혁신

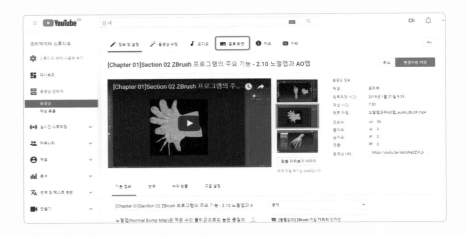

↑ [종료 화면]을 눌러 들어간다.

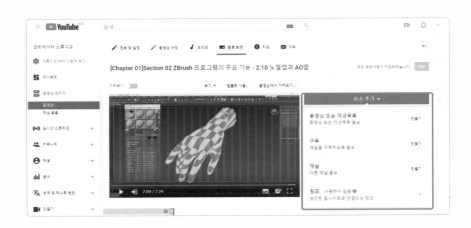

↑ [요소 추가]를 누르면 [동영상 또는 재생목록]이 나온다. CYOA에서는 대개 두 가지
옵션 중 하나를 선택하기 때문에 동영상 두 개를 마지막 화면에 띄우면 되겠다.

↑ 내가 원하는 영상으로 연결해야 하기 때문에 [동영상 또는 재생목록 선택]을 클릭한다.

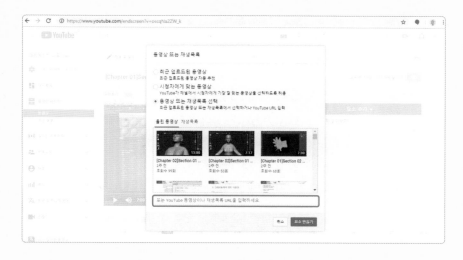

↑ 내가 원하는 영상의 주소를 직접 입력한다. 물론 상부의 올린 동영상 중에서 내가 올린 영상을 찾아서 클릭해도 무방하다.

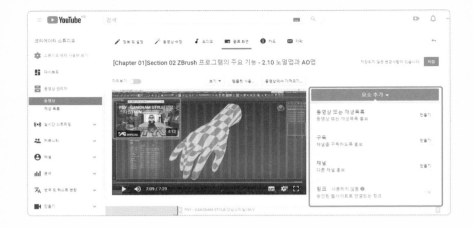

싸이의 강남스타일 영상을 넣어보았다. 좌측에 싸이가 들어갔으니 우측에는 좀 더 점잖은 가수를 넣어보겠다. [요소 추가]를 눌러 [동영상 또는 재생목록]을 선택한다.

플라시도 도밍고의 노래를 넣어보았다. 이제 내 첫 영상이 끝나기 20초 전부터는 좌우로 두 개의 영상이 겹치며 시청자로 하여금 선택하여 클릭할 수 있는 옵션이 제시될 것이다. [저장]을 눌러 마친다.

↑ 보는 것처럼 재생 중에 화면 위에 두 개의 영상이 제시되었다. 시청자는 두 개의 영상을 선택하면서 스토리는 여러 갈래로 갈라지기 시작한다.

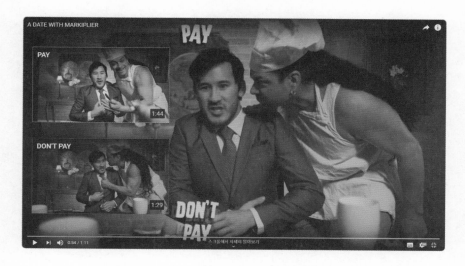

↑ 유튜브에 올라간 CYOA 중에 가장 많은 공을 들인 작품이 아닐까 싶다. 'A Date With Markiplier'를 검색해 보고 한번 CYOA의 재미를 마음껏 누리기를 바란다.

179

스마트한 라이프를 살려면 스마트의 뜻을 알아야 한다.
구체적인 SMART의 개념을 정립하라. 그리하면 나아가야 할 길이 보일 것이다.

episode

10

SMART한 삶,

어떻게

살 것인가

SMART한 삶,
어떻게 살 것인가

2013년 조선비즈의 우병현 팀장은 자신의 업무 경험을 토대로 ≪구글을 가장 잘 쓰는 직장인 되기≫라는 책을 출판한다. 놀랍게도 책의 겉표지에는 '일과 삶의 균형을 위한'이라고 쓰여 있다. '워라밸(일과 삶의 균형)'이라는 유행어가 나오기 무려 5년이나 앞선 발상이었다. 역시 하늘 아래 새로운 것은 없다는 생각이 드는 순간이었다. 어쨌건 그는 이 책에서 구글을 잘 쓰는 직장인이 되기 위한 3가지 원칙을 제시했다.

　　1원칙. 모든 업무를 웹오피스로 처리하라

　　2원칙. 모든 자료를 처음부터 공유하라

　　3원칙. 스스로 웹마스터가 되자

이미 5년 전에 구글의 플랫폼은 스마트 워킹, 스마트 라이프의 뼈대가 완성되어 있음을 깨달았다. 책을 읽어 내려가면서 이제는 많은 내용이 바뀌어 있기는 했지만, 아직도 의미가 있는 책이었다. 어떤 의미에서 지금 이 책은 우병현 팀장의 글의 5년 후 업그레이드판에 불과하지 않을지 걱정이다. 그리고 내 책 역시 5년만 지나면 벌써 새로운 내용을 반영하지 못해 뒤로 밀리는 것은 아닐까 걱정이 되었다. 그러고 보니 세월이 지나도 변하지 않는 본질, 그리고 철학을 책에 담으면 세월이 지나도 좋은 메시지를 계속 전달할 수 있지 않을까 하는 생각이 들었다. 그러려면 책의 중간 즈음에 해당하는 이 시점에서 묵직한 메시지를 꺼내야 할 것 같다. 세월이 흘러도 빛바래지 않는 중요한 메시지는 무엇이 있을까?

스마트하다는 것은 어떤 의미가 있을까?

우리는 삶을 영위하면서 항상 스마트 워크, 스마트 라이프를 꿈꾸고 있다. 스마트하다는 뜻은 단어 그 자체로는 영리하다는 뜻이지만 영리한 일, 영리한 삶이란 결국 요령 있게 일 처리를 잘하고 가족들과 소중한 시간을 낭비 없이 보내고 결국은 나의 삶을 알차게 가득 채워야 한다는 뜻이 아닐까? 소위 말하는 가성비가 높은 소비 생활, 투자 비용 및 시간 대비 최고의 효율을 가진 여가 생활, 저평가된 부동산을 사들여 시가 차액을 노리는 투자 등. 우리는 한정된 시간과 자원을 갖고 살고 있기에 항상 이러한 스마트함을 추구하지 않을 수 없다. 그렇게 생각하면 스마트라는 단어는 단순히 '영리함'으로만 번역하기에는 참으로 큰 뜻을 품은 단어 같다. 스마트한 삶을 추구하는 마당에 그 정의를 명확히 알지 못한다면 추구하는 데 있어 어려움이 있을 것이다. 하지만 이에 대한 적절한 정의를 찾기란 쉽지 않다. 하지만 마침 재미있게도 우리나라의 교육과학기술부에서 '스마트교육'이라는 뜻을 다음과 같이 정의한 바 있다.

스마트교육이란, 21세기 지식정보화 사회에서 요구되는 새로운 교육방법pedagogy, 교육과정curriculum, 평가assessment, 교사teacher 등 교육체제 전반의 변화를 이끌기 위한 지능형 맞춤 교수-학습 지원 체제로서, 최상의 통신 환경을 기반으로 인간을 중심으로 한 소셜러닝^{social learning}과 맞춤형 학습 adaptive learning을 접목한 학습형태.

출처: 교육과학기술부, 2011년

여러 번 읽어 보아도 잘 이해가 가지 않는다. 나만 그런가? 스마트한 교육이라는 것이 이렇게 복잡한 것일 줄이야!

국내 스마트교육의 역사를 살펴보다 보면 2000년부터 본격화된 교육정보화 정책의 하나로 초중등 학교에 ICT^{Information Communication Technology, 정보통신기술}활용교육이 도입되었는데 이후 ICT 기술의 발전과 실제 현장의 교수학습 과정에 대한 연구를 통해 e-러닝, m-러닝, u-러닝 등의 형태로 구체화되어 등장한바 있다. 최근에는 이에 더하여 ICT 기술의 발달과 고도화를 통해 새롭게 등장한 교육방법이 바로 스마트교육이며 교육정보화의 연장선에서 바라볼 때 2000년대 초반보다 진화된 형태로 볼 수 있겠다. 하지만 역시 그 정의는 한마디로 내리기 어렵다. 도를 도라 할 수 있으면 도가 아니라서 그런 것일까? 반대로 생각해보면 이 스마트라는 뜻을 이해하게 되면 왠지 그 대의를 추구하는 길이 보일 것 같은 데라는 생각이 든다. 마치 선승께서 내려주신 화두처럼 스마트라는 단어를 곰곰이 씹어 본다.

혹시나 싶어 스마트교육을 좀 더 잘 정리한 것이 있나 싶어 찾아보았더니 아주 명료하게 정의한 자료를 교육과학기술부 2011년도 자료에서 찾을 수 있었다. 이 자료에서 소개한 바로는 SMART는 각각 자기주도적^{Self-directed}, 동기부여^{Motivated}, 융통성^{Adaptive}, 풍부한 자료^{Resource Enriched}, 융화된 기술^{Technology Embedded}의 약자를 의미한다. 영어 단어의 의미를 번역하다 보니 약간 느낌은 죽은 것 같지만 그래도 이 정도면 이 정의를 통해 우리는 그 개념을 어렴풋이 이해할 수 있고, 그 개념의 실천 과정에서 언제라도 의문이 들 때면 다시 정의로 돌아가 초심을 잡을 수 있을 것으로 생각한다. 따라서 교과부에서 제시하는 SMART 의 정의는 스마트교육이 무엇인지에 대한 설명임과 동시에 앞으로 자신의 삶 속에서 스마트한 삶을 도입하려는 분들에게 어떤 식으로 그림을 그려가면 될 지에 관한 가이드라인이기도 한 것이다.

그럼 단어 하나하나의 의미를 살펴보고 이를 우리의 삶에 어떻게 적용할 수 있을지 고민해 보자.

자기 주도적인 삶

S는 Self-directed, 즉 자기 주도적인 삶을 의미한다. 개개인의 성격에 따라 다르겠지만, 학생 대부분은 누가 시킨 일은 하기 싫어도 자기가 하고 싶어 하 는 일은 밤을 새워서라도 해 내곤 한다. 공자는 "아는 이는 좋아하는 이만 못 하고, 좋아하는 이는 즐기는 이만 못하다 知之者 不如好之者 好之者 不如樂之者."라고 말했 다. 인생을 살아가는 올바른 길을 모르고 방황하는 이보다는 삶의 목표를 알 고 자신의 재능을 깨닫고 명확한 길을 걸어가는 이가 더욱 멋진 삶을 사는 것 은 명확하다. 하지만 중요한 것은 인생을 잘 알고 살아가는 이보다 자신의 삶 을 좋아하고 자신의 모습을 사랑하는 사람이 더욱 인생을 잘사는 것이며, 궁 극적으로는 그 삶을 즐기는 사람을 능가할 수는 없다는 것이다. 내 삶의 주인 은 부모도 아니고 배우자도 아니고 자식도 아니다. 오로지 내가 내 삶을 계획 하고 반성하고 실천하는 주인이다. 그러니 뚜렷한 목표를 가지고 직접 운전대

를 잡는 자세가 필요하다. 물론 그에 따른 책임도 질 줄 알아야 한다. 그리고 그 과정에 그 삶 자체를 즐기고 도전을 반기는 태도가 추가된다면 행복한 삶이 될 수 있을 것이다.

나는 원래 반골 기질이 있어서인지 누가 뭘 하라고 시키면 그 순간부터 하기 싫어지는 청개구리 같은 성격이 있다. 부모님이 운동하라고 하면 갑자기 피곤해지고 영화가 보고 싶고 잠이 오기 시작하지만 내가 배우고 싶은 운동이 있으면 온몸의 근육이 터지는 듯한 통증이 있어도 즐기며 했었다. 사회인이 되어서도 마찬가지였다. 위에서 내려온 소위 관주도 행사가 생기면 그렇게 하기 싫고 단점만 보이더니만 내가 추진하고 싶은 일이 생기면 이건 그 누구도 말릴 수 없는 일이 되었다. 이렇게 책을 쓰는 것도 마찬가지다. 그 누구도 나에게 책을 쓰라고 하지 않았지만, 구글을 통해 바뀐 삶을 사람들에게 알리고 싶어졌고 그것이 너무 즐거운 일이기 때문에 이렇게 책을 쓰고 있다. 내 삶의 운전대를 내가 쥐고 있는가? 그리고 운전하는 것이 즐거운가? 자 이제 나는 어디로 가는지는 크게 중요하지 않을 듯하다. 일단 달려보자. 내가 가고 싶은 곳으로. 월요일 아침도 신나게 출근할 수 있을 것이다.

동기부여

M은 Motivated, 즉 동기부여를 뜻한다. 생텍쥐페리Antoine de Saint-Exupéry는 사람들에게 배 만드는 법을 가르치고 싶다면 넓은 바다를 보여주라고 했다. 동기부여의 중요성을 시사한 것이다. 우리 마음속에 큰 꿈이 생기고 이를 추구하고 싶다는 욕심이 생기면 그다음 과정은 알아서 진행될 것이다. 안타까운 점

은 우리나라는 동기부여가 되더라도 자기 마음대로 프로젝트를 진행하는 것이 어려운 문화를 가지고 있다는 점이다. 대개 상명하복의 체제로 일이 진행되기 때문이다. 따라서 구글의 20% 타임 프로젝트처럼 자신이 하고 싶은 일, 즐기는 일을 직접 추진하고 이를 만들어 가는 과정은 정말 큰 동기 부여가 될 듯하다. 우리의 삶에서도 멋진 취미가 있다면 그 취미를 위해서 과감히 주중의 힘든 업무도 버티지 않던가. 스스로 동기를 유발하고 심장에 뜨거운 기름을 부어 불을 지르는 삶의 자세가 필요하다. 바쁜 업무 중에 과연 내가 지치지 않고 힘을 내서 나만의 취미와 즐거움을 위해 여가를 채울 수 있을까? 어떻게 해야 할까?

나는 일단 유튜브를 시작하라고 권하고 싶다. 유튜브로 일확천금을 누리기에는 이미 레드오션이 되어 있을 수도 있다. 하지만 그러한 욕심이 없이 자신의 구독자들과 교류하며 즐거움을 나누기에는 여전히 유튜브는 블루오션 중의 블루오션이다. 다뤄지지 않은 테마들이 너무나 많다. 시간과 공간, 자원의 제약이 없는 무궁무진한 우주와 같다. 이곳에서 내가 하고 싶은 것을 마음껏 펼치고 사람들의 댓글에 답을 해주며 또 다음 영상을 찍을 에너지를 얻는다. 이러한 열정은 분명히 여러분의 삶의 전반에 전파되어 나갈 것이다. 가끔 그런 상상을 하지 않던가. 사실 내 지갑에는 로또 한 장이 들어 있는데, 1등 당첨된 로또라 은행에 가서 바꾸기만 한다면 인생 역전이 가능하지만 지금 내가 하는 일이 아주 좋아서 그냥 지갑에 넣어 두고 일을 다니고 참고 있다는 상상. 상상만 해도 즐겁지 않은가. 바로 그런 쾌감을 유튜브를 통해서 한번 얻어 보기 바란다.

융통성

 A는 Adaptive로 사전에 따르면 "(새로운 용도나 상황에) 맞추다. (영화, 연극, 극으로) 개작하다."라는 뜻을 가진 **Adapt**의 형용사이다. 이 개념을 좀 더 직관적으로 설명하자면 외과 수술에는 통법으로 알려진 정형화된 수술의 방식이 존재하지만, 환자의 특성에 맞게 이 방식을 변형하는 환자 맞춤형 수술^Adaptive ^Surgery을 Adaptive의 한 예로 들 수 있겠다.

 아툴 가완디^Atul Gawande의 ≪체크! 체크리스트≫라는 책에 따르면 세상의 문제는 크게 세 가지로 나뉜다고 한다. 간단한 문제, 복잡한 문제, 복합적인 문제. 간단한 문제는 요리하는 것과 같은 것이다. 레시피에 적힌 대로 따라 하면 크게 고민할 것도 없이 처리할 수 있다. 복잡한 문제는 달에 로켓을 보내는 일과 같다고 한다. 결코, 단순한 일로 나눌 수도 없고 전문가들과의 치밀한 협력을 통해서 어렵사리 달에 로켓을 보낼 수 있다고 한다. 복합적인 문제는 아이를 낳아 기르는 일과 같다. 달에 한번 로켓을 보내는 것은 어렵지만 일단 보내고 나면 계속 보낼 수 있다. 이전과 같이 똑같이 하면 되기 때문이다. 하지만 아이는 다르다. 첫째 아이를 잘 낳아서 길렀다고 하자. 둘째 아이 역시 잘 기를 수 있다는 보장이 있을까? 아이를 길러 보신 부모라면 누구나 수긍하실 것이다. 아이마다 개성, 체질, 적성 등이 달라서 결코 두 번째 아이를 첫 번째 아이와 똑같은 방법으로는 양육할 수 없다. 매번 새로운 문제를 풀 듯이 두 부모와 양가 부모 심지어는 학교 교사, 상담교사, 과외 선생까지 총동원되어 문제 해결을 위해 전력질주 해야 한다. 바로 이러한 복합적인 문제가 융통성 있는 해결을 요구하는 것이다. 우리 삶의 문제들, 그리고 우리 삶 자체는 융통성 있는 접근이 필요하다. 결코 매뉴얼 대로 모든 것을 해결할 수 없다. 세상의 문제는 그리 단순한 것이 아니다. 그때는 그랬지만 지금은 아닌 것이 인생이다. 유연한 사고와 넓은 시야로 세상에 나아가자.

이러한 삶을 살기에 구글은 큰 도움이 된다. 한 우물만 바라보고 한 우물만 파고 있는 사람은 같이 우물을 파는 몇몇 사람과의 경쟁이 그의 인생 전부이다. 치열할 수밖에 없다. 하지만 구글을 통해 다양한 플랫폼을 경험하고 파레토의 법칙을 통해 남들보다 다섯 배 더 많은 프로젝트를 진행하고 다섯 배 더 넓은 세상을 살게 되는 순간 우물 하나 파는 일 정도는 아무것도 아니다. 남들이 모두 망원경을 개발하고 있을 때 홀로 우주선을 꿈꾸는 문샷 씽킹을 하고 있다면, 사소한 과제 따위나 거절이나 실패 따위에 우울해할 이유는 없다. 하나의 일이 잘 안 풀리고 스트레스를 준다면 바로 다음 프로젝트로 넘어가서 집중해 보자. 이미 이전의 과제는 그저 과제 중의 하나가 되어 버린다. 신기하게도 다시 그 과제로 돌아올 때면 이미 어느 정도 문제 해결이 되어 있거나 내 마음이 한결 의욕적으로 바뀐 것을 체험하게 될 것이다.

풍부한 자료

R은 Recourse-enriched, 즉 풍부한 자료를 가지고 우리 삶을 풍요롭게 만들라는 뜻이다. 사실 이것은 유튜브와 구글 아트 앤 컬처^{Google Arts and Culture}의 예만 들어도 충분히 이해하실 수 있을 것이다. 유튜브를 먼저 살펴보자. 유튜브의 역사를 잠시 보면 페이팔^{PayPal}의 직원이었던 채드 헐리, 스티브 첸, 자웨드 카림 3명이 2005년 비디오 스트리밍 업체를 설립한다. 2006년 11월 16억 5천만

달러에 구글이 인수하였다. 2017년 2월 기준으로 분당 400시간 분량의 비디오가 업로드되며, 하루로 따지면 65년 치의 영상이 게시되고 있다. 이제 유튜브의 동영상을 다 따라잡기란 불가능하다! 게다가 관심 있는 영상을 다 보고 나니 시청하는 동영상 옆에 등장하는 추천 동영상이 몹시 매력적으로 제시된다. 유튜브에서는 '다음 동영상'이라는 이름으로 표현되는데 이는 구글의 인공지능이 현재 사용자가 보는 동영상과 기존의 검색 히스토리를 기반으로 흥미를 느낄만한 유사 동영상을 뿌려주는 것이다. 여기에 클릭에 클릭을 거듭하다 보면 어느새 그 분야와 관련된 영상을 보면서 어마어마한 정보를 다양한 시각에서 이해할 수 있게 된다는 장점이 있다.

이러한 영상 자료 속에서는 우리가 배울 수 있는 양질의 콘텐츠들이 많이 있다. 우리는 TV가 전부였던 시대에 자라났지만 이제 우리의 아이들은 하루에 65년치의 영상이 유튜브에 올라가는 시대에 살고 있다. 결코, 콘텐츠에 굶주리지 않는 시대이다. 어떤 의미에서 우리 사회가 각박하고 다양성을 인정하지 못하는 삶이었던 것은 TV 채널이 6, 7, 9, 11, 13번밖에 없던 시대였기 때문일 수도 있다. 그나마 인터넷이 등장해서 다양해지기는 했으나 그것도 네이버가 독식하면서 자신들이 편집한 신문기사들을 국민에게 주입하였으니 그리 다양한 것도 아니었다. 하지만 이제는 다르다. 유튜브에서 사용자들이 만들어 올리는 영상은 물론 유튜브가 판권을 사들인 영화들이 국내 IPTV보다 더 저렴하게 제공되고 있다. 실제 내가 구독하는 KT 케이블에서 사보는 것보다 유튜브에서 영화를 사서 보는 것이 더 저렴함을 여러 차례 비교해 보았다. 게다가 이제는 유튜브도 스스로 오리지널 시리즈를 만들어서 올리기 시작했다.

유튜브 오리지널 콘텐츠 시리즈물. <코브라 카이>, <방탄소년단>, <임펄스> 등의 시리즈물이 이미 큰 인기를 끌기 시작했다.

구글 아트 앤 컬처의 작가별 화면. 이 외에도 세계 각자의 다양한 이야기들과 역사적인 예술품들이 멋진 큐레이션에 의해 제공되고 있다.

구글 아트 앤 컬처는 또 어떠한가? 미술관과 박물관을 다니는 것을 즐겨 하던 아밋 수드^{Amit Sood}라는 구글 직원은 명작을 하나 감상하기 위해 외국이나 다른 장소로 가지 않고 인터넷으로 볼 수 있으면 좋겠다는 생각을 했고, 이는 구글 아트 프로젝트의 시발점이 되었다. 처음에는 프로젝트로 시작한 이 사업이 마침내 2011년 2월 1일, 구글 아트 앤 컬처라는 공식 서비스가 되었고 17개의 미술관, 박물관과 함께 협력하여 프로젝트를 시작하였다. 이 프로젝트를 통해 사용자들은 영국 런던의 테이트 갤러리, 미국 뉴욕의 메트로폴리탄 미술관, 이탈리아 피렌체의 우피치 미술관 등의 내부를 구글 스트리트 뷰 기술을 통해 돌아다닐 수 있게 되었고, 어마어마한 양의 작품들을 기가픽셀 아트로 감상할 수 있게 되었다. 우리가 흔히 찍는 디지털 카메라는 메가픽셀 단위인데 구글이 사용하는 카메라는 기가픽셀이다. 1000배 더 정교한 해상도로 그림을 감상할 수 있다면 그 누구나 전문 미술사학자가 될 수 있는 체험을 할 수 있는 셈이다. 그것도 무료로. 특별한 프로그램을 깔지도 않고 PC나 스마트폰으로 말이다. 소름 돋는 일이 아닌가. 현재는 다양한 인공지능 프로젝트와 맞물려 혁신적인 시도들의 근거가 되고 있다. 이는 엑스페리먼츠^{Experiments}라는 프로젝트로 진행되고 있는데 마침 구글이 스캔해 둔 이 자료들이 있으니 이걸 자료로 해서 인공지능에 공부를 시키는 것 같은 개념이고, 그 과정을 우리에게도 공개해준다고 볼 수 있다. 아직 사용자들에게는 큰 유익은 없지만, 인공지능을 직접 체험할 기회는 될 것이다.

반고흐 자화상을 구글의 기가픽셀 키메라로
촬영한 화면. 고흐의 열정적인 붓 터치를 하나하나
볼 수 있다. 일단 미술관에서는 이 정도로 그림을
가까이 볼 기회는 절대 존재하지 않는다.

이 어마어마어마어마한 수학적으로 구골이라는 용어로밖에는 설명이 안 되는 자료들이 우리의 삶에 들어올 때 우리의 사고는 한없이 다양해질 것이며 가치관은 다채로워질 것이다. 일이 끝나면 모두가 돼지고깃집에 몰려가 고기와 소주로, 그리고 노래방으로 이어지는 획일화된 낭비 아닌 낭비를 그만 하게 될 것이며 미술관으로, 박물관으로, 문학 낭독 모임으로, 독서모임으로, 강의 모임으로 흩어져 자신만의 진정한 행복을 누리게 될 것이다. 다름은 그저 다름이고 틀림이 아닌 시대가 올 것이다. '나는 미술을 좋아하고 당신은 음악을 좋아하지만 서로 싸울 것 없이, 서로 교차하는 지점은 없는지 함께 이야기해 봅시다.'라며 시도해 볼 수 있다. 이 모든 것들이 무료이다. 부담 없이 누리자. 사람들은 한정된 재화를 두고 경쟁하고 싸운다. 하지만 식탁 위에 반찬이 많아지면 서로 싸울 일이 줄어든다. 우리 삶에 다양한 메뉴를 만들어 보자.

여기저기융화된 기술들

마지막으로 SMART의 T는 Technology-embedded를 의미한다. 바로 우리 삶의 기저에, 그리고 요소요소에 기술이 융화되어 있어야 한다는 뜻이다. Embed라고 하는 것은 우리가 흔히 보는 홈페이지의 텍스트 중간마다 동영상 같은 것들이 들어가 있는 것은 Embedded되었다고 표현한다. 즉, 굳이 다른 기기나 사이트로 이동하여 동영상을 보지 않아도 기존의 텍스트 중간에서 자연스럽게 볼 수 있는 기능을 의미하는 것이다. 그런 관점에서 볼 때 '녹아 있다.'라는 표현이 더 맞지 않을까 싶다. 이미 우리의 삶은 디지털 기술이 완전히 녹아들어 있다. 택시를 잡으려고 카카오 택시를 부르면 경로, 소요 시간, 기사님

1874년 헤켈은 여덟 종의 척추동물어류, 도마뱀, 거북이, 닭, 돼지, 소, 토끼, 사람의
배아의 발생 과정을 그렸다. 놀랍게도 동물의 종류와 무관하게 모두 비슷한 발달 과정
을 겪는 것을 볼 수 있다. (출처: 위키피디아)

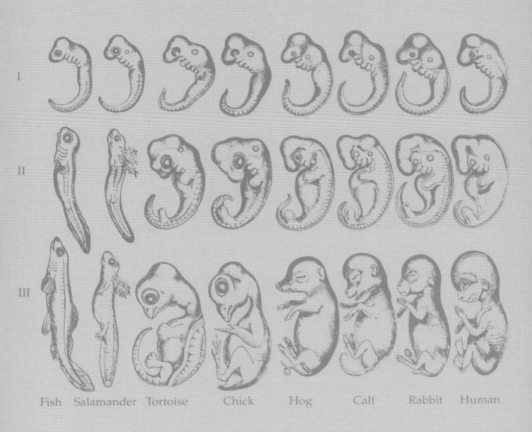

얼굴까지 다 볼 수 있다. 미국 뉴욕에 달랑 떨어져도 겁내지 않고 구글 맵스를 켜면 목적지까지 기차, 버스 번호 및 도착 시각까지 모두 알 수 있다. 스마트폰으로 대표되는 멋진 디지털 사회에서는 아침 알람, 수면 분석, 만보기, 식사 칼로리 분석, 메일 체크, 미국 드라마, 영화 감상, 음악 감상, 그림 그리기, 사진 찍고 편집하기, 그야말로 멋진 신세계가 펼쳐진다. 이러한 흐름을 거스를 수는 없다. 단 하나만 주의를 드리고 싶은 것이 있다. 우리 세대는 해당이 없으나 우리 자녀 세대들에게는 꼭 필요한 이야기이다.

생물학의 개념 중에서는 개체 발생은 계통 발생을 반복한다는 독일 의학자 헤켈의 진화재연설進化再演說이라는 것이 있다. 한 생명이 태어날 때 그 계통의 생명체가 겪었던 진화의 과정이 모두 재연된다는 뜻이다. 이후에 이 개념은 조작임이 밝혀졌지만 사실 이 가설은 디지털 기술의 확산에서 중요한 부분이기도 하다.

최근에 태어난 아이들은 TV 앞에서 스크린에 손을 대고 좌우로 움직이곤 한다. 채널을 바꾸고 싶어서이다. TV가 터치 스크린이라고 당연히 생각하는 것이다. 부모의 스마트폰이 그러하기 때문이다. 전화기는 당연히 선이 없고 아무 곳에서나 인터넷이 잡히는 것이니 비행기 안에서 유튜브를 보여달라 졸라댄다. 이러한 아이들의 세상에서는 카세트테이프를 감아서 음악을 듣고 LP판의 A면, B면을 뒤집어 보고 거대한 브라운관이 '쩡'하는 소리와 함께 켜지는 체험은 상상으로도 불가능한 것이다. 하지만 이 아이들이 자라서 새로운 경험을 창조하고 기술을 만들어야 한다면? 분명히 아날로그를 경험한 아이들은 더욱 아날로그적이고 휴먼터치가 살아있는 제품과 기술을 만들 수 있을 것이다. 그래서 최신 디지털 기술을 누리는 것도 좋지만 분명히 아날로그적인 구시대의 기술도 체험하는 것이 필요하다고 생각한다. 따라서 성장하는 아이들에게 얼마나 많은 아날로그적 경험을 주는가는 앞으로 중요한 경쟁력의 근거가 될 것이다. 모두가 디지털로 달려가는 이 시점에 진하게 아날로그적인 불편감과 사람 냄새 풍기는 접근을 해보자. 이를 찾는 많은 이들이 존재할 것이다.

여러분의 이니셜은 어떤 의미가 있는가?

지금까지 SMART의 머리글자를 이용하여 정리한 스마트한 삶에 대해서 살펴보았다. 구글과는 딱히 어울리는 이야기는 아니었지만 구글리한 이야기라고는 볼 수 있을 것이다. 사실 더 나은 정의는 계속 등장할 것으로 생각하지만, 현재 스마트한 삶을 꿈꾸는 우리에게는 이보다 더 외우기 쉽고, 깔끔한 정리는 없을 것으로 생각한다. SMART Self-directed, Motivated, Adaptive, Resource-enriched, Technology-embedded 한 삶을 만들어 가자는 취지가 얼마나 잘 이해가 되는가?

나는 JCP라는 내 이름의 이니셜을 브랜드화하고 싶다는 생각을 한 적이 있었다. 마침 박진영의 JYP와 비슷하니 얼마나 짝퉁답고 좋은가. 하지만 달랑 JCP만 하기에는 좀 허전했다. 그래서 JCP에 의미를 부여하고 싶었고 고민 끝에 'Joy of Creating and Pioneering'이라는 이름을 만들어냈고 이를 지금 약 5년 가까이 사용하고 있다. 놀라운 것은 유튜브에서나, 내가 진행하는 강의에서나, 행사에서 사용할 때마다 조금씩 사람들의 인지도가 높아지고 있고 더욱 신기한 것은 나 스스로 Create하고 Pioneer하는 삶을 즐기기 시작했다는 것이다. 스스로 세뇌가 되었다고나 할까? 다른 이들의 삶 이야기를 듣고 나의 가치관이 흔들릴 수 있는 순간마다 심지 있게 나는 'Create하고 Pioneer하는 것이 즐거우니 계속 추구하리.'라고 생각할 수 있었다. 꽃이라 부르니 내게도 와서 꽃이 된 것처럼 나도 JCP라 불리다 보니 정말 JCP하게 된 것이다. Smart한 삶을 살게 된 독자들도 정말 Smart하게 살게 되리라 믿어 본다.

2013년도에 만들어 본 JCP 로고. 마치 외계인이 준 것처럼 신기한 것들을 만들어 내는 사람이 되겠다는 취지로 외계 비행물체에서 JCP가 내려오는 그림을 만들어 보았다.

비밀번호 스마트하게 관리하기

구글을 통한 스마트한 삶의 이야기를 하다 보니 스마트한 자기 관리를 떠올리게 되었고 구글 계정의 스마트한 관리로 생각의 흐름이 이어졌다. 이 책을 통해서 구글의 다양한 플랫폼을 누리다 보면 다양한 사이트에서 로그인해야하는 상황이 생기게 될 것이다. 하지만 자신의 로그인 정보를 소홀히 다루다보면 결국 소중한 정보를 상실하는 경우가 발생하게 될 것이다.

흔히 구글은 난공불락의 성과 같다고 한다. 하지만 그런 구글도 뚫리는 경우가 있는데 가장 많은 사례가 허름한 다른 사이트에 구글과 같은 아이디와 비밀번호를 사용하는 경우라고 한다. 구글에 사용한 비밀번호가 '1234'라고 한다면 구글에서는 이 비밀번호를 해킹하기가 어렵지만 같은 비밀번호를 동네 헬스장 회원가입 사이트에서 사용한다면 이 사이트에서 유출된 비밀번호를 이용해 구글 사이트로부터 정보를 손쉽게 빼 갈 수 있다. 따라서 구글에서는 다음과 같이 안전한 비밀번호를 만드는 노하우를 제공하고 있다.

> 비밀번호는 구글 계정에 접속할 수 있는 관문의 역할을 하며 온라인 안전에서 중요한 단계 중 하나입니다. 가족 모두가 대문자, 소문자, 기호, 숫자를 조합한 비밀번호를 사용하는 것이 안전합니다. '123456' 또는 'password'를 비밀번호로 사용하는 것은 안전하지 않습니다. 이 두 가지

가 아직도 가장 흔하게 사용되는 비밀번호입니다. 여러 온라인 계정에 같은 비밀번호를 사용하는 것은 집, 자동차, 사무실을 잠그는 데 같은 열쇠를 사용하는 것과 마찬가지입니다. 타인이 한 계정을 도용하면 모든 계정이 위험해집니다. 청소년 자녀가 계정마다 다른 비밀번호를 만들 수 있도록 도와주세요.

안전한 비밀번호를 만들기 위한 한 가지 팁은 자신만이 아는 문구를 생각해 보는 것입니다. 예를 들어, 영어 문장이라면 '내 친구 Tom과 Mary가 내게 하루에 한 번씩 이메일을 보낸다My friends Tom and Mary send me emails once a day.'라는 문장에서 머리글자만 따와 'MfT&Msme1ad'를 비밀번호로 지정하는 것입니다.

DO's

1. 중요한 계정들은 모두 다른 독특한 비밀번호를 사용한다.
2. 최소한 8자를 사용한다.
3. 영문 대소문자, 숫자, 특수문자를 조합한다.

DON'Ts

1. 개인정보나 이름, 주소, 이메일 주소, 전화번호, 주민번호, 생일 등 알기 쉬운 단어를 사용하지 않는다.
2. 별명, 재학 중인 학교 이름, 좋아하는 아이돌 그룹 같은 알기 쉬운 정보를 사용하지 않는다.

3. 부모님이나 보호자 외에는 비밀번호를 공유하지 않는다.

매우 흔하며 안전하지 못한 비밀번호의 예도 제공하고 있다. 뜨끔하는 독자들이 있을 것 같다.

123456, Password, 1234, 12345678, Qwerty, Football, Dragon, 111111, Abc123

출처: 2016년 최악의 비밀번호(https://www.teamsid.com/worst-passwords-2016)

이와 같은 안전한 비밀번호를 만드는 방법은 다음의 사이트에 제시되어 있으니 참고하기 바란다.

1. 〈멋진 인터넷 세상 Be Internet Awesome〉 (http://bit.ly/digitalliteracygeg)

번역 강민준, 이어진, 이주향, 장성순, 최형윤, 박정철 (GEG South Korea)

2. 〈가족을 위한 온라인 세이프티 가이드〉 (http://bit.ly/familysafetygeg)

구글 코리아

3. 〈디지털 시민의식 교육과정〉 (http://bit.ly/digitalliterayeducation)

구글 코리아

또한, 구글에서는 단순 비밀번호 이외에도 2단계 인증 기술을 제공하고 있다.

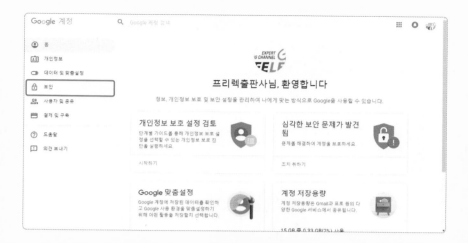

구글 계정 페이지(https://myaccount.google.com)는 구글 계정의 모든 노하우가 담겨 있는 관제탑이다. 이곳에서 [보안]에 들어가면 2단계 인증을 선택하여 적용할 수 있다.

[보안] 항목에 [2단계 인증] 항목이 있다. 기본적으로는 [사용 안함]이 되어 있다. 이를 활성화하자.

201

← [2단계 인증]을 선택하면 위와 같은 화면으로 바뀐다. 그 자세한 사용법을 알고 싶으면 [자세히 알아보기]를 눌러 조금 더 알아보자.

← [시작하기]를 선택하면 위와 같이 휴대전화를 선택할 수 있다. 나는 이미 전화번호를 등록해 두어서 위와 같이 보이지만 그렇지 않은 분들은 전화번호를 등록할 수 있다. 준비가 되었다면 [지금 시도하기]를 눌러보자.

← 내가 사용하는 스마트폰으로 메시지가 전달되었다. 이제 내 스마트폰에서 확인 메시지를 누르면 이 계정은 앞으로 내 스마트폰으로 연동하여 로그인 정보를 수시로 확인할 수 있고 스마트폰이 없이는 다른 컴퓨터에서 로그인할 수가 없다. 비밀번호를 아는 것은 소용없다.

스마트폰에서 메시지가 떴다. 누군가 내 아이디로 로그인하는 것이다. 내가 한 것이므로 [Yes]를 눌러 인증한다. 만일 그렇지 않다면 이를 차단할 수 있다. 이후 신속히 비밀번호를 변경해야 할 것이다.

앞으로 2가지 방식으로 2단계 인증을 할 수 있다. 늘 스마트폰으로 문자가 오게 할 수 있고 아니면 전화가 직접 오게 할 수도 있다. 이것은 선택이다. 물론 또 다른 방식도 있다. 만일 스마트폰을 분실했다거나 전화가 안 되는 지역이라면 어떻게 할까? 이런 이들을 위해 [다른 백업 옵션 사용]도 알아보겠다.

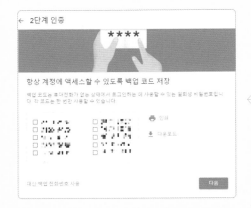

스마트폰과 상관없이 항상 계정에 접근할 수 있도록 백업 코드를 인쇄해서 물리적으로 보관하는 것이다. 즉 8자리 숫자 조합을 10개를 가지고 있다가 로그인할 때 하나씩 사용하는 것이다. 물론 조합은 한번 사용하면 더는 사용할 수 없다.

계정 내에 정말 중요한 내용이 있는 경우라면 부득이하지만 보안 키를 물리적으로 사용하여 로그인할 수 있다. 마치 핵미사일을 발사하려면 열쇠가 필요한 것과 같은 방식이다. 구글 고객센터에서 '보안 키Security Key'를 검색하면 자세한 설명이 제시된다.

구글에서는 FIDO U2F 보안 키의 구매를 권장하고 있다. 인터넷 창에서 이를 입력하면 손쉽게 살 수 있다.

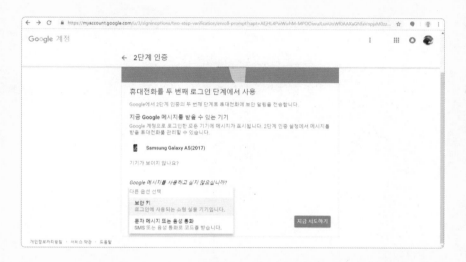

↑ 보안 키 사용을 위해서는 위에서 보았던 절차를 다시 진행하여 [다른 백업 옵션 사용]을 누르면 [보안 키]가 나오게 된다. 이후는 제시되는 절차를 따르면 되겠다.

그럼에도 우리는 비밀번호의 소홀한 관리 때문에 종종 해킹을 당하곤 한다. 점점 더 많은 정보가 누적될수록, 더 소중한 사진들과 영상이 업로드 될수록 아이디와 비밀번호를 스마트하게 관리하는 사용자가 돼야겠다.

러닝머신이 되어 미래 사회에 살아남는 인재가 되자.
인류의 마지막 생존 전략은 빠르고 깊게 새로운 테마를 배우는 능력이다.

episode

11

머신러닝 vs 러닝머신,
이제는
러닝머신이 되어야

머신러닝 vs 러닝머신,
이제는 러닝머신이 되어야

모라벡의 패러독스^{Moravec's Paradox}라는 것이 있다. 미국의 로봇 공학자인 한스 모라벡이 1988년에 쓴 《마음의 아이들^{Mind Children}》이라는 책에서 나온 내용인데 "성인 수준의 지능 테스트나 체커 능력을 컴퓨터가 가지기는 쉬운 일이지만, 아이 수준의 지각능력과 이동성을 갖추기는 어렵다."라는 뜻이다. 지금 화두가 되는 인공지능에 적용해 보면 "인간에게 쉬운 것은 인공지능에 어렵고, 반대로 인간에게 어려운 것은 인공지능에 쉽다." 정도로 받아들이면 될 것이다.

1956년 미국 다트머스 대학에서 인공지능^{Artificial Intelligence, AI}이라는 개념이 처음 나온 이래 오랜 세월을 인간은 그저 인공지능이 돌고래만도 못한 능력을 갖춘 존재로 생각했고 앞으로도 그럴 것으로 생각해 왔다. 물론 공상과학소설에서는 그렇지 않은 암울한 미래들이 종종 그려졌지만, 인간들은 결코 그런 일은 쉽사리 일어나지 않을 것으로 생각했다. 혹시 일어나더라도 먼 미래에나 가능하여 나와는 상관없을 것으로 생각했다. 하지만 1956년 시점에서 보기에 2017년은 60년 뒤의 먼 미래였지만 이미 그 미래는 현재가 되었다. 2017년 구글에서 개최한 I/O 행사만 보더라도 인공지능이 얼마나 진보했는지 확인할 수 있다.

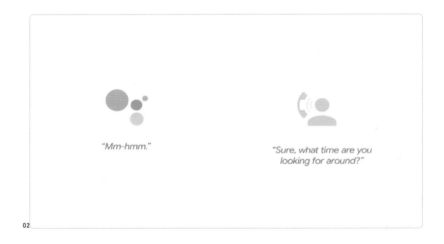

01 2017년 구글 I/O에서 구글 렌즈를 소개하는 장면. (출처: Google Developers 유튜브 채널)

02 2018년 구글 I/O 키노트에서 구글 어시스턴트가 미용실에 전화를 걸어 예약하는 모습. 왼쪽은 구글 어시스턴트, 오른쪽은 미용실 직원. (출처: Google Developers 유튜브 채널)

구글 렌즈Google Lens를 이용해 주변 사물을 화면에 띄우기만 해도 화면 속의 대상물을 인식하여 다양한 검색 결과들을 보여준다. 꽃을 비추면 꽃 이름과 정보를 알려준다. 식당 사진을 찍으면 식당 정보, 평점, 메뉴 등을 볼 수 있다. 인공지능이 간판 이름을 스스로 읽고 검색을 해준 것이다. 새로운 사무실에 가서 인터넷을 잡고 싶다면 와이파이가 적혀 있는 종이에 구글 렌즈를 갖다 댄다. 자동으로 와이파이에 접속된다. 영화관 간판을 찍으면 예약 사이트로 넘어간다.

2018년 구글 I/O는 더 대단했다. AI 어시스턴트가 미용실에 전화해서 약속을 잡아주는데 음성의 자연스러움이 이제 거의 인간에 가까워졌고 심지어는 '으흠~'이라며 추임새까지 적절히 쓰기까지 했다. 물론 그 덕분에 소름 돋는다는 이들의 평이 많았고 오히려 기계음을 넣어서 상대가 인공지능과 통화하고 있다는 것을 알려야 한다는 의견도 제시되었다.

인공지능의 능력은 예전처럼 돌고래 수준에 머물러 있지 않다. 놀라운 속도로 우리를 따라잡기 시작한 것이다. 특히 머신러닝Machine learning, 기계학습을 통해서 더더욱 그 속도가 빨라지고 있다. 1959년 아서 사무엘의 정의에 따르면 머신러닝은 '기계가 일일이 코드로 명시하지 않은 동작을 데이터로부터 학습하여 실행할 수 있도록 하는 알고리즘을 개발하는 연구 분야'라고 한다. 이전까지는 인공지능에 '꽃은 꽃', '사람은 사람'이라고 태깅을 해 주고 나서 학습하라고 하는 지도학습만이 가능했었다. 하지만 2012년 6월 인공지능은 마침내 레이블이 없는 그림을 보고도 스스로 사물을 인지하는 능력이 생긴다.

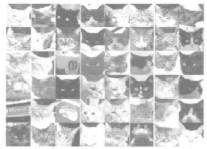

<Building High-level Features Using Large Scale Unsupervised Learning>라는 논문에 나온 고양이 인식 패턴 결과. 왼쪽은 우리가 보는 고양이의 모습이고 오른쪽은 인공지능이 분석한 고양이 얼굴들이다.

구글은 영국 스코틀랜드의 에든버러에서 열린 머신러닝 국제학회에서 고양이 얼굴 인식 실험 결과를 발표했는데 10억 개의 유튜브 창을 열어 무작위로 200×200픽셀의 갈무리 화면 1000만 개를 얻어 3일간 학습시킨 결과 인간의 얼굴은 81.7%, 인간의 몸 76.7%, 고양이는 74.8%의 정확도로 인식에 성공하였다고 한다. 인간의 신경세포 개념을 도입한 인공지능인 인공신경망 Neural Network 기술이 등장함으로써 다양한 고양이 얼굴을 색깔, 종, 앞모습, 옆모습 할 것 없이 고양이로 분류하기 시작한 것이다. 유아들이 풍선에 그린 사람의 얼굴을 보고도 사람이라고 인식하지 않는 것은 사실 엄청난 인지 능력이라고 하는데, 마침내 인공지능이 그 수준에 육박하기 시작한 것이다.

그렇다면 앞으로의 미래에서는 과연 우리의 아이들이 인공지능과 경쟁을 하여 승산이 있을까? 아니 이미 우리들의 직업 현장에서 우리는 승산이 있는 것일까? 나는 이에 대해 개인적인 견해이지만 명확한 답을 가지고 있다. 그리고 아마도 그 답이 진리일 것이라 믿고 기대하고 있다. 그리고 나 스스로, 그리고 내 자녀들에게도 그 기술을 알려 주려고 노력하고 있다.

배우는 기술을 배우자

바로 머신러닝을 이길 수 있는 유일한 길은 러닝머신Learning Machine이 되는 것이다. 무슨 뜻인가? 미국의 휴렛재단은 딥러닝Deeper Learning이라는 개념으로 기존의 미국 교육부에서 제시한 미래 사회에서 요구되는 4가지4C인 협업Collaboration, 비판적 사고력Critical-thinking, 상상력Creativity, 소통Communication에 추가하여 학술적인 마음가짐Academic-mindset, 그리고 배우는 법을 배우기Learn how to learn를 강조했다. 그리고 여기서 가장 마지막 요소인 '배우는 법을 배우기'야 말로 인공지능 시대를 대비하는 가장 중요한 기술이 아닐까 생각한다.

오늘은 버스 운전사였다가 어느 날 갑자기 자의나 타의에 의해 요리사가 되어야 할 수 있다. 학교 교사였다가 어느 날 갑자기 경영자가 되어야 할 수 있다. 내가 가진 직업이 사라질 수도 있고, 내가 가장 잘하는 일이 로봇에 의해 대체될 수도 있다. 급변하는 미래 세상에는 이러한 일들이 많을 것이다. 이러한 환경에 치일 때마다 소주 한 잔으로 마음을 달래고 좌절하고 자신의 신세를 비탄하는 것이 아마도 대부분 사람이 떠올리는 반응일 것이다. 한강에 뛰어드는 극단적인 선택을 하는 이들도 있겠다. 하지만 이러한 환경에서 좌절하지 않고 적극적으로 또 다른 분야의 지식을 신속하게 습득하고 전문성을 취득하여 상위 25%로 올라갈 수 있도록 아이들에게 배우는 기술을 배울 수 있도록 도와주면 어떨까? 그 기술 하나만으로도 어떤 상황이든지 생존하고 번성할 수 있게 도울 수 있을 것이다.

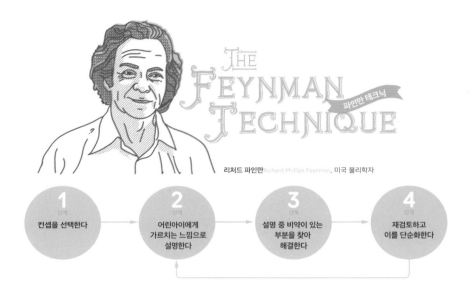

리처드 파인만Richard Phillips Feynman, 미국 물리학자

| 1단계 | 2단계 | 3단계 | 4단계 |
| 컨셉을 선택한다 | 어린아이에게 가르치는 느낌으로 설명한다 | 설명 중 비약이 있는 부분을 찾아 해결한다 | 재검토하고 이를 단순화한다 |

파인만 테크닉의 도해

나는 내 인생을 통해서 자의, 타의에 의해 다양한 과목, 새로운 전공, 전혀 다른 다양한 주변 환경을 경험하였으나 매번 빠른 속도로 적응하고 가장 잘 할 수 있는 테마를 찾아서 변신을 거듭했다. 물론 쉽지는 않았고 진통이 따랐다. 처음에는 시간이 오래 걸리고 더디었으나 점차 속도가 붙었다. 번번이 선택해야 했던 그 테마들은 모두 외견상으로는 다를지라도 결국 본질은 같다는 것을 알고 있다. 그렇기에 나의 기본 콘셉트는 새로운 영역에 들어갔을 때 "남을 가르칠 수 있을 정도로 아는 수준"을 성취하는 것을 목표로 하고 있다. 이 것은 위대한 물리학자 노벨상 수상자인 리처드 파인만의 무엇이든지 빨리 배우는 파인만 테크닉Feynman Technique에 근거를 두고 있다. 이 방법은 흔히 "모든 것을 빠르게 배우는 학습 방법"으로 알려졌다. 참고로 파인만 박사는 노벨 물리학상을 받은 천재 물리학자인데 그의 별명은 위대한 설명가Great Explainer였다. 아무리 복잡한 이론일지라도 그는 기가 막히게 쉽게 설명하는 노하우가 있었고 심지어는 그의 동료 교수들조차 파인만 교수의 설명을 듣고 이해를 하는 일도 있었다고 한다.

파인만 테크닉

파인만 테크닉은 단순하다. 그는 1단계에서 공부해야 하는 개념을 선택하고 이를 빨리 학습하라고 하였다. 2단계에서는 이 개념을 어린아이에게 가르쳐도 알아들을 수 있는 수준으로 가르치라고 하였다. 3단계에서 설명이 잘 안 되던 논리적 오류 부분을 다시 학습하라고 하였다. 4단계에서는 개념을 새롭게 정의하고 더욱 단순화하라고 하였다. 이 과정을 반복하면 분야를 막론하고 빠른 속도로 손쉽게 마스터할 수 있다고 하였다.

물론 이외에도 다양한 방법들이 있겠지만 나는 파인만 박사의 이야기에서 "어린아이에게 가르치듯 가르치라."라는 부분에 초점을 두고 있으며 실제로 어떤 분야든지 1시간 강의를 할 수 있을 정도로 공부하고 자료를 모으고 강의 슬라이드로 구현할 수 있다면 그 분야는 내 것이 될 수 있다고 생각하고 있다. 실제로도 나는 많은 분야에서 이를 실천하여 상당히 빠른 속도로 테마들을 오가며 다양한 콘텐츠들을 만들어 내고 있다. 물론 이 시점에 구글의 구글 검색과 유튜브는 강력한 조력자다. 구글에서는 세상의 거의 모든 지식이 들어가 있고 몇 단계 링크만 넘어가거나, 적절한 키워드를 찾아 나가는 과정만 거치면 내가 원했던 자료를 찾을 수 있다. 유튜브에서는 관련된 강의 자료가 통째로 올라가 있기도 하고 유튜버들이 소개하는 자료들도 무궁무진하다. 검색의 노하우를 갖추고 있다면 세상에 못 배운 것이 없는 시대이다. 만일 독자 여러분이 이러한 학습 기술을 터득한 러닝머신이 된다면, 머신러닝에게 밀리지 않고 인공지능을 잘 활용할 수 있는 위치를 독점적으로 누릴 수 있을 것이다.

하지만 자녀를 둔 부모라면, 그런 학습 방법론만 가르친다면 도대체 그러면 국어, 영어, 수학은 언제 가르치며, 국사, 세계사, 지리는 언제 공부하느냐고 질문하실 수도 있을 것이다. 하지만 우리가 모두 인정해야 할 두 가지가 있다. 어차피 가르쳐야 할 정보의 양은 너무나 많다는 사실이다. 이걸 다 주입식으로 가르치려고 하는 것은 무리이다. 그리고 두 번째는 지식의 유통기한이 너무나 짧아지고 있다는 점이다. 그렇기에 많은 양의 수명이 짧은 지식을 아이들에게 주입식으로 가르쳐 주어 봐야 아이들이 성인이 되어 사회에 나왔을 때는 어렵게 배웠던 그 많은 지식이 막상 너무 오래된 지식이 되어 있을 가능성이 매우 크다는 것이다. 이제 결국 새로운 것을 스스로 잘 배우는 능력을 알려주는 것이 장기적으로는 더욱 좋은 가르침인 셈이다.

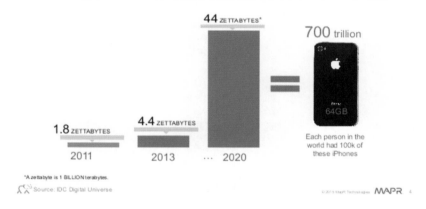

불과 10년 만에 전 세계의 데이터가 40배 넘게 성장하였지만, 이는 추정이다. 얼마나 더 많이 늘어날지는 아무도 모른다. (출처: <Self service data exploration with apache drill>, MapR Technologies)

미국 IT 전문 시장조사기관인 IDC에 의하면 인류가 얼마나 많은 정보를 생산해 내고 있는지를 명확히 알 수 있다. 2005년의 자료를 보면 전 세계 디지털 데이터의 양이 0.1제타바이트, 2012년에는 2.8제타바이트를 넘어섰다고 한다.1024테라바이트는 1페타바이트이고 1024페타바이트는 1엑사바이트이며 1024엑사바이트는 1제타바이트이다. 내가 쓰는 스마트폰이 64기가바이트 용

머신러닝 vs 러닝머신, 이제는 러닝머신이 되어야

량이므로 대략 스마트폰 156,250,000,000개만큼의 분량이다. 이는 미국 의회 도서관 인쇄물의 10억 배에 달하는 양이다.

하지만 더 무서운 것은 속도이다. 2012년 한 해만 전 세계에서 2.8제타바이트의 데이터가 생산되었는데 이는 전 인류가 지금까지 만들어 놓은 양보다 많은 데이터가 1년 안에 생산된 것이었다. IDC의 예측으로는 2020년에는 44제타바이트로 데이터양이 증가할 것이라고 하니 앞으로 '정보의 홍수'라는 표현은 귀엽다고 여겨질 정도로 거대한 쓰나미가 밀려올 것 같다.

What보다는 How와 Why를

우리가 배우는 지식은 대부분 'What'에 대한 것이다. 미분·적분을 배우고 세계사에서 제2차 세계대전을 배운다. DNA가 무엇의 약자인지 배우고 그 이중 나선의 구조가 어떻게 단백질을 만들어 내는지를 배운다. 거의 모든 새로운 지식은 'What'에 대한 것이다. 그리고 이것을 잘 이해했는지, 그리고 얼마나 잘 외웠는지를 평가하는 것이 기존의 학습 및 교육이었다. 안타깝게도 이러한 교육은 이제 교사나 교육자들보다 인공지능이 더 잘하게 되었다.

미국의 초등학생들은 요즘 집에 가면 숙제를 누구와 할까? 부모님, 삼촌, 숙모 아니면 과외 학생? 아니다. 놀랍게도 아마존이 만든 인공지능 스피커 알렉사와 한다. 구글의 오케이 구글도 마찬가지다. "달까지의 거리는?"이라는 질문에 정확하게 수십 번씩 반복해서 답을 해준다. 한치의 망설임도 없다. 미국 초대 대통령이 누구인지, 지구의 반지름, 소크라테스의 업적에 대해서 줄줄 알려준다. 게다가 점차 인지 능력이 향상됨에 따라 이전 대화를 기반으로 다음 질문으로 자연스럽게 이어지기까지 한다. "서울 날씨는?"이라는 질문에 신속하게 서울 날씨를 답한다. 다음 질문 "뉴욕은?"이라는 질문에 아주 자연스럽게 뉴욕 날씨를 이야기해준다. 계속 날씨 이야기를 하고 있기 때문이다. 우리나라의 인공지능 스피커는 아직 날씨 알려주고 음악 재생을 도와주는 수준에 그치고 있지만, 미국의 인공지능 스피커들은 대화상대로 큰 부족함이 없을 정도이다.

구글 홈 스피커. 학생들의 궁금증을 바로바로 해결해 주고 재미난 이야기를 할 수 있는 멋진 보조교사의 수준에 이미 도달했다. 실제 미국의 초등학교에서는 보조교사로서 역할을 하는 곳이 늘어나고 있다.

이제 'What'에 대해 배우고 이를 외우는 식의 학습은 의미가 없다. 우리가 한 분야에 들어가서 이에 대해 배우고 최고의 반열에 오르기 위해서 공부해야 하는 것은 바로 'How'와 'Why'이다. 4차 산업혁명이 무엇인지는 인공지능에 물어보면 답을 해준다. 하지만 어떻게 산업혁명이 시작되었고 왜 이러한 변화가 중요한지를 물어보면 인공지능은 결코 답을 해줄 수 없다. '어떻게'와 '왜'는 오로지 깊은 지식을 축적하고 경험을 쌓고 통찰을 얻은 사람만이 제시할 수 있는 답이다. 따라서 인공지능과 같은 천재적인 기억력의 존재들과 'What'을 두고 경쟁할 필요는 없다.

우리는 이제 'How'와 'Why'에 더 집중해야 한다. 그것이 인공지능들과 경쟁하여 승산이 있는 부분이다. 주변에서 발생하는 모든 일의 기저에 있는 'How'와 'Why'를 고민하고 사람들과 토론하자. 이러한 비판적 사고 훈련을 통해 강력한 사고 기계로 성장하자. 그리고 러닝머신이 되어 각각의 노하우들을 빠른 속도로 습득해야 할 것이다. "하나를 가르치면 열을 안다."라는 말이 있다. 이것은 인간만이 가지는 능력이다. 오랜 경험과 다양한 지식을 이용해 유추하고 적용하는 응용력을 가지고 있기 때문이다.

이 능력을 극대화할 수 있도록 노력하자. "나는 '바담풍'해도 너는 '바람풍' 해라." 역시 사람만의 능력이다. 글자 하나 잘 못 넣어도 컴퓨터 프로그램에서는 오류로 인식된다. 하지만 사람은 추론을 통해서 적절히 정확한 메시지를 이해할 수 있다. 맥주 '대여섯 병'을 시켜도, 돼지고기 삼겹살 '3인분 같은 2인분'을 시켜도, 집에 갈 때 "문 닫고 나가세요."라고 해도 우리 인간들은 찰떡같이 알아들을 수 있다. 그 유연하고 능글맞은 이해 능력을 극대화하는 것이 우리의 무기가 될 것이다.

우리의 인생은 이제 점점 더 길어지고 있다. 100세는 가볍게 넘기는 혁명과도 같은 시대에 살게 되었다. 재수 없으면 200살까지 산다는 이야기도 나온다.

그러다 보니 20세까지 열심히 대학 준비를 하고 대학에서 공부한 전공을 살려 직업을 가진 뒤 성실하게 살다 60세에 은퇴하던 이전의 삶의 사이클은 더는 적용할 수 없다. 일단 기본적으로 대학이 없어질 수 있다.

이후에 언급할 온라인 공개 강의Massive Open Online Course, MOOC 등에 의해 이제는 그 어떤 것도 다 배울 수 있는 시대이다. 온라인 수업만으로 유명 대학의 학위까지 받을 수 있다. 출산율 감소로 대학 정원이 학생 수보다 많은 시대가 곧 올 것이다. 직업을 가졌으나 회사가 없어질 수도, 로봇의 등장에 의해 어제까지 내가 하던 일이 없어질 수도 있는 시대이다.

60세 정년퇴직을 목표로 하고 있었는데 30대에 실직자가 될 수 있다. 아니 아예 애초부터 취직하지 않고 프리랜서로 그때그때 생기는 프로젝트에 참여하는 식의 직업을 갖게 될 수도 있다. 그렇다면 정년퇴직이라는 식의 관념은 없어질 것이다. 60세에 은퇴하고 손자들 보며 노후를 만끽하려 했으나 앞으로도 40년 이상을 더 살아야 한다. 게다가 옛날과 달리 몸도 건강하고 기운도 팔팔하다. 생계를 떠나서 그 길고 긴 세월을 무엇을 하며 보낼 것인가? 취미도 취미 나름이다. 40년간 살려면 무언가 하나 제대로 새로운 직업을 시작해도 또 한 번의 인생을 통해 누리기에 부족함이 없을 것이다.

평생 교육을 영어로는 'Lifelong Education'이라 일컫는다. 이제는 오히려 'Longlife Education'이 필요하다. 너무나도 긴 인생을 지루하지 않게 텐션Tension 떨어지지 않게 즐길 수 있는 배움이 절실하다. 앞에서 여러 차례 이야기했지만, 미국의 작가이자 경영학자인 피터 드러커는 60년 넘게 긴장감을 늦추지 않고 4~5년마다 주제를 바꾸며 공부를 계속했다. 그가 공부한 주제는 통계학, 중세 역사, 일본 미술, 경제학 등 다양하다.

어쩌면 저주와도 같은 상상 이상의 긴 여유시간과 길어진 인생 앞에서 삶의 권태감과 지루함을 이기는 것은 새로운 것을 추구하는 것이 아닐까 생각해본다. 로봇이 인간의 일을 대신해 주는 미래 사회에서 권태감이 빠지지 않고 계속 새로운 문화와 지식을 접하고 사고를 변환하려면 결국 러닝머신이 되어야 살아남을 수 있다는 이야기로 돌아가게 된다. 그러려면 답은 결국 'Learn to learn'이다.

구글 어시스턴트 제대로 활용하기

구글 어시스턴트는 아마존의 알렉사, 애플의 시리와 함께 전 세계에서 가장 사랑받는 음성인식 비서 중 하나이다. 현재는 알렉사가 가장 앞서가는 음성인식 비서로 인정받고 있지만 구글 어시스턴트의 음성인식 기능, 인공 신경망 지능을 통해 빛의 속도로 알렉사를 따라잡고 있다. 무엇보다 구글이 가지는 다양한 자체 서비스와 연동이 된다는 장점이 있어 구글 어시스턴트는 점차 더 많이 확장될 가능성이 크다. 현재 구글 어시스턴트는 스마트폰, 구글 홈 스피커, 구글 스마트 디스플레이 등을 통해서 활용할 수 있다. 요청할 수 있는 작업은 다음과 같다.

음악, TV, 기타 미디어 재생	집안 전자기기 제어
• 음악감상 • 라디오 듣기 • 뉴스 또는 팟캐스트 듣기 • 오디오북 듣기 • TV, 스피커 또는 스마트 디스플레이에서 음악 및 동영상 재생 • 볼륨 변경	• 스마트 홈 기기 제어 • 스마트 디스플레이 제어 • 온라인 서비스 및 기기 제어 명령어 만들기 • 집에서 음성 메시지 보내기 • 다른 사용자와 집에 있는 기기 공유하기 • 스피커 또는 스마트 디스플레이 사용 관리

하루 계획 세우기	쇼핑 및 결제
• 일상 루틴으로 도움받기 • 매일 날씨 업데이트, 명언 등 받아 보기 • 구글 어시스턴트로 주차 위치 기억하기 • 캘린더 일정 만들기 및 스케줄 물어보기 • 구글 어시스턴트로부터 맞춤 업데이트 받기 • 스피커 또는 스마트 디스플레이로 레시피 찾고 만들기 • 구글 어시스턴트를 사용하여 휴대전화 사용 자제하기	• 쇼핑 목록 만들기 • 구글 어시스턴트로 쇼핑하기

정보 및 답변 찾기	전화 걸기 및 메시지 보내기
• 화면에 표시된 항목과 관련된 정보 확인 • 주변에서 재생 중인 노래 확인 • 사진 및 주변 사물 정보 확인	• 스마트 디스플레이에서 전화 걸기 • 스마트 디스플레이에서 화상 통화 걸기 • 시계에서 구글 어시스턴트를 사용하여 메시지 보내기 • 전화를 받을지 여부 선택하기

   단순하게 이런 요청을 하는 것 외에 구글 어시스턴트에는 반복되는 일상을 도와주는 루틴 기능이 부가적으로 들어가 있다. 어시스턴트의 설정에 들어가면 루틴 설정이 있고 여기에서 작업을 선정하면 다양한 상황에서 특정 작업을 자동으로 수행하게 할 수 있다. 예를 들어 아침에 알람이 울리면 알람 후 날씨를 알려주고 이어서 뉴스가 나오게 할 수 있다. 퇴근하여 집에 와서 "헤이 구글, 나 왔어."라고 외치면 자동적으로 조명을 켜고 음악을 틀어줄 수 있다. 자기 전에 "오케이 구글, 굿나잇."이라 말하면 내일 아침 날씨와 알람을 몇 시로 할지 물어본 뒤 여름날 귀뚜라미 소리를 들으며 잘 수 있다.

   집에 여러 대의 구글 홈 스피커가 있는 경우라면 더욱 다양한 활용이 가능하다. 방송^{broadcast}기능이 있기 때문이다. 현재 기본적인 명령어로 들어가 있는 것은 'Wake up, Breakfast, Lunch, Dinner, Time to leave, On the way, TV time, Bed time' 등이고 나머지 명령들은 목소리를 녹음한 것을 그대로 재생해 준다. 예를 들어 부엌에서 요리를 다 마친 부모님이 자녀들에게 저녁 먹으러 오라고 해야 하는 상황이라면 크게 부를 것 없이 "헤이 구글, 'Broadcast/ Shout/Tell everyone/Announce' 저녁 차렸어."라고 말하면 연결된 모든 스피커에서 명령한 내용이 방송이 된다. 나는 퇴근길에 집 근처에 도달하면 "오케이 구글, Broadcast Daddy is going home."이라고 스마트폰에 이야기한다. 그 후 집안 곳곳의 구글 홈 미니 스피커와 스마트 디스플레이에서 아빠가 집에 가고 있다는 것이 방송된다. 집에서 숙제하거나 쉬고 있던 아이들에게 깜짝 놀랄 소식이 스피커에서 들려오는 것이다. 그리고는 집안 곳곳에 숨기 시작한다. 내가 문을 열고 들어가면 숨바꼭질이 시작되는 것이다. 디지털 기술이 많아지면 사회는 각박해질 것으로 생각하지만, 이것은 새로운 놀잇감이다. 결국은 사람과 사람의 관계, 아날로그적인 감성들이 더욱 두드러지는 듯하다. 우리 집은 구글 홈 스피커가 생긴 뒤 더욱 많은 이야기가 오가게 되었다. 수다쟁이에 모르는 것이 없는, 그리고 때로는 너무 쉬운 것도 잘 못 알아듣는 매력이 있는 새로운 손님이 한 분 집에 와 계시기 때문이다. 구비서님 말이다.

콘텐츠를 누군가가 만들어 제공하기를 바라지 말고 직접 생산하고 유통하는 주체가
되어보자. 유튜브의 파급력이라면 나만의 콘텐츠가 인생을 바꾸어 놓을 수도 있다.

episode

1 2

소비자가 아닌
창작자로,
유튜브 크리에이터

소비자가 아닌 창작자로,
유튜브 크리에이터

 유튜브 천하가 멀지 않았다. 동영상 앱 시장에서는 기타 시장 모두를 합해도 대적할 수 없는 절대 강자가 되었고 스마트폰 전체 사용 시간에서도 카카오톡보다 더 높은 비중을 차지하고 있다. 놀라운 것은 그 성장속도이다. 이러다가는 몇 년 안에 토종 앱들은 고사할지 모른다는 이야기까지 나오고 있다. 망 중립성 하에서 외국계 동영상 앱인 유튜브나 넷플릭스^{Netflix}만 혜택을 보고 있다고 이야기한다. 물론 제도적인 부분에 의한 혜택도 분명히 있겠지만, 유튜브가 가진 강력한 매력을 제대로 파악한다면 이것은 단순 제도만의 문제는 아님을 알아야 한다. 유튜브는 일단 그 누구도 넘볼 수 없는 콘텐츠를 확보하고 있다. 그리고 그 안에는 수많은 콘텐츠 제공자들이 스스로 동기부여를 하여 콘텐츠를 만들어 내고 있다. 이런 환경을 만들어 내는 유튜브의 정책들을 살펴보면 정말 기가 막힌다는 생각이 들 정도로 많은 배려가 들어가 있다. 나 역시 현재 수천 명의 구독자를 보유한 유튜브 크리에이터가 되었다. 이렇게 유튜브 채널의 운영에 대한 관심으로 시작하다 보니 어느새 이렇게 구독자가 늘었는데 그러다 보니 유튜브의 생태계에 대한 어느 정도의 이해를 하게 되었다. 이렇게 채널을 본격적으로 운영한 지 1년이 되었고 그 결과 모든 이들이 1인 1채널을 운영해야 한다는 국내 유명 유튜브 크리에이터 대도서관의 의견에 100% 공감하고 있다.

대도서관도 언급했지만, 남들이 한때 주식으로 한 몫 챙겼다거나 비트코인으로 떼돈을 벌었다는 이야기에 잘 다니던 회사 때려치우고 빚내서 주식과 비트코인을 시작하는 마음으로 유튜브를 해서는 안 된다고 말한다. 나 역시 공감한다. "유튜브 게임 방송을 해서 한 달에 1억씩 벌어요."라는 누군가의 기사를 보고 그때부터 회사에 사표를 내고 유튜브만 해서는 성공할 수 없다는 뜻이다. 여기에도 파레토의 법칙이 적용된다. 유튜브는 철저하게 자신의 본업을 두고 별도로 진행할 때 빛을 발하는 것으로 생각한다. 본업보다는 취미로 올리는 콘텐츠가 더욱 열광 받는 기묘한 플랫폼이다. 게다가 내가 올린 동영상 20%의 효자 동영상이 실제 동영상 시청 시간과 광고 수익의 80%를 차지한다. 제아무리 좋은 콘텐츠로 만들어도 사람들이 보지 않으면 도저히 방법이 없다. 정말 열심히 만들고 이건 완전히 모두가 사랑할 수밖에 없을 것으로 생각한 영상은 전혀 반응을 받지 못하는 경우가 많다. 소위 어깨에 힘이 들어갔기 때문이다. 도대체 이 파레토의 법칙은 이토록 강력하게 우리의 인생을 지배하는지 모르겠지만, 여하튼 이 법칙은 유튜브에서도 분명히 의미가 있다. 문제는 어떤 동영상이 황금의 20%가 될지 알 수 없다는 점이다.

싸이의 강남 스타일 동영상을 유튜브에 올리면서 그 누구도 그 동영상이 전 세계를 휩쓸 거대 콘텐츠가 될 것이라고는 꿈에도 생각하지 않았을 것이다. 저스틴 비버도 아닌 40대 중년 남성이 놀이터에서 선탠을 하고 말춤을 추는 것이 어떻게 외국 시청자들의 마음을 그토록 사로잡았는지 그 누구도 설명할 수 없다. 래리 페이지조차 투자자들과의 분기별 회의에서 싸이의 강남 스타일 영상을 언급하며 이 영상에서 미래를 본다고 말한 바 있다. 이처럼 동영상을 시청하는 온라인 사용자들은 형체도 없고 뚜렷한 취향도 없다. 그때그때 살아 숨 쉬는 존재이다. 그러다 보니 전략적으로 동영상을 만들어서 올리기는 참으로 어렵다. 그저 꾸준히 동영상을 올리고 그러다 보면 그 중 20%가 자연히 추려진다는 것이 맞을 것 같다. 그렇기에 회사를 때려치우고 유튜브만 해서는 결코 다양한 분야의 동영상을 여유롭게 찍기가 어렵다. 쉽게 좌절하고 혈압이 올라 뒷목을 붙잡게 될 가능성이 크다. 뜻대로 잘 안 된다는 뜻이다. 주식 차트만 들여다보면서 한숨만 쉬는 전업 개미투자자와 비슷한 모습이다. 올바른 주식투자는 우량주를 산 뒤 수면제를 먹고 푹 자는 것이라고 하지 않던가. 유튜브 역시 찍어서 올려 두고 푹 자는 것이 옳을 듯하다.

우리는 살아가면서 많은 것을 배우고 수 없는 경험과 지식을 얻는다. 예전에는 이것을 책으로 내거나 강의를 하지 않고는 전달하기가 어려웠다. 그렇기에 전 세계에서 수십 수백 수천만의 시간 동안 고수들이 습득한 노하우들이 전달되거나 전승되지 못하고 사라져버렸다. 하지만 유튜브를 이용하면 이야기가 달라진다. 나는 어떤 의미에서 유튜브야말로 무형 문화재가 되어 유네스코에서 보존해야 할 인류 문화재로 지정할 날이 얼마 남지 않았다고 본다.

우리는 반 고흐의 그림, 혹은 렘브란트의 대작을 보며 왜 감탄할까? 바로 그 작품 속에 화가의 시간이 어느 정도 녹아 있기 때문이다. 컬러 레이저 프린터로 바로바로 찍어내지 않는 한 그림을 그리는 동안 화가는 어쩔 수 없이 그림 앞에 반드시 앉아 있어야 하고 일정 시간 이상을 그림 앞에서 보내야 한다. 그러기에 그의 작품을 보면 자연스레 그가 그림에 들인 시간을 떠올리게 되는 것이다. 세월은 흘렀고 이미 그 작품의 주인은 사라졌지만, 여전히 남아있는 작품을 보며 시간을 초월하여 그 시간을 공유하는 소름 돋는 경험을 할 수 있기에 미술작품을 보며 우리는 경탄하는 것이다.

유튜브도 마찬가지이다. 일정 시간만큼의 동영상 시간만큼 그리고 그 시간 이상만큼의 편집 시간도 들어간다. 참고로 자막은 반드시 들어가야 한다. 최근 들어 페이스북 같은 경우 소리 없이 영상만 보는 경우가 80%에 달한다는 보고가 있다. 영상에 자막을 넣지 않아서는 안 되는 이유다. 자막 작업은 정말 긴 작업시간을 요구한다. 그 영상 속의 주인공은 그의 시간을 봉인해 넣는 것이고 그 영상의 내용에 따라 조금 다를 수는 있겠지만 우리는 아주 소중한 인생의 지식을 얻고 그의 호흡을 느낄 수 있다.

유튜브를 통해 가망 없는 백수에서 모든 이들이 선망하는 유튜브 크리에이터의 대부로 성장한 대도서관의 저서 《유튜브의 신》.

나는 가끔 이런 생각을 한다. '내가 이렇게 구글 툴을 이용해서 열심히 살다가 나이가 들어 죽게 되면 구글 아이디와 비밀번호가 자식에게 남을 텐데 내 삶 그 자체를 남겨주는 것과 큰 차이가 없지 않을까?'라고 말이다. 영화 〈슈퍼맨〉에서 클락 켄트는 외계 행성 크립톤에서 캡슐을 타고 지구로 보내졌다. 부모와 떨어져 혼자 왔지만, 슈퍼맨은 그의 아버지인 조엘과 힘들 때면 만나서 이야기할 수 있다. 조엘의 살아생전 모습과 그의 의식이 업로드 되어 있기 때문에 마치 살아있는 조엘처럼 이야기할 수 있다. 그 정도까지는 아니겠지만 이렇게 자녀에게 남긴 아이디와 비밀번호를 통해 열린 클라우드 속에는 내가 남긴 일기^{구글 킵}, 찍은 사진과 동영상^{구글 포토}, 이동한 지역^{구글 맵스 타임라인}, 노하우와 철학들^{유튜브}, 각종 글^{구글 독스} 등이 남아있을 것이다. 이를 통해 자식들은, 그리고 그 자식의 자식들도 이 자료들을 통해서 나를 직접 보고 느낄 수 있을 것이다. 이러한 발상은 천재 인공지능 과학자가 자신의 정신을 온라인상에 업로드한다는 영화 〈트렌센던스^{Transcendence}〉에서도 제시된 바 있다. 사실 할아버지나 증조, 고조 할아버지는 대개 흑백사진 한두 장으로 남아 있는 것이 대부분이었던 우리 세대를 생각한다면 정말 큰 변화가 아닐 수 없다. 구글이라는 회사가 얼마나 더 오래 존재할지는 몰라도 분명히 이 자료들은 구글이 존재하는 한 클라우드 상에 계속 남아있을 것이고 나의 자손들은 언제 어디서나 내 모습을 보고 내가 가진 지혜를 통해 삶의 조언을 얻을 수 있을 것이다. 그런 의미에서 우리 삶의 순간들을 온라인상에 올린다는 것은 중요한 의미가 있다. 유튜브가 꽤 오랜 시간 잘 유지될 수밖에 없는 이유이기도 하다.

만일 구글이라는 회사가 없어지게 되는 최악의 순간이 오더라도 구글에서는 클라우드 상에 올라간 자료들을 모두 내려받을 수 있는 구글 테이크아웃^{Google Takeout}이라는 서비스를 제공하고 있다.

구글 테이크아웃에서 내려받을 자료를 설정하는 화면

성별과 나이를 가리지 않는 유튜브

유튜브가 대단한 플랫폼인 이유 중의 또 하나는 나이나 성별을 가리지 않는다는 것이다. 소위 경단녀경력단절녀들 중에서는 다시 직장 생활이 쉽지 않음을 알기에 일찍이 유튜브 채널 운영자로 제2의 커리어를 시작하는 경우가 있다. 뷰티 테마에는 이미 수없이 많은 외국 팬들을 거느린 여성 유튜버들이 존재한다. 이는 어린아이들에게도 마찬가지다. 어린 아이들이 뭘 하겠냐 싶겠지만 수십만 구독자를 거느린 키즈 크리에이터들이 트렌드를 주도하고 있다. 유튜브 수익 10위권에는 장난감을 리뷰하는 어린 크리에이터들이 항상 존재한다. 물론 이에 관한 여러 가지 우려도 분명히 존재한다. 하지만 여기서 놓치지 말아야 할 것은 우리에게 주어지는 툴과 플랫폼들이 예전에는 상상할 수조차 없었던 규모라는 것이다. 국내 키즈 크리에이터가 만일 영어로, 중국어로 진행할 수 있다면 수백만, 수천만 구독자를 거느릴 수도 있고, 아이들의 작은 운동이 세계적인 임팩트를 가진 운동으로 만들어질 수도 있다.

삼국지에서 우리가 보던 바로 그 위, 촉, 오 시절에 살았던 왕필[AD 226~249]이라는 철학자 겸 작가가 있었다. 23살까지 살다 죽은 것으로 기록이 되어 있는데 그의 나이를 따져 보면 불과 16살에 노자 도덕경을 주석한 것으로 알려졌다. 20살에는 주역을 주석하였고 이 저서들은 현재 모두 최고의 서적으로 꼽히고 있다. 어린 시절부터 연주여행을 다니며 이미 10세 전부터 교향곡을 썼던 모차르트는 어떠한가? 이 외에도 어려서부터 천재적인 업적을 남긴 경우들이 많다. '어리다고 놀리지 말아요!' 가사가 생각나는 순간이다.

예전의 마차를 상상해 보자. 앞에는 말이 있고 뒤에는 마차가 매여 있다. 승객이 마차를 타면 마부에게 목적지를 말한다. 그럼 마부는 좋고 빠른 길을 선택해서 편안하고 신속하게 목적지에 승객을 내려준다. 이것이 프로세스였다. 세월이 흘렀다. 마침내 증기기관 그리고 엔진과 모터가 개발되었다. 말의 힘에 필적하는 심지어는 말의 힘의 몇 배로 강력한 힘을 내는 엔진이 등장한 것이다. 이제 말 대신 엔진을 사용하는 시대가 되었다. 자, 생각해보자. 과연 우리는 엔진을 말의 자리에 두고 마차를 업그레이드했을까? 그렇지 않다. 엔진에 바퀴를 달고 그 위에 바로 승객이 올라타는 형태로 자동차를 개발하였다. 승객이 엔진을 조절하여 자기가 가고 싶은 곳으로 직접 가는 형태가 된 것이다. 곰곰이 생각해보면 누군가 한 명이 사라졌다. 누구일까? 바로 마부이다. 이제 마부의 설 곳이 없어졌다.

말 대신 엔진이 등장하였다고 말의 위치에 두지는 않았다. 엔진 위에 승객이 직접 올라타고 가고 싶은 곳으로 운전해서 가는 형태로 바뀐 것이다. 그 와중에 마부가 사라지게 된다.

오늘날의 학교도 마찬가지이다. 예전에는 학생들이 교사로부터 가르침을 받았다. 교사가 마부였고 마부에게 모든 것을 맡기고 수동적으로 앉아서 듣고만 있었던 것이다. 하지만 이제 인터넷, 유튜브, 노트북, 스마트폰 등의 '엔진'이 학생들 손에 들려졌다. 더는 마부의 도움 없이도 스스로 운전을 해서 자기가 가고 싶은 곳으로 갈 수 있게 된 것이다. 교사는 마부로서의 역할은 끝났다. 그러나 이제는 코치로서, 가이드로서 학생들의 지적 여정을 곁에서 도와주는 역할로의 변이가 일어나야 한다. 이러한 기술의 혁신은 아이들이라 하여 멍하니 수업만 듣고 앉아 있는 것이 아닌 스스로 창조하고 이를 주도하는 주체로 만들어 줄 수 있게 된 것이다.

단순하게 주어지는 지식을 받아들이고, 졸업하고 나서야 자신의 일을 찾기 시작하던 모습은 이제 바뀌고 있다. 20년 동안 열심히 공부해서 국문학과를 간 뒤에 국문학자가 되는 세상은 더는 존재하지 않는다. 졸업은 국문학과였지만 첫 직장은 영어학원이 될 수 있고 또한 그 직장이 평생직장이 된다는 보장도 없다. 이제는 평생 여러 개의 직업을 가져야 하는 세상이 오고 있다. 아 혹시 이것은 저주는 아닐까? 여하튼 주어진 환경에 맞게 유연하게 업종 변경을 하고 필요한 지식을 습득하고 이를 통해 콘텐츠를 스스로 창출할 수 있는 수준까지 올라가야 하는 능력이 요구되는 사회가 오고 있다.

　이러한 시대를 맞을 준비가 되어 있는가? 이제 유튜브를 1인 1채널로 운영해야 하는 이유가 명확해졌다. 자신의 주업은 현재의 주업이다. 하지만 이것은 언제 또 바뀔지 모른다. 끊임없이 바뀌는 사회에서 자신의 직은 바뀔 수 있지만 업은 꾸준할 것이다. 본업은 직이요 유튜브는 업이 될 수 있지 않을까? 업으로서의 삶을 추구하기에 유튜브만큼 편하고 강력하며 확실한 리워드가 있는 플랫폼은 없을 것이다. 그렇기에 우리는 한동안 유튜브가 세상을 주도하는 모습을 보아야만 할 것이다. 바라볼 것인가, 올라탈 것인가? 이것은 독자의 몫이다.

유튜브 라이브 방송하기

유튜브를 이용하면 누구나 생방송을 할 수 있다는 사실을 많은 분이 잘 알지 못한다. 스마트폰에 깔린 유튜브 앱이 단순히 뮤직비디오를 보고 웃긴 영상만 볼 수 있는 도구라고 알고 계셨다면 정말 많은 세상을 놓치고 계신 것이다. 우리는 살다 보면 유튜브 크리에이터로서, 아니면 그냥 소시민으로서 "어머 이건 공유해야 해!"하는 순간을 접하곤 한다. 광화문에서 집회 현장을 보거나, 믿어지지 않는 자연재해를 접했거나, 아니면 평소에 너무나도 존경하던 분의 강의를 듣게 되었다거나. 이 소중한 순간을 나누고 다른 이들에게 현장의 생생함을 전달하고 싶다면 스마트폰을 꺼내 유튜브 앱을 열어보자. 라이브 방송을 손쉽게 할 수 있는 노하우를 공개한다. 물론 유튜브에 자신의 채널을 미리 개설해 두고 라이브 스트리밍 기능을 활성화해야 한다. 이것은 유튜브 크리에이터 채널에 들어가서 가능하다.

↑ 유튜브 앱에서 상단의 카메라 버튼을 누르면 라이브를 시작할 수 있다.

영상을 촬영만 할 것인지, 라이브 스트리밍을 할 것인지 아니면 포스팅을 할 것인지 선택할 수 있다. 라이브 방송을 위해서 라이브 기능을 선택했다.

소비자가 아닌 창작자로, 유튜브 크리에이터

↑ 방송의 제목을 입력하고 바로 공개할 것인지 특정 링크를 가진 시청자들에게만 공개
할 것인지 선택하고 위치 정보를 입력한다.

영상의 섬네일^{Thumbnail}이 될 이미지를 촬영한다. 유튜브의 특성상 섬네일을
보고 영상을 볼지 말지 결정하는 경우가 많으므로 매력적인 섬네일을 올리는
것이 중요하다.

↑ 방송을 시작한다. 좌측 상단의 라이브 아이콘이 생방송 중임을 표시하고 현재 몇 명
이 시청하며 몇 명이 [좋아요]를 눌렀는지 표시해 준다. 하단의 버튼에서는 [셀카/전
방카메라 전환], [댓글], [필터 부여], [공유 및 부가 기능] 선택을 할 수 있다.

이렇게 인터넷만 되는 환경이라면 이제 누구나 전 세계에서 특파원이 될 수
있는 시대가 되었다. 이것이 무엇보다 매력적인 점은 일방적인 방송이 아닌 댓
글을 통해 실시간 대화가 가능한 채널이라는 점이다. 예전에는 몹시 복잡한
장비가 필요했지만, 파괴적 혁신을 통해 이제 우리는 그 누구나 유튜브 크리
에이터로 라이브 방송을 송출할 수 있게 되었다.

소비자가 아닌 창작자로, 유튜브 크리에이터

멋져 보이는 제임스 본드 대신 주머니칼 하나로 인류를 구원하는 맥가이버가
살아남는 시대가 되었다.
그 어떤 상황에서도 임기응변과 뛰어난 지식으로 문제를 해결하는 능력은 현대
사회에서 가장 중요한 기술이기 때문이다.

episode

1 3

맥가이버
vs
007

　　어린 시절 좋아했던 스크린 속 주인공이 있다. 하나는 모든 남성의 로망이었던 비밀 요원 제임스 본드, 007이다. 영국 첩보부 MI6 소속의 007은 살인 면허를 가진 스파이로서 매 미션마다 거대한 스케일의 사건들을 해결하곤 한다. 그 외모나 액션도 대단했지만 어린 마음에 가장 부러웠던 것은 Q라 불리는 박사가 제공해 주는 특수 장비들이었다. 레이저가 나오는 시계, 폭탄이 되는 만년필, 물속으로 갈 수 있는 자동차 등등. 매번 미션을 받고 기지를 떠날 때마다 Q는 말도 안 되는 최첨단 기기들을 007에게 주는데 영화를 보는 내내 과연 언제 제임스 본드가 비밀 무기를 이용해서 멋지게 위기를 탈출하는지를 기다리는 것이 나의 큰 즐거움이었다. 물론 본드는 온갖 위협과 위기에 몰려서도 내 기대를 저버리지 않고 특수 장비들을 이용해 멋지게 위기를 탈출했다. 매 미션 때마다 번번이 비밀무기와 최신식 자동차를 박살 내고 귀환하여 Q에게 잔소리를 듣지만, 거침없이 웃어넘기는 그 모습이 얼마나 멋졌는지.

영화 <007>의 역대 제임스 본드들. 그 어떤 위기도 거뜬히 이겨낸다. 최첨단 특수 장비와 함께! (출처: comicvine. gamespot.com)

반면 TV 드라마 속 맥가이버는 어떠한가? 항상 청바지 주머니 속에는 주머니칼 하나 그리고 먹다 남긴 초코바, 껌조각, 종이 클립 몇 개뿐이다. 싸움도 잘하지 못하고 한 대 때리고 나면 주먹이 아파 어쩔 줄 모른다. 하지만 어마어마한 경비로 둘러싸인 요새든, 기관총으로 중무장한 경비가 지키는 감옥이건 간에 그에게는 아무런 장애가 되지 않는다. 물리, 화학, 전기공학 등의 지식으로 무장된 그는 주변의 사물을 십분 활용하여 초코바와 바나나를 합하고 은박지로 싸고 세제를 부어주면 강력한 폭탄이 되기도 하고 합성세제와 날계란을 섞어 전자레인지에 돌리면 시한폭탄이 되기도 한다. 이 조합이 실제로 작동하는지는 잘 모르겠다. 오로지 주머니칼 하나만 있으면 최첨단 전기 방어 장비도 손쉽게 통과한다. 007이 사용하던 특수 장비들이 무색해지는 순간이다.

맨몸으로 적진으로 뛰어들어가고서 주머니칼과 주변 환경을 이용해서 뚝딱뚝딱 폭탄을 만들어 내는 맥가이버 (출처: <맥가이버> ⓒABC)

프랑스어에는 브리콜라주^Bricolage라는 단어가 있다. 이는 '여러 가지 일에 손대기' 또는 '수리'라는 사전적 의미가 있는데 이것은 프랑스의 인류학자 클로드 레비스트로스^Claude Lévi-Strauss가 그의 저서 ≪야생의 사고^The savage mind≫에서 사용한 문화 용어로 알려졌다. 이 개념은 신화와 의식으로 가득 찬 부족 사회 시절의 지적 활동이 어떤 형태였는지를 설명하는 용어로 사용되는데 아마도 한정된 자료와 도구를 가지고 부족의 생존을 책임져야 했던 브뢰콜뢰르^Bricoleur, 손재주꾼들은 아마도 오늘날 맥가이버의 조상에 해당하는 것 같다. 또한, 앞으로 다가올 미래 사회에서 요구되는 인재상이기도 하다.

007이나 맥가이버는 영화상에서 둘 다 나름의 스타일대로 문제를 해결하지만 중요한 것은 미래 사회에 있어서는 007보다는 맥가이버가 더 필요한 인재라는 점이다. 지금의 초등학생들이 사회에 나갈 10년 뒤에는 과연 어떤 사회가 펼쳐질지 상상하기가 어려운 시대이다. 불과 몇 년 전까지만 해도 클라우드 서버 관리자라는 직업은 존재하지 않았다. SNS 마케팅도 없었다. 드론 경기 선수도 없었다. 유튜브 크리에이터도 없었다. 기술의 발전과 로봇, 인공지능의 도입, 전산화에 따라 몇몇 직업이 없어지기는 했지만, 분명히 대신 새로운 직업이 생긴 것은 확실하다. 아니 직업Job은 없어지지 않을지라도 최소한 업무Task는 없어지고 변하고 있다.

그 누구도 어떠한 기술이 10년 뒤에 우리 사회를 주도하게 될지 예측하기 어렵다. 마치 7080세대가 영어 공부에 열광하고 열성을 보였듯 지금은 코딩이 열풍이다. 하지만 조금만 지나면 또 어떤 기술이 요구될지 알 수 없다. 세상은 이제 아주 복잡하게 바뀌었고 모호함으로 가득 차게 되었다. 이 험한 세상에 국영수를 열심히 암기만 해서 나가기에는 너무나 불안한 시대가 되었고 차라리 맥가이버처럼 주머니칼 하나만 있으면 그 어떤 적, 그 어떤 환경에서건 살아남을 수 있도록 준비가 되어야 한다. 어떤 문제가 어떤 방식으로 시대를 흔들어 놓을지 그 누구도 모르기 때문이다. 앞서 언급한 21세기에 요구되는 미국 교육부가 제시한 4C를 갖춘 인재로 성장해야 한다. 유연한 사고로, 창의적으로, 지식을 십분 활용하고 응용하고 주변 전문가들과 협력하고 교류하며 문제를 분석하고 프로젝트에 대처할 수 있어야 한다. 바로 여기에 성공 여부가 달렸다.

4C가 모두 이미 완벽하게 구현된 구글의 도구들

재미있게도 4C가 가장 잘 구현된 것이 바로 구글의 툴이다. 구글 독스 등의 오피스 문서들은 모두 동시 작업이 가능한 협업에 최적화되어 있다. 바로 협업Collaboration이다. 또한, 유튜브와 같은 플랫폼은 사용자의 창의적인 결과물들을 공유할 수 있는 장이 되고 있다. 자신의 창의성Creativity를 마음껏 선보일 수 있는 공간이다. 구글 행아웃, 구글 밋Google Meet, 구글 잼보드Google Jam Board 등은 모두 원격에서도 편하게 소통Communication할 수 있도록 도와주는 도구이다. 예전과 같이 복잡한 장비와 기자재가 없이도 스마트폰 하나면 거의 딜레이 없이 고화질의 영상을 서로 주고받을 수 있다.

특히 구글 캘린더에서 일정을 형성하면 자동으로 구글 행아웃이 개설된다. 시간이 되어 알림이 뜨면 행아웃 링크를 클릭하면 바로 개설된 방으로 들어갈 수 있다. 링크에 들어오는 순서대로 회의가 시작된다. 시간이 되어 사람들을 불러 모으고 링크를 공유하고 하는 등의 번거로운 작업이 불필요하다.

마지막으로 구글 독스 등에서는 상대방의 작업에 댓글을 달 수 있다. 댓글을 통해 부족한 부분을 지적할 수 있는데 이 지적이 뜨는 대로 지메일로 연락이 간다. 또한, 제3자의 이메일을 적고 '플러스(+)'자를 앞에 넣어주면 그 댓글에 관해서 당사자가 소환되어 온다. 특히 이 중 한 명에게 할당이라는 역할을 걸게 되면 그가 컨펌을 하기 전까지는 그 댓글이 처리되지 않고 활성화되어 있다. 서로의 글을 마음대로 분석하고 수정해 주면서 비판적 사고Critical-thinking가 늘 수밖에 없다. 구글이야말로 우리가 나아가야 할 길을 정확히 짚은 듯하다.

구글 독스에서는 혼자 작업을 하는 것이 아니므로 댓글을 달아 피드백을 줄 수 있고 단 한 명을 지정하여 할당이라는 피드백을 주었을 때 그 사람이 [완료]를 누르기 전까지는 댓글이 사라지지 않는다.

　새로운 개념을 배우는 아이들의 모습을 살펴보자. 텔레비전이건 태블릿이건 스마트폰이건, 그들의 손에 잡히는 기구들은 이것저것 눌리고 만져지고 전원을 껐다 켰다 함을 반복하며 그들의 장난감이 된다. 조금만 크더라도 무언가 새로운 전자제품이 집에 들어오면 인터넷 블로그 등을 통해서 다른 이들의 사용 후기를 찾아내서 사용법을 찾아내곤 한다. 이러한 모습들은 내가 아버지에게 처음 PC의 사용법을 알려 드리던 20년 전과 정반대의 모습이다. 아버지가 전자 제품 앞에서 가장 조심스러워하셨던 순간은 엔터키를 누르는 순간이었다. 무언가 입력을 하고 엔터키를 누르게 되면 큰 변화가 발생하게 되는데 그 때문에 혹시라도 PC가 고장 나지 않을까, 작업한 것이 지워지지 않을까? 등의 걱정이 드셨던 것 같다. 하지만 디지털 네이티브 세대들에게는 이러한 조심스러움이나 두려움은 존재하지 않는다. 실시간으로 저장되는 파일들은 이제 문제가 생기면 히스토리History 기능을 통해 예전 파일로 돌아가면 되고, 파일이 날아가면 클라우드에서 다시 내려받으면 되며 만일 기기에 문제가 생기면 손쉽게 전원 버튼을 길게 누르고 있으면 공장 초기화가 되기 때문이다. 기술에 대한 두려움이 점차 없어져 가고 있다. 이것저것 시도하면서 숨겨진 기능을 찾기도 하고 새로운 아이디어를 얻기도 한다.

앞서 말한 대로 구글의 툴은 4C를 구현하기에 가장 적합하다고 생각한다. 우리는 도구를 만들고 구글의 도구를 사용함으로써 점차 4C를 몸에 익혀 가게 된다. 안타까운 점은 이러한 멋진 도구를 사용하시는 분이 많지 않다는 점이다. 전 세계에서 구글이 뚫지 못한 구글 청정 국가는 중국과 대한민국뿐이라고 한다. 구글의 혁신적인 업무 방식과 사고방식을 통해 일과 삶의 혁신을 함께 경험하실 수 있기를 간절히 소망하는 바이다. 내가 직접 그러한 경험을 했기 때문에 꼭 전파하고 싶은 메시지로서 이렇게 글을 쓰게 된 것이다. 궁극적으로 4C의 구현에 편리함을 경험하고 비판적 사고와 의사소통, 창의성과 협력을 통해 그 어떤 복잡한 문제도 척척 해결하는 맥가이버로 거듭날 수 있기를 기대해 본다. 매주 토요일 오후 우리를 설레게 하던 맥가이버의 멋진 모험들이 여러분의 삶 속에서도 가득하기를.

구글의 도구를 알아보기

구글 이노베이터로서 구글의 툴을 다양하게 잘 쓰는 것은 필수다. 하지만 이러한 툴을 주변에 전파하다 보면 의외로 많은 사람들이 이것에 대해 잘 모르는 것을 깨닫곤 한다. 이에 내가 속한 구글 에듀케이터 그룹 사우스 코리아에서는 자동차 배터리를 연결해서 시동을 걸어 주는 것처럼 점프 스타트^{Jump Start}라고 하는 프로그램을 운영하여 초보자들을 구글의 세계로 인도하고 있다. 프로그램은 시나리오 기반으로 하고 있는데 이것이 상당히 재미있다. 예시를 하나 들어보겠다. 어떤가? 쉽게 해결할 수 있겠는가?

시나리오 1. 지메일 활용

Task 1. 홍길동은 새로운 회사 활빈당에 취직하게 되었다. 활빈당의 대표인 임금님(king@gtrainer.jcpschool.com)에게 온 축하 메일을 찾고 중요 이메일로 별표 표시를 해라. 대표님이 첨부하신 그림 파일을 내려받아서 구글 드라이브 내 '업무' 폴더에 보관하자.

Task 2. 앞으로 임금님께 이메일이 많이 올 것 같으니 라벨을 새로 만들어 '업무'라고 표시하고 이번에 온 메일은 '업무'로 이동하여 보관하자. 효율적인 업무를 위해 라벨 관리에 들어가 방금 생성한 '업무' 라벨 아래에 하부 라벨로 '도술'과 '탐관오리 혼내기'를 추가하라.

Task 3. 임금님(king@gtrainerdemo.jcpschool.com)께 감사 메일을 보내고자 한다. 일단 '홍길동'의 서명을 만들어 보자. 그리고 다음에 제시된 문구대로 메일을 보내자. 혹시 메일의 내용에 실수가 있을 수 있으니 메일을 보내고 30초까지는 전송 취소가 될 수 있게 설정해보자.

제목: 충성! 충성!
본문: 새로운 신입 홍길동입니다. 임금님께 충성을 다하고 백성을 위하는 훌륭한 직원이 되겠습니다. 감사합니다.
서명: 홍 길 동 Gildong Hong
도술 매니저
gildong.hong@gmail.com
Office: 123 456-7890
조선 율도국 이상향 1번지

시나리오 2. 구글 독스 활용

Task 1. 업무 첫날 홍길동은 위키피디아에서 〈홍길동전〉에 대한 정보를 정리하여 〈All about 홍길동전〉이라는 구글 독스로 만들라는 임무를 받았다. 구글 드라이브에서 문서 파일을 만들고 위키피디아에서 홍길동 관련 정보를 찾아서 한 문단을 복사 후 '붙여넣기'를 하라.

Task 2. 위키피디아의 웹주소를 복사하고 홍길동전 문서에 '각주'로 입력하라.

Task 3. 홍길동전의 작가 허균에 대한 서술문을 다음과 같이 입력하고 마무리하려 하던 찰라 탐관오리들과 관군이 쳐들어왔다. 두 손으로는 전투에 임해야 하므로 주어진 자료 정리는 '입'으로 밖에 할 수 없는 상황이다. 음성인식 기능으로 다음 문장을 입력하라.

> 허균은 조선 중기의 문인으로 학자이자 작가, 정치가, 시인이었다. 서자를 차별 대우하는 사회 제도에 반대하였으며, 작품 ≪홍길동전≫이 그의 작품으로 판명되면서 널리 알려졌다.

Task 4. 이후 이 문서를 임금님(king@gtrainerdemo.jcpschool.com)에게 공유하고 다음 메시지를 첨부하라.

> 임금님. 주신 명령을 완수하였습니다. 문서를 검토하여 주시면 전국 방방곡곡에 전파하겠나이다.

시나리오 3. 구글 슬라이드 활용(구글 트레이너 박준형 선생님 제공)

홍길동은 활빈당에서 많은 공적을 쌓아 승진시험을 치르게 됐다. 활빈당의 위대한 두 멘토 율곡 이이 선생과 퇴계 이황 선생의 시험을 통과하려면 많은 준비가 필요하다.

Task 1. 활빈당 승진시험을 대비하여 기출문제 분석집을 제작하려고 한다. 새로운 구글 슬라이드를 만들어 이름을 '활빈당 기출분석'이라고 입력하라. 첫 번째 슬라이드의 배경색을 바꾸고 워드아트를 활용하여 '활빈당 기출분석'이라는 타이틀을 꾸며라.

Task 2. 활빈당 승진시험에서 가장 중요한 기출문제는 '율도국'이다. 두 번째 슬라이드를 추가하여 '제목 및 본문^{title and body}' 레이아웃을 적용하고 타이틀에는 '율도국'을 입력하라. 탐색기능으로 '율도국'을 검색하면 나오는 맨 위의 검색결과를 클릭하고 율도국과 관련된 내용을 복사하여 텍스트 박스에 붙여 넣어라. 또한, 율도국으로 추정되는 '제주도^{jeju island}'의 이미지를 검색하여 삽입하라.

Task 3. 활빈당의 대표인 임금님의 업적도 주요 기출문제이다. 세 번째 슬라이드를 추가하여 '제목만^{Title only}' 레이아웃을 적용하고 타이틀에 '세종대왕'을 입력하라. 동영상 삽입 기능으로 유튜브에서 '세종대왕'을 검색하여 관련된 영상을 삽입하고 비디오 옵션에서 자동재생 기능^{Autoplay when presenting}을 설정하라.

Task 4. 구글 드라이브에서 '활빈당 승진시험 준비'이라는 구글 슬라이드를 찾아서 사본을 만들고 동료와 함께 연습할 수 있도록 수정 가능한 공유링크를 생성하라. 또한, 최근에 승진시험을 통과한 국제사업부의 해리(harry@gtrainerdemo.jcpschool.com)가 연습시합을 관전할 수 있도록 보기권한을 부여하라.

이렇게 시나리오를 통해 구글의 기본적인 솔루션들(드라이브, 문서, 시트, 슬라이드, 지메일, 행아웃)을 배우고 가장 기본적인 활용법을 익히는데 그 핵심 제목들만 보아도 아마 큰 도움이 되실 듯하여 체크리스트로 정리해 보았다. 자신이 어느 정도를 사용하고 있는지 한번 체크리스트처럼 점검해 보기 바란다. 만일 절반 이상 활용하고 있다면 이미 4C에 어울리는 삶을 사는 것이다.

구글 도구 활용도 체크해보기

⋮ 구글 드라이브 활용도 체크리스트 ⋮

1.1 파일 관리법

- □ 복사
- □ 휴지통으로 이동
- □ 하드 드라이브로 내려받기
- □ 하드 드라이브에서 업로드 하기

1.2 폴더 만들고 다루기

- □ 이동
- □ 이름 변경
- □ 삭제
- □ 하드 드라이브에서 폴더 업로드 하기

1.3 파일 찾기

- □ 검색
- □ 최근 파일들
- □ 나와 공유된 파일
- □ 디바이스 동기화

1.4 디스플레이와 설정 변경

- □ Grid/리스트 보기
- □ 파일/폴더 세부 사항
- □ 오프라인 접근
- □ 알림 내용 추가, 파일 삭제
- □ 폴더 활동 예, 최종 수정 날짜

1.5 파일 폴더 공유하기

- □ 내 드라이브로 이동
- □ 소유자 지정 및 변경
- □ 권한 설정 폴더: organize, add, edit; view only; Docs: edit, comment, view
- □ 공유 알림
- □ Web으로 발행

⋮ 지메일 활용도 체크리스트 ⋮

2.1 맞춤형 설정

- □ 휴가 자동 공지 알림
- □ 데스크톱 알림
- □ 언어 및 디스플레이 설정

2.2 받은 편지함 다루기

- □ 필터 적용 및 주소 막기
- □ 메시지 보관
- □ Mute
- □ 다수의 받은 편지함 만들기

2.3 연락처 만들고 교류하기

- □ 메일 작성, 회신/모두 회신/전달, CC, BCC
- □ 채팅 시작하기
- □ 비디오 콜 시작하기
- □ 첨부 또는 링크로 파일 공유하기
- □ 그림 삽입

2.4 메시지 찾기

- □ 받은 편지함 검색하기
- □ 보낸 편지함
- □ Drafts

2.5 지메일 오프라인 사용법

- □ 오프라인에서 메일 읽기
- □ 오프라인에서 메일 보내기

행아웃 미팅 활용도 체크리스트

3.1 행아웃 예약하기

- □ 캘린더에서 행아웃 생성하기
- □ 함께한 사람 초대하기
- □ 참고한 파일 추가하기

3.2 행아웃 시작하기

- □ 채팅방에 친구 초대하기
- □ 링크 공유하기

3.3 행아웃 중에 화면 공유하기

- □ 내 화면 공유하기

3.4 소리, 비디오, 인터넷 밴드역 조절하기

- □ 마이크 묵음
- □ 카메라 끄기
- □ 밴드역 줄이기
- □ 채팅하기
- □ 다른 사용자 묵음 변경하기
- □ 사용자 퇴장시키기

구글 문서 활용도 체크리스트

4.1 페이지 설정하기

- □ 페이지 크기, 방향, 색상 조절
- □ 각주, 미주, 페이지 번호 넣기
- □ 목차 넣기

4.2 비언어적 자료 넣기

- □ 이미지
- □ 표
- □ 외부 링크
- □ 문서 내 링크 넣기
- □ 북마크

4.3 텍스트 속성 바꾸기

- □ 폰트 선택하기
- □ 폰트 크기
- □ 텍스트 색상, 하이라이트 하기
- □ 본드, 이탤릭, 언더라인

4.4 텍스트 블록 설정하기

- □ 단락 스타일
- □ 정렬 및 들여쓰기
- □ 줄 간격
- □ 열 선택
- □ 번호 매기기

4.5 내용 검사하기

- □ 스펠링 검사
- □ 단어 사전

4.6 표 삽입 및 수정

- □ 표 만들기/지우기
- □ 행/열 넣고 지우기
- □ 표 속성 다루기

4.7 구글 문서 공유하기

- □ 댓글
- □ 편집
- □ 제안
- □ 수정 히스토리

4.8 파일로 내려받기

- □ PDF로 다운 받기
- □ 사본 만들기

구글 시트 활용도 체크리스트

5.1 값, 행, 열 다루기

- ☐ 추가
- ☐ 삭제
- ☐ 열 고정

5.2 시트와 셀 설정

- ☐ 볼드, 이탤릭
- ☐ 셀 병합
- ☐ 텍스트 줄바꿈
- ☐ 채우기 색상
- ☐ 테두리
- ☐ 데이터 확인
- ☐ 정렬
- ☐ 글꼴
- ☐ 글꼴 크기
- ☐ 서식
- ☐ 화폐 단위
- ☐ 삽입, 삭제, 복사, 붙여넣기, 이름 바꾸기

5.3 비 텍스트 대상체 삽입하기

- ☐ 차트
- ☐ 이미지
- ☐ 링크
- ☐ 설문
- ☐ 도형

5.4 함수 사용하기

- ☐ Function list
- ☐ SUM
- ☐ AVERAGE
- ☐ MIN
- ☐ MAX
- ☐ COUNT
- ☐ COUNTIF

5.5 데이터 다루고 변환하기

- ☐ Conditional formatting
- ☐ Naming, sorting, protecting sheets, ranges
- ☐ 필터 생성
- ☐ Data validation
- ☐ Sheets 보호
- ☐ 차트 생성, 수정

5.6 구글 시트로 협업하고 공유하기

- ☐ 댓글
- ☐ 수정 히스토리
- ☐ 파일로 내려받기

5.7 다른 파일 유형 불러오기, 수정하기

- ☐ (.csv) 파일
- ☐ (.xls) 파일

구글 슬라이드 활용도 체크리스트

6.1 프리젠테이션 만들기

- ☐ 추가, 복사, 삭제
- ☐ 레이아웃, 테마 적용
- ☐ 발표자 노트
- ☐ 애니메이션 생성
- ☐ 슬라이드 복사 및 붙여넣기
- ☐ 대상에 맞게 조절하기
- ☐ 슬라이드 링크

6.2 텍스트 다루기

- ☐ 텍스트 블록 입력
- ☐ 폰트 선택하기
- ☐ 폰트 크기
- ☐ 텍스트 및 백그라운드 색
- ☐ 볼드, 이탤릭, 언더라인
- ☐ 대문자 설정

6.3 비활자 대상체 다루기

- ☐ 이미지
- ☐ 차트
- ☐ 다이어그램
- ☐ 선
- ☐ 도형
- ☐ 표
- ☐ 슬라이드 번호
- ☐ 비디오

6.4 대상체 정리하기

- ☐ 맨 앞, 맨 뒤로 보내기
- ☐ 그룹화/비그룹화
- ☐ 정렬
- ☐ 회전
- ☐ Distribute
- ☐ Snap to guide
- ☐ 리사이즈

6.5 강의 공유하기

- ☐ 발표자 보기
- ☐ 출력 설정 및 미리 보기
- ☐ 웹으로 발행

Google

내 삶의 모든 분야에서 남과 다르게 차별화 전략을 추구하자.
행복도 성공도 차별화에서 나온다.

episode

1 4

디퍼런트

디퍼런트

내가 미래 사회에서 중요하게 생각하는 스킬 중 하나는 차별화 기술이다. 이 차별화는 사실 내 삶의 신조임과 동시에 전략이기도 하다. 차별화 전략이 왜 중요한 것일까? 예전의 상점들을 생각해 보자. 일단 동네 목 좋은 자리에 상점을 차리고 지나가는 사람들을 불러 모아 장사를 하던 것이 전통적인 시스템이지만 이러한 형태의 산업은 점차 줄어들고 있다. 온라인 상거래가 활성화되었기 때문이다. 이제는 대형마트조차 온라인 쇼핑몰을 갖추어 쇼핑한 물건을 원하는 시간에 척척 배송을 해주고 있다.

여기까지는 그리 색다를 것이 없다. 이것이 온라인 상거래의 방향이었고 이 방향으로 진행된 지 사실 몇 년 정도 된 것 같다. 하지만 이러한 온라인 상점들의 결제방법은 무엇인지 되돌아 생각해 보자. 통장입금이나 신용카드? 아니다. 공인인증서와 온갖 복잡한 절차를 건너뛰고 간단히 사용할 수 있도록 만들어진 'OO페이'라는 것이다. 이것이 뭐가 그리 대단할까? 바로 차별화가 되기 때문이다. 포털 사이트에서 온라인 물품 판매 업체들은 수도 없이 많지만 대박이 나는 업체들은 포털 사이트에서 쓰는 OO페이로 결제가 되도록 한 상점들이다. 예를 들어 아이폰 케이스를 하나 산다고 해보자. 특별히 아이언맨이 그려져 있어 오프라인 매장에서 뒤지기보다는 인터넷 포털에서 찾는 게 나을 것 같아 검색했다. 그랬더니 바로 쇼핑 항목에서 발견했다. 재미있게도 같은 아이언맨 아이폰 케이스인데 판매를 하는 업체들이 여러 개가 있고 비용도 서로 다르다. 무료배송인 곳도 있고 터무니없이 비싸게 부르는 곳도 있다. 이렇게 많은 업체 중에서 사용자들은 어떤 곳의 제품을 구매할까? 당연히 최저가라고 생각할 것이다. 하지만 사용자들은 OO페이로 결제할 수 있는 곳의 제품을 구매한다. 사용자들은 이미 OO페이에 신용카드를 등록해 두었기 때문에 지갑에서 카드를 꺼내 비밀번호를 일일이 입력하는 번거로움 없이 OO페이로 결제되는 상점 중 최저가를 선택하여 버튼 하나로 사는 것이다. 심지어 최저가 사이트보다 가격이 다소 비쌀지라도 OO페이가 되는 곳에서 구매하기도 한다. 차액은 편리함에 대한 대가로 얼마든지 부담할 수 있다.

결제가 간편하다는 점. 이것은 온라인 쇼핑몰에서 엄청난 차별화가 되는 것이다. 심지어는 몇백 원에서 몇천 원의 차이를 감수하고라도 결제를 하게 만드는 놀라운 힘을 가지는 것이다. 이러한 간편 결제는 아마존의 '원클릭' 서비스를 통해서 급속도로 보편화가 되기 시작했다. 아마존에서 물건을 사보았다면 얼마나 허무하게 결제가 되는지 놀랐을 것이라 생각한다. 도대체 이전의 결제 시스템은 무슨 이유로 그렇게 복잡했던 것인지. 아마존이 미국 온라인 시장을 장악하는 이유가 이해되는 대목이다. 심지어 미국의 아마존 고^{Amazon Go} 오프라인 매장에서는 버츄얼 카트^{Virtual Cart}에 물건을 담고 결제창구를 지나가기만 해도 자동 결제가 된다.

한 신문 기사를 보면 현재 'OO페이' 가맹점 중 90% 이상이 월 거래액 3000만 원 미만의 중소사업자들이라고 한다. 무슨 뜻인가? 기존의 오프라인 방식으로 동네에서 물건을 판매하는 업체들이 이제 온라인을 통해서 전 국민을 상대로 거래하는 사업이 번창하기 시작했다는 것이다. 소비자는 서울이고 판매자는 부산이라도 상관없다. 전국 어디나 익일 배송을 할 수 있는 획기적인 시스템이 구축되어 있기 때문이다. 이제 시대는 동네 사람들을 상대로 하는 장사가 아니라 전국이나 전 세계를 상대하는 것으로 바뀌고 있다. 따라서 동네에 유사 업종이 한두 군데 있더라도 약간의 노력과 단골 확보를 통해 충분히 경쟁할 수 있던 호시절은 끝났고 이제 눈에 보이지도 않는 무한히 많은 경쟁자를 상대로 싸워야 하는 시대가 된 것이다. 차별화를 전략적으로 시행하지 않고서는 살아남기 어려운 시대가 된 것이다.

우리 삶에서 실행할 수 있는 차별화 전략

자, 그럼 차별화를 우리 삶에서 한번 시작해보자. 가장 먼저 생각나는 것들은 디자인이나 마케팅이다. 내가 속해 있는 치과분야는 대개 개업하고 가장 먼저 몰두하는 것은 블로그나 인터넷 마케팅이다. 요새는 인스타그램, 페이스북 유튜브 마케팅에 공을 들인다. 그리고 자리가 잡히기 전까지 또 하나의 방식이 할인 마케팅이다. 옆 치과보다 단돈 1만 원이라도 저렴하면 환자가 모이기 때문이라고 한다. 하지만 이러한 차별화 전략은 상당히 위험할 수 있다. '진입장벽'이 낮기 때문이다. 예를 들어 어떤 비보험 진료를 10만 원에서 만 원을 내린 9만 원에 한다고 광고를 했다고 하자. 한동안은 환자들이 몰려 행복할 수 있다. 하지만 조금 뒤 옆 치과의 오랜 경륜이 있는 원장님이 8만 원으로 진료비를 내린다면? 갑자기 상황은 원점으로 돌아갈 수 있다. 게다가 이전보다 더 낮은 가격으로 내려가서 진료해야 하니 모두가 망하는 길이다.

디퍼런트

아쉽게도 많은 치과들이 이런 식으로 진료를 많이 하고 있다. 그렇다 보니 진료 환경이 장난이 아니라는 자조적인 이야기들이 많이 나오고 있다. 그렇다면 더 좋은 방식은 무엇일까? 한 때는 외국에서 대학을 나오거나 연수를 다녀오고서 그 대학의 이름으로 병원 이름을 짓곤 했다. 하버드 치과, 보스턴 치과, 독일 치과 등이 그 예이다. 이 역시도 아주 좋은 차별화가 되었으나 이제는 이러한 사례들이 많아지면서 큰 의미가 없어지고 있다. 결국은 진입 장벽이 몹시 높아서 쉽게 따라 할 수 없는 무기를 가지고 있어야 한다는 뜻이다.

나는 치과 영역에서 나름 브랜드파워를 만들고자 노력하는 편이다. 일단 구글 이노베이터의 타이틀을 가지고 구글의 혁신을 실천하는 경우는 국내에 유일한 뿐 더러, 유튜브를 개인적으로 직접 운영하는 교수는 많지 않을 것으로 생각한다. 아직은 4천여 명의 구독자를 가진 시작 단계이지만 이미 3년의 세월이 누적되며 3백여 개의 동영상 풀을 갖게 되니 쉽게 따라올 수 없는 콘텐츠가 쌓인 것이다. 또한, 치과 교수 중에서 교수법에 정통한 경우는 많지 않다. 한때는 교수법이 가진 중요성이 크지 않았던 것이 사실이지만 요새는 대학의 혁신을 위해 교수법 강의나 워크숍이 눈에 띄게 많아졌다. 서울대 경희대 고려대 연세대 KAIST 중앙대 동국대 단국대 부산대 등 벌써 돌아다니며 강의를 한 대학의 수가 수십여 회에 달한다. 이 또한 교수로서의 차별화이다.

강의는 항상 재미있는 영화를 만들어 영화 예고편처럼 멋지게 시작한다. 주제 역시 영화를 패러디하거나 라임이 멋진 제목을 지어 하나의 패키지 형태로 만든다. 강의 하나로 독립적인 콘텐츠가 될 수 있게 한 뒤 이를 확장하면 원데이 워크숍이 되고 내용이 누적되면 책이 되는 것이다. 실제로 내가 쓴 책들은 대부분 기존의 강의 슬라이드를 띄워놓고 활자화하는 작업을 거쳐서 탄생했다. 특히 얼마 전부터는 구글 독스의 음성인식을 도입함에 따라 저술의 속도가 놀랍도록 빨라졌다. 닳도록 했던 강의들이니 읊어 대는 속도가 몹시 빠르기 때문이다. 이렇게 만들어진 책들이 ≪치과 봉합술의 모든 것! BACK TO THE SUTURE≫, ≪임플란트 레시피 Implant Recipe≫, 치주학 교과서 격인 ≪치주 비타민≫ 등이다. 이외에도 많은 내용을 이런 식으로 독특하게 만들다 보니 원 소스 멀티 유즈의 콘셉트에 의해 티셔츠, 스티커, 머그컵 등의 굿즈goods까지 만들어졌다. 세상에 없던 치과 강의를 하게 된 것이다.

버닝맨의 공식 홈페이지(https://burningman.org)

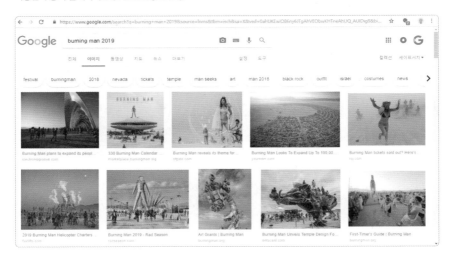

버닝맨 축제에서 건설된 예술 작품들. 탑 위에 있는 거대한 버닝
맨보다는 더 높게 건설되어서는 안 된다. 사막에서 만들어진다
하여 그냥 그저 그런 축제로 생각해서는 안 된다. 예술적으로 절
대 떨어지지 않는 높은 수준의 예술을 누릴 수 있다.

구글의 차별화 전략은 어디에서 오는가?

이러한 차별화 정책은 역시나 구글이 아주 잘하고 있다. 구글은 독특한 구글만의 문화로 유명하다. 알록달록한 구글 사무실, 건물과 건물을 이동할 때 타는 자전거 그리고 모든 구글러들은 '음식으로부터 200피트(약 60미터) 이상 떨어져서는 안 된다.'는 철학에 따라 여기저기 만들어져 있는 마이크로 키친, 수면실, 전문 마사지사 상주 등은 모두 구글 오피스를 대표하는 독특한 문화들이다. 최근에는 국내외 많은 회사도 이 정책을 따라 하고 있지만, 그 원조는 구글이다. 휴게실에 게임방이 있기도 하고 사무실 안에서 자전거를 타고 다닐 수도 있다. 강아지를 데리고 오는 직원들도 있다. 물론 고양이도 가능하지만 구글은 개를 더 사랑한다고 말하고 있다. 이것도 역시 차별화이다. 이들의 이러한 자유로움은 다른 회사들은 결코 따라오지 못하는 자유 그 자체이다.

이렇게 독특한 문화를 누리는 구글러들은 1년에 한 번 실리콘 밸리에 근무하는 이들은 네바다 사막으로 버닝맨burning man 축제를 위해 떠난다. 구글의 창업자와 에릭 슈미트도 이 축제의 단골 참석자이다. 이곳에서는 반쯤 벌거벗은 이들이 예술적 혼을 마음껏 표출할 수 있다. 화폐도 소용없다. 개최 주최는 장소만 제공할 뿐 먹을 것, 잘 것, 마실 것 모두 준비해 가야 하고 부족한 것은 현장에서 물물교환한다. 이곳 버닝맨 축제에서는 늘 새로운 것들이 시도된다. 이를 통해 혁신의 아이디어들을 얻을 수 있을 것이다. 이러한 혁신적 문화를 회사에 들여온 것이 구글이다. 우리가 속해 있는 회사, 가정 등도 이러한 버닝맨 축제와 같은 모습이 되어서는 안 된다는 법은 없지 않을까?

구글이 우리에게 보여주는 다양한 괴짜다움과 독특함, 그리고 이들만의 차

261

별화 전략은 우리의 삶에 적용하기에도 좋은 자극이 된다. 이들의 전략을 한 번 따라 해 보자. 그들이 할 수 있다면 우리도 할 수 있다. 나도 할 수 있다. 따라서 앞으로도 나는 더욱 차별화된 삶을 위해서, 나의 차별화를 위해서 계속 정진할 것이다. 무엇보다 그러한 삶이 행복하기 때문이다. 이어령 선생님께서 한 인터뷰에서 말씀하신 것처럼 모든 인생이 한 방향으로만 질주한다면 100개의 인생에는 100개의 등수가 생길 것이고 항상 2등이라서 1등보다 불행한 삶이 생길 것이다. 하지만 100개의 삶이 100개의 방향으로 달려나간다면 모든 삶이 1등이 될 수 있다. 비교도 없고 불행도 없다. 모두가 자신만의 자부심을 느끼고 살 수 있다. 그렇기에 나는 차별화가 행복의 열쇠이며 자기가 스스로 인생을 대할 때 가져야 할 가장 좋은 자세라고 생각한다. 부디 구글을 통해 이러한 차별화의 아이디어를 얻고 남과 다른 혁신적인 삶을 시작할 수 있기를 기대해 본다.

수잔 보이치키의 8가지 혁신 노하우를 알아보기

2011년 수잔 보이치키는 혁신을 위한 8가지의 핵심 가치를 제시한 바 있다. 그녀는 다들 잘 아는 것처럼 구글의 첫 둥지였던 차고를 제공했던 인물이고 구글의 최초 16명의 직원 중 하나였다. 또한, 그녀의 여동생은 세르게이 브린과 결혼하였다. 구글과 떼어놓을 수 없는 존재인 그녀가 제시한 8가지 핵심가치를 한번 살펴보고 차별화된 삶을 위해 어떻게 혁신할 것인지 아이디어를 한번 얻어 보기 바란다.

1. 중요한 사명을 가져라: 사람 찾기

차별화를 하고 혁신을 하는 것은 모두 좋은 일이다. 하지만 궁극적인 목표가 없다면 지속할 수 없다. 앞선 자기 발전 이야기를 하며 하루 4시간 수면법 사례를 든 적이 있다. 내가 4시간 수면법에 실패했던 것은 4시간만 자고 나서 딱히 할 일이 없었기 때문이었다. 우선 중요한 사명과 할 일이 있다면 자연스럽게 4시간 수면만을 취했을 것이다. 이후 19장에서 이야기할 '대의를 추구하면 돈이 따르고 돈을 추구하면 돈은 도망간다.'에서 보듯이 구글은 자신들이 가진 역량을 동원하여 전 지구적 문제를 해결하려 노력하고 있다.

우리는 종종 자연재해, 전쟁, 천재지변을 통해 사랑하는 가족을 잃고 행방을 찾지 못하곤 한다. 예전처럼 "서울역에서 꼭 다시 만나자." 이런 약속을 해도 되겠지만 구글에서는 사람 찾기(http://google.org/personfinder) 기능을 통해 헤어진 가족이나 연인들을 찾고 있다는 사실을 전 세계에 알리고 정보를 받음으로써 손쉽게 찾을 수 있도록 도와주는 프로젝트를 진행 중이다. 2010년 아이티 지진 때 처음 구동이 되었고 이때는 72시간의 응답시간이 소요되었다. 같은 해 칠레 대지진 때는 6시간이 걸렸다. 12개월 뒤 크라이스트 처치 지진 후에는 60분 만에 활성화가 되었다. 2011년 3월 11일 일본 지진 발생 후 처음 47시간 동안 3600만 페이지뷰가 있었고 초당 쿼리 수는 1,600이었다. 40개국 언어로 번역되었고 이후 구글은 60만 개가 넘는 레코드를 추적하고 있다.

이 모든 것은 스스로 판단하고 결정하여 중요한 일에 매진하는 구글 직원들의 구글리함이 있었기 때문이라고 한다. 그들은 단순한 인터넷 회사의 직원이 아니라 무언가 세상에 이바지하는 거대한 사명이 있는 이들이다. 구글에서는 이러한 직원들을 기업 안의 기업가^{Intrapreneurs}라고 부르고 있다.

2. 크게 생각하지만, 시작은 작게 하라: 구글 북스

계획은 어마어마할 수 있지만, 항상 그 시작은 팔뚝을 걷어붙이고 벽돌 하나를 옮기는 것부터 시작해야 할 수 있다. 구글 북스가 전 세계의 책을 스캔하기 시작했고 그 과정에 많은 프로덕트가 만들어진 것은 다들 잘 알고 있을 것이다. 래리 페이지의 꿈이었던 이 프로젝트는 모두가 비웃었던 프로젝트였다. 하지만 래리는 일단 스캐너를 사서 사무실 컴퓨터에 연결하는 것부터 시작했다고 한다. 책을 한 장 한 장 스캔하기 시작했고 얼마나 시간이 걸렸는지를 재기 위해 메트로놈으로 시간을 측정하여 산술적으로 세상의 모든 책을

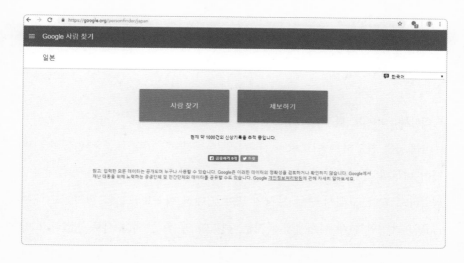

2018년 일본에 닥친 태풍으로 많은 사람이 행방불명되었다. 구글에서는 이들이 손쉽게 가족을 찾을 수 있도록 사이트를 만들어 주었다. 국가가 해야 할 일을 구글이 더 잘한다니 경이롭다.

스캔할 수 있다는 자신을 얻었다고 한다. 일단 스캐너를 사고 연결하는 것으로부터 거대한 프로젝트가 시작되었음을 명심하자.

3. 즉각적인 완벽함이 아닌 끊임없는 혁신을 위한 노력을 하라: 애드워즈

인터넷 사업의 장점은 바로 즉각 즉시 수정할 수 있다는 것이다. 구글의 애드워즈Google Ads는 황금알을 낳는 구글의 비즈니스 모델이 되었다. 하지만 초창기에 이들의 서비스는 그 누구도 클릭하지 않는 버림받은 사이트였다고 한다. 하지만 이후 끊임없는 시도와 피드백을 얻으면서 구글은 점차 발전하였고 이제 수만 건의 광고들이 사용자들에게 좋은 정보를 주고 이를 통해 구글은 이

265

서비스를 통해 많은 수익을 올리게 되었다. 즉각적으로 완벽한 것은 세상에 존재하지 않는다.

4. 어디서나 아이디어를 찾아라: 아트 앤 컬처

마케팅을 전담하는 이로써 수잔은 고객은 물론 광고주, 구글 직원들의 피드백이 너무나 궁금했고 화장실에서, 복도에서 나누는 수많은 대화에 참여하고 싶었다고 한다. 그래서 구글 본사의 벽에 거대한 화이트보드를 설치했고 매주 금요일 밤이면 현재 시스템이 가지는, 해결이 안 된 문제를 서로 적었다고 한다. 불타는 금요일 밤을 보낼 멋진 계획이 없던 구글러 중 몇 명이 수 시간 내에 이를 위해 알고리즘을 새로 짜기 시작하여 화요일이면 시스템이 개편되는 일들이 많아졌다고 한다. 아이디어는 그렇게 시작되는 것이다. 노벨상을 받은 수많은 학자도 논문은 실험실에서 쓰이는 것이 아니라 아침에 함께 커피를 마시면서 쓰이는 것이라고 말하곤 하였다. 전 세계의 미술관을 클라우드에 올려놓은 구글 아트 앤 컬처도 사실 회사 내의 마이크로 키친에서 시작되었다고 한다. 그래서 구글에서는 늘 간식을 잔뜩 쌓아두는 것이라고 한다.

5. 모든 것을 공유하라: 구글 토크

구글의 사무실은 모두가 아는 것처럼 큐비클이 없는 오픈 공간 형태이다. 모든 것을 나누고 전체 이사회 서신을 모든 직원에게 나누고 이사회에서 제시된 슬라이드를 회사 전체에 공개한다. 모든 것을 나눔으로써 예기치 못한 혁신의 결과가 나올 수 있기에 아이디어의 교환, 토론, 해석, 논쟁을 권장하라고 한다. 구글 토크Google Talk, 구글의 채팅 서비스에서 언어를 바로 번역해서 소통하자는 아이디어는 구글 토크 팀과 구글 번역팀이 서로 이야기하다가 나온 아이디어였다고 한다. 내 것을 먼저 내어 넣으면 상대도 자신의 것을 내 놓을 것이다. 공유하고 나누자.

6. 상상으로 불타오르고 데이터로 기름을 부어라: 구글 포토

빠르게 바뀌는 세상에서 시장의 흐름을 읽고 사람들이 무엇을 원하는지 이해하기는 참으로 어렵다. 개인의 발전에서도 단순히 '살을 빼고 싶다', '부자가 되고 싶다' 등의 아이디어는 언제나 그렇지만 참 좋은 이야기지만 어디서부터 시작해야 할지 어려운 부분이다. 하지만 일단 실천하며 데이터를 수집하고 점차 방향을 잡아가는 것은 어떨까?

나는 매일 푸시업을 50개씩 하는데 이를 아이패드로 촬영하고 있다. 용량은 구글 포토로 넘어가니 걱정할 게 없고 사진 찍은 날짜들이 남기 때문에 운동을 빠진 날과 열심히 한 날의 체크가 수월하다. 어떤 날은 중국이기도 어떤 날은 인도이기도 했는데 이것도 확인하기 편하다. 이것이 데이터가 된다. 구글의 무인자동차 웨이모Waymo 역시 그러한 접근법을 선택하였다. 매일 샌프란시스코에는 웨이모가 롬바르드의 꾸불꾸불한 거리부터 금문교와 고속도로를 누비고 다닌다. 이를 위해 수백만 시간의 무인 주행 자료들이 누적되고 있다.

구글의 검색창에 나오는 검색 결과들은 10개가 기본이다. 설립자들이 이것이 최적이라고 생각했기 때문이다. 하지만 설문조사를 하여 '10', '20', '30' 중 하나를 선택하라 하니 모두가 '30'을 선택했다고 한다. 놀랍게도 30개의 검색 결과를 제공하자 기존보다 속도가 20% 감소하였다. 사용자들은 다시 속도를 그리워하였다고 한다. 그리하여 구글 검색은 여전히 10개의 검색 결과를 제시하게 되었다고 한다. 자신의 본능, 의지, 결심 등은 모두 좋은 이야기이다. 하지만 혁신과 변화는 데이터를 토대로 성장한다. 이를 명심하고 우리 삶에 적용해 보자.

7. 플랫폼이 되라: 구글 독스

나 혼자, 나만 잘 나가고 멋있어지는 것은 모두가 꿈꾸는 일이지만 사실 현실 세상에서는 거의 불가능한 일이다. 그리고 인생 경험을 통해 되돌아볼 때 이러한 일은 자신을 몹시 위험하게 만드는 일이다. 집중포화를 받을 확률이 높아지기 때문이다. 따라서 길게 가려면 모두가 함께 발전하고 멋져질 수 있는 일을 주도하는 것이 중요하다. 그리고 철저히 이를 열린 정책으로 진행해야 한다. 이러한 개방성은 많은 재능을 가진 이들을 불러모으게 되고 이를 통해 우리는 성공의 동력을 공급받게 된다. 나는 근래에 나보다 일을 더 잘하고 창의적이고 똑똑한 사람들에게 기회를 주고 이들과 함께 프로젝트를 운영하는 것을 중요하게 생각하여 많은 일을 하고 있다. 이러한 작업은 구글 독스와 같은 협업 툴을 이용해서 수시로 모두가 아젠다에 접근하여 수시로 수정함에 따라 더욱 쉬워졌다.

린다 힐Linda Hill교수는 TED 강연에서 "리더십이란 무대를 만들되 자신은 올라가지 않는 것"이라고 말했다. 이런 생각을 하기 전에는 불가능해 보였던 일들도 이제는 오히려 더 손쉽게 성취하게 된다. 이것이 이런 사고의 매력인 것 같다. 나는 이전에 많은 일을 했던 경험들과 인맥 그리고 추진력을 가지고 이제 매니저로의 역할 전이가 발생하는 것 같다. 여전히 마이크를 잡고 무대의 중앙을 장악하고 싶지만 내가 나를 내려놓고 개방하는 순간 더 많은 팬이 만들어짐을 보았다. 나는 이제 내가 아닌 플랫폼이다.

8. 절대로 실패하지 마라: 유튜브

사람들은 구글을 유튜브로 기억하지 구글 비디오 플레이어(퇴출된 서비스)로 기억하지 않는다. 사람들은 실수보다 성공으로 기억한다. 실수하는 것을 두려워하지 말고 실수로부터 빨리 배우고 신속하게 이를 수정하여 극복하라. 수잔도 그러하고 나 역시도 그러했다. 특히 내 생명과 직결된 시도들이 아닌 경우에는 두려워할 이유가 전혀 없다. 끊임없이 실패를 두려워하지 않고 시도를 하다 보면 어느 순간 실패하는 데 실패Fail to Fail하는 순간이 올 것이다.

재미가 있으면 밤을 새우고도 놀 수 있는 것이 사람이다. 내가 하는 일과 속해 있는
곳이 즐거움으로 넘치도록 게이미피케이션 전략을 추구해 보자.

episode

1 5

FUN
Gamification

FUN
Gamification

세상 삼라만상 아래 모든 기저에 만일 게임이 있다면? 사실 우리의 인생조차 게임 속 세상이고 우리는 출생을 통해 게임에 로그인을 한 뒤 왕년 불후의 명작 게임 〈프린세스 메이커〉와 같은 롤플레잉 게임Role Playing Game, RPG처럼 우리의 삶을 살아가며 점차 캐릭터를 발전시키며 사는 것이라면? 영화 〈레디 플레이어 원Ready Player One〉처럼 우리가 모두 가상현실 세계에 로그인하여 사는 것이라면, 사실 이렇게 아옹다옹하며 치열하게 살 것 없이 그저 아주 영리하고 현명하게 우리의 캐릭터를 잘 성장시킬 방법을 궁리하고 실천하며 살 수 있을 것이다. 일인칭 시점이 아닌 삼인칭 시점에서 내 삶을 바라보면 내 인생은 단한 번뿐이니 제대로 누리고 가야 한다는 스트레스도 없이 마음 편하게 인생을 대면할 수 있지 않을까? 죽음이라고 하는 것조차 단순한 '로그 아웃'이 되니 죽네사네 발버둥칠 것조차 없을 것이다.

이 얼마나 산뜻하고 가벼운 세상인가?

비록 우리의 인생이 실제 게임은 아니고 치열한 생존의 현장이라는 것을 아는 우리는 그다지 마음 편하게 게임을 할 수는 없지만, 최소한 이러한 게임의 법칙이 우리 인생 기저에 있다는 것을 잘 알고 있다면 내 인생의 발전에도 도움이 되고 심지어는 다른 사람들도 내가 희망하는 방향으로 잘 유도할 수 있지는 않을까?

아는 이는 좋아하는 이만 못하고, 좋아하는 이는 즐기는 사람만 못 하다는 말이 있다. 하지만 좋아하는 것도 상당히 훌륭한 수준인데 왜 즐기는 이보다는 못한 것일까? 곰곰이 생각해보았다. 좋아하는 사람은 아무래도 대상에 집착할 가능성이 많다. 골프를 좋아하거나 카드게임을 좋아하는 사람들을 생각해보자. 아마 그림이 그려지는 존재가 주변에 한두 분 계실 것이다. 무척 좋아하고 정말 잘하고 싶지만 그게 잘 안된다면 얼마나 비참해하고 괴로워하던가! 하지만 여기에서 약간 대상과의 거리를, 아니 대상 자체와의 거리가 아닌 대상에서 나오는 결과물로부터 거리를 약간 둔 존재를 생각해 보자. 어깨에 힘을 뺀 모습이 떠오른다. 좋아하는 그 이상이 되어 즐기는 수준에 도달한 것이다.

여기서 즐기는 수준이란 결국 대상을 심각하게 바라보고 그 결과에 집착하는 것보다는 행위 자체를 게임처럼 받아들여서 재미있게 즐기며 플레이하는 사람이라고 보아도 의미가 통하지 않을까? 게임을 좋아하는 아이는 뭔가 중독의 우려가 있지만, 게임을 즐기는 아이는 왠지 게임으로부터 초월한 느낌이다. 이 세상에 게임처럼 재미있는 게 어디 있던가. 며칠 밤낮을 새면서도 심지어는 게임을 하다 죽는 이들도 종종 있다. 세상 모르고 빠질 수 있는 것이 게임 아니던가. 그 정도 집중력이면 세상에서 못 이룰 일이 없을 것이다. 반대로 게임의 법칙을 잘 적용하면 어쩌면 세상 모든 일을 다 이룰 수도 있을 것이다. 특히 그것이 지루하기 짝이 없는 공부라면 말이다. 그러니 우리의 인생을 심각하게 사는 것보다는 롤플레잉 게임을 하듯이 약간은 어깨에 힘을 빼고 살

좌: 미드 <빅뱅이론>에서 주인공들이 롤플레잉 게임을 하는 모습. 전형적인 TRPG이다. (출처: <빅뱅 이론> ⓒCBS)
우: 대표적인 MMORP인 <월드 오브 워크래프트>(출처: Play World of Warcraft at 5K ⓒ CIO.com)

아보면 어떨까? 오히려 그때 큰 그림이 그려지며 공략법이 생각날 수 있을 것이다.

롤플레잉 게임을 모를 수 있기에 짧게 설명하자면, 롤플레잉 게임은 참가자가 가상 세계에서 가상의 캐릭터 역할을 연기하는 게임이다. 초기에는 참가자들이 하나의 테이블에 모여앉아 하나의 캐릭터를 연기하면서 게임마스터가 제공하는 가상의 세계를 모험하는 방식Table-talk role-playing game, TRPG이었다. 게임을 진행할수록 캐릭터는 점점 더 강한 적들을 맞닥뜨리게 되고 다른 플레이어들과 협력하여 물리치면서 능력을 얻고 장비를 갖추면서 성장해나간다. 오늘날에는 PC와 함께 온라인 모바일 환경이 급속도로 발전하여 대규모 다중 사용자 온라인 롤플레잉 게임Massively Multiplayer Online Role-Playing game, MMORP이 대중화되었다. 우리 인생의 축소판이라 할 수 있겠다.

이러한 롤플레잉과 같은 게임의 규칙을 우리 일상에 적용하는 것이 바로 게이미피케이션Gamification인데 경제학 분야에서는 오래전부터 이런 생각을 했던 모양이다. 이에 대한 고찰들이 많이 보고되어 있다. 커피 한 잔을 먹을 때마다 도장을 하나씩 받아서 10잔을 채우면 무료 조각 케이크를 준다는 이유 때문에 우리는 딱히 커피가 마실만한 상황이 아님에도 커피를 마시러 간다. 10잔까지 도달하는 과정이 너무 길다고 불평하는 이들이 생기니 5잔째에 쿠키 하나를 넣어준다. 오히려 이 쿠키 먹으러 와서 커피를 한잔 더 사 마시게 된다. 또한 이러한 마일리지 게임에 함께 참여할 동기를 확실히 유발하기 위해 첫 잔에는 미리 도장 하나를 찍어 줌으로써 두 잔부터 시작할 수 있도록 해주니 게임에 동참할 확률이 현저히 높아졌다. 이것이 바로 게임의 법칙을 게임이 아닌 영역에 도입하여 사용자의 흥미를 유발하고 사용을 촉진하기 위해 게임의 규칙을 적용하는 묘미다.

게이미피케이션에 사용되는 가장 기본 게임 기법들은 다음과 같은 것들이 있다.

우리는 어린 시절부터 이미 게이미피케이션에 푹 길들어 있다. 스티커 한 장을 받으려고 우리는 물불 가리지 않던 용사들이 아니었던가!

빠른 피드백: 즉각적인 피드백 혹은 행동에 대한 반응

투명성: 모두의 순위 및 진척도

목표: 달성하기 위한 단기 및 장기 목표

뱃지: 성취의 증거. 교육 분야에서 가장 쉽게 적용할 수 있는 콘셉트다.

레벨 업: 집단 속에서의 나의 지위

탑승: 매력적인 학습 방법/쉬운 인터페이스

경쟁: 비교 방법의 직관성

협업: 협력을 통한 목표 달성

커뮤니티: 성취를 공유하는 집단

포인트: 성취를 확실하게 측정 가능

무언가 아이디어들이 떠오르시는가? 물론 이 외에도 다양한 방식들이 존재하고 이러한 분야의 연구는 전 세계적으로도 활발히 진행되고 있다. 현재 우리나라에서도 한국게임산업협회나 교육 게이미피케이션 포럼 등이 활발히 활동을 하고 있고 다양한 분야에서 게이미피케이션 이론이 적용되고 있다. 그리고 시기가 무르익어 교육 현장에서도 이러한 적용 사례를 흔히 볼 수 있게 되었다. 국내 영어 학원 중에는 웹사이트와 스마트폰 앱을 구축하여 학생이 책을 읽어 나가는 과정을 마치 게임상에서 길을 찾아가며 하나하나 미션을 수행하는 형식으로 꾸며 둔 곳이 있다. 여기서 얻어진 포인트로는 한 달에 한 번 열리는 장터에서 작은 장난감들을 살 수 있고, 리더 보드^{Leader Board}에 올라가는 고득점자가 되려고 집에 와서 기를 쓰고 책을 읽곤 한다. 꿀을 발라 놓고 공부하래도 할까말까 한 아이들이 장난감을 사기 위한 포인트를 적립하기 위해 자기 스스로 책을 읽는 모습을 보면 정말 이 게이미피케이션이라는 것이 기가 막힌 전략이라는 생각을 하게 된다.

이러한 게이미피케이션은 스마트교육의 방식에서 사실 손쉽게 도입할 수 있는 방식이다. 디지털 도구 자체가 이러한 보상 체계에 매우 최적화되어 있기 때문이다. 특히 칸 아카데미^{Khan Academy}나 기타 온라인 수업은 수업을 들을 때마다 배지나 레벨을 부여하여 동기를 유발하고 있는데 이것이 상당한 자극원으로 학생들에게 다가가는 것 같다. 칸 아카데미는 자신의 캐릭터를 진화시킬 수 있다는 관점에서 마치 포켓몬 트레이너가 된 것 같은 기분을 느끼게 해주고 있고 등급의 분류는 운석, 달, 해 등을 거쳐서 블랙홀까지 만들어 두었는데 아주 재미있게도 블랙홀은 아무나 될 수 없고 오로지 창업자 살만 칸만

운석 배지는 초보
자들도 쉽게 획득
할 수 있습니다.

달 배지는 흔하지 않은 배지입니
다. 공부에 시간을 꽤 투자했다면
획득할 수 있습니다.

지구 배지는 희귀하며,
공부를 많이 해야 획득
할 수 있습니다.

태양 배지는 최고의 배지
이며, 많은 노력을 해야 획
득할 수 있습니다

블랙홀 배지는 누구도 찾아내지
못한 전설의 배지이며, 획득하기
가장 어렵습니다.

챌린지 배지는 주제별 도전 과
제를 완료했을 때 받을 수 있는
특별 보상입니다.

01

02

01 칸 아카데미의 등급 분류

02 하수부터 절대신까지. 네이버 지식인의 등급은 다양하다.

보유하고 있다고 한다.

아쉬운 점은 이러한 좋은 아이디어들은 한국도 상당히 빠른 시기에 도입을 하는 편인데 시장이 작아서인지 아니면 워낙 새로운 것들이 많이 등장을 해서인지 강력한 파급 효과를 보기에는 늘 한계가 있는 것 같다. 네이버 지식인은 사용자들이 올린 질문에 다른 사용자들이 답변을 달아주는 시스템인데 이 과정에서 답변이 채택되거나 답변을 많이 다는 경우 그 등급이 올라가게 되어 있다. 어찌 보면 네이버로서는 돈 하나 안 들이고 막대한 콘텐츠를 제공해 주는 셈이다. 이것이 바로 게이미피케이션의 사례이다. 재미있는 게임의 요소를 도입해주면 사용자들이 알아서 자신들의 시간과 노력을 들여서 봉사할 수 있게 만들 수 있다는 점이니 게임의 기법이 이 얼마나 큰 무기인지 새삼 느끼게 된다.

이러한 게이미피케이션은 구글이 정말 잘하는 영역이기도 하다. 일단 게임이 가지는 캐주얼한 느낌과 재기 발랄한 느낌이 드는 구글과도 잘 맞는다. 구글의 도구에서 게이미피케이션의 요소가 들어가 있는 사례를 몇 가지 살펴보자.

최초의 구글 두들

먼저 예를 들 수 있는 것은 구글의 로고를 특정 기념일이나 중요한 이벤트에 맞게 디자인을 바꾸는 구글 두들Google Doodles이다. 구글의 창립자 두 명이 1998년 8월 30일 〈버닝맨〉 축제에 가면서 자신들이 사무실을 비웠다는 것을

Q Google: 100 Years of Crosswords

ACROSS

1 First word across in the first-ever crossword (1913) and the first of a dozen appearances of the word in this puzzle's grid, written word search-style (left, right, down, and diagonally) ... Can you find all 12?
4 Commotion
7 It's often worn backward

DOWN

1 Renown
2 Russia's ___ Mountains
3 "Little" Dickens girl
4 Entertain
5 Veep before AI
6 One way to store data

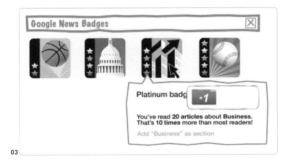

01 구글 두들 중 상호작용 효과를 가진 게임으로서 십자말 풀이가 제시되었던 2013년 12월 21일의 두들.

02 클릭을 하면 화면이 십자말 풀이로 바뀌며 직접 문제를 풀 수 있게 되어 있다.

03 구글 뉴스에서 제시하던 배지 중한 사례. 좌측에 있는 별들이 그 레벨을 의미한다.(출처: 구글 유튜브 채널)

278

로고에 표시한 것이 최초인 것으로 알려졌는데 그 이후 구글에서는 이 프로젝트를 매우 진지하게 생각하고 많은 공을 들이고 있다.

구글 두들 중에서는 게임의 형태로 된 상호 작용하는 것들이 있는데 2013년 십자말 풀이의 탄생 100주년을 기념해서는 십자말 풀이가 아예 구글 두들로 제시된 바가 있다. 누군가는 단순히 회사의 로고를 알리는 공간으로 이용함으로써 죽어 있던 공간을 매일매일 새로운 요소를 배치하고 대상을 새롭게 인지하게 하는 시도 역시 또 하나의 게이미피케이션 노력 중 하나이다.

게임이란 사용자들의 취향에 따라 폭발적인 인기를 끌기도 하고 뜻밖에 참패를 경험하기도 하기 때문인지 늘 조심스러운 부분이 있다. 특히 우리나라처럼 다소 경직된 문화와 엄숙주의를 가진 환경에서는 이러한 게이미피케이션 시도가 실패하면 역풍을 맞을 수 있다. 한국 국민의 문화적 특수성 때문에 게이미피케이션을 통한 코인 적립이나 배지 획득이 사행성 조장이라는 지적을 받을 수도 있다. 따라서 이러한 절차를 도입하기 전에는 반드시 이를 수용할 수 있는 분위기를 만드는 것이 중요하다.

구글 뉴스의 배지 체계는 좋은 사례로 볼 수 있다. 2011년 구글 뉴스는 독자들이 신문을 열심히 읽을수록 그 분야에 따라서 500여 개의 배지를 책정하고 동, 은, 금, 백금 그리고 절대 레벨Ultimate을 만들어 주었다. 하지만 이 시스템은 보기 좋게 망하였다. 사용자들의 마음을 쉽사리 끌기는 어려운 것 같다.

얼마 전 나는 대학생들을 상대로 수업에서 방탈출 게임을 도입하였다. 학생들에게 미션을 주고 제한된 시간 내에 미션을 마치면 교실 뒷문에 있는 나에게 결과물을 보여준다. 미션완수가 확인되면 이들은 교실을 조기에 빠져나가고 제한된 시간 내에 학교 매점으로 달려가서 미리 준비된 음료수나 아이스크림을 선택할 수 있다. 단, 6층 매점까지는 걸어서 올라가야 한다는 조건이 있었다. 온종일 수업만 듣느라 정신없었던 학생들이 아이스크림 하나를 위해 허벅지가 터져라 계단을 올라가고, 시원하게 아이스크림을 먹으며 즐거워하는 모습은 학교에서 흔히 볼 수 없는 신선함이었다. 이러한 시도를 위해 이미 한 학기 전부터 새로운 시도와 도전에 대한 중요성을 강조하고 수업 중에 자유로이 발표하고 오갈 수 있는 분위기를 치밀하게 만들어야 했다.

게이미피케이션을 이용한 자기 발전

앞으로의 미래 사회에서는 웃고 떠들고 발표하며 놀다 일하다 공부하다 귀가하는 장난 같은 환경이 생길 것이라 기대된다. 더 많은 게임 기법이 도입될 것이다. 또한, 기존의 엄숙주의는 다소 사라지고 일과 배움은 즐거운 것이라는 깨달음이 널리 퍼질 것으로 기대된다. 따라서 게이미피케이션은 큰 흐름이 될 것이 확실하다. 이것은 자신 삶의 발전을 꾀하는 부분에서도 동일하게 적용될 것이라 믿는다. 유튜브에는 '100 day 도전100 day challenge'이라는 동영상들이 많이 있다. 매일 푸시업을 100일간 하면 어떤 변화가 생길까? 이것을 동영상으로 찍어 100개의 영상으로 올리는 것이다. 유튜브에 올리는 영상의 용량은 처음에는 15분까지 허용되지만, 유튜브 인증 페이지(https://www.youtube.com/verify)에서 인증을 받게 되면 이후 최고 120GB, 즉 12시간까지 업로드가 가능해진다.

매일매일 운동을 하고 이것을 100일 동안 올리고 이를 기록으로 남기게 되면 외장하드에 올리는 것보다 더 편하고 언제든지 확인할 수 있다. 그리고 공유 또한 편하다. 원한다면 공개를 해도 되고 부끄럽다면 비공개로 혼자 보관 목적으로 업로드해도 괜찮다.

남이 운동하는 모습을 누가 보고 있을까 싶지만 놀랍게도 '공부 자극 동영상'을 검색해 보면 수많은 영상이 자신이 몇 시간씩 공부하는 모습을 찍어서 올린 것임을 알 수 있다. 혼자서 공부하는 혼공족들은 이 영상을 보면서 자극을 받는다고 한다. 만일 채널의 구독자와 영상의 조회 수가 늘게 된다면 수익 모델로도 이어질 수 있다.

자기계발이라는 것도 어떤 목표를 설정하고 성취를 위해 도전하는 것인데 그 과정이 게이미피케이션과 닮은 부분이 많다. 구글과 함께 재미있는 목표 달성 한번 해볼 만하지 않을까? 엄숙함과 고독한 수행자의 모습은 던져버리고 말이다.

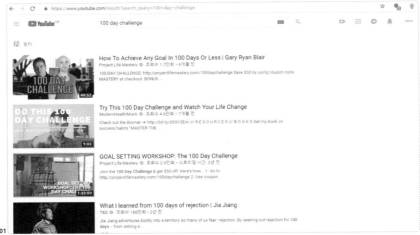

01

02

01 유튜브에서 '100 day challenge'를 검색하면 100일 만에 삶의 변화를 만들어
낸 사람들의 영상이 많이 등장한다. 기본적으로 100개의 영상을 매일 올리는
경우가 많다. 지나친 노이즈라고 생각할 수도 있지만 올리는 사람의 처지에서는
이보다 더 확실한 대중과의 약속도 없을 것이다. 그리고 매일 같은 시간 라이브
로 자신의 운동을 생중계하는 사람이 있을 수도 있다. 뛰어난 동기부여가라면
새벽 6시마다 운동 방송을 생중계하며 사람들과 함께 운동을 할 수도 있다. 시
청자들은 댓글도 달 수 있으니 이 또한 좋은 커뮤니케이션이 된다.

02 얼마 전 혼공족을 위한 공부 동기 부여 영상을 촬영해 보았다. 50분간 내가 공
부하는 모습을 그대로 찍고 잔잔한 백그라운드 음악과 함께 올린 것이다. 놀랍
게도 시험 공부를 하던 학생들이 내 영상을 틀어놓고 하니 좋았다는 이야기를
해주었다. 유튜브가 이렇게 도움이 될 수도 있구나 새삼 신기했다.

구글 지역 가이드되기

구글이 시행하는 또 하나의 게이미피케이션으로 구글 지역 가이드^{Google Maps} Local Guides를 들 수 있다. 구글 지도에서 운영하는 지역 가이드는 구글 지도에 리뷰를 작성하고 사진을 공유하고, 지역에 대한 질문에 답변하고, 장소를 추가 또는 수정하고, 사실 관계를 확인하는 탐험가들이 모인 글로벌 커뮤니티다. 현재 수백만 명의 사용자가 지역 가이드가 작성한 정보를 참조하여 어디로 갈지, 무엇을 할지 결정하고 이를 토대로 많은 이들이 혜택을 누리고 있다. 재미있는 것은 이러한 활동이 구글에서 제시하는 레벨을 성취하기 위해 자발적으로 이루어진다는 점이다. 약간은 부끄럽지만 나도 구글 지역 가이드 레벨 8이다. 레벨을 더 올리고 싶어서 어디를 가든지 사진을 찍고 다녀온 뒤 구글 맵스에 사진을 올리며 리뷰와 정보를 업데이트하고 있다.

점수를 올리는 방식은 평점을 사용하여 장소를 평가하거나, 리뷰를 사용하여 리뷰를 작성하거나, 사진 및 동영상을 공유하거나, 답변을 사용하여 유용한 정보를 제공하거나, 장소에 대한 질문에 답변하거나, 장소 수정을 사용하여 정보를 업데이트하거나, 빠진 장소를 추가하거나, 사실 확인을 통해 정보를 확인하는 등 다양하다. 그 활동에는 각각 할당된 점수가 있다.

지도 참여 항목	획득 포인트 (2019년 1월 기준)
리뷰	리뷰당 10포인트
200자 이상 리뷰	리뷰당 보너스 10포인트
평점	평점당 1포인트
사진	사진당 5포인트
인스트림 동영상	동영상당 7포인트
답변	답변당 1포인트
Q&A에 응답	응답당 3포인트
수정	수정당 5포인트
장소 추가	추가한 장소당 15포인트
도로 추가	추가한 도로당 15포인트
사실 확인	확인한 사실당 1포인트

이렇게 점수를 누적하게 되면 더 높은 레벨에 도달하게 된다. 프로그램 초기에는 레벨5가 되면 구글 드라이브 1TB를 1년간 무료로 쓸 수 있게 해주었다. 나도 그런 동기로 시작하였다. 하지만 그렇게 시작된 방만한 데이터 관리 덕에 1년이 지나고 도저히 그 이전으로 돌아가지 못해 결국은 돈을 내고 스토리지 용량을 사서 쓰고 있다. 고도의 심리 전략이고 보기 좋게 넘어갔다. 그래도 내가 알려준 지리 정보가 사람들에 의해 얼마나 활용되는지 매달 이메일로 알려 주는데 싱가포르에 있는 구글 오피스를 찍은 사진이 2만 번 조회되었다는 소식에 약간 으쓱하기도 했다. 최근에는 레벨9가 되면 구글 드라이브 1TB를 1년간 무료로 준다고 해서 열심히 레벨9를 위해 정진하고 있다. 자신의 구글 지도 지역 가이드 레벨이 궁금하다면 구글의 지역 가이드 홈페이지 (https://maps.google.com/localguides/home)에서 확인할 수 있다.

레벨	포인트	배지
LV. 01	0 포인트	배지없음
LV. 02	15 포인트	배지없음
LV. 03	75 포인트	배지없음
LV. 04	250 포인트	
LV. 05	500 포인트	
LV. 06	1,500 포인트	
LV. 07	5,000 포인트	
LV. 08	15,000 포인트	
LV. 09	50,000 포인트	
LV. 10	100,000 포인트	

　이러한 게이미피케이션 덕분에 구글 지도는 애플 지도가 따라올 수 없는 강력한 콘텐츠를 구축하게 되었고 계속 발전하는 중이다. 게임처럼 재미있게 하는 개발. 일인지 취미인지 모르는 그 수준이 바로 요새 젊은 분들이 말하는 '덕업일치'가 아닐까?

클라우드에는 엄청나게 많은 양의 지식이 잘 정돈되어 무료로 제공되고 있다.
이를 마음껏 누리고 자신의 개발을 꾀하자. MOOC가 세상을 바꾸고 있다. 배우고자
하는 이에게는 천국이 펼쳐졌다.

episode

1 6

온 우주가
너의 발전을
도울 것이다

온 우주가
너의 발전을 도울 것이다

영화 〈해리 포터와 아즈카반의 죄수〉에서는 헤르미온느가 마법의 목걸이 타임 터너Time Turner를 이용하여 시간을 되감는 장면들이 나온다. 사실 헤르미온느야말로 자타가 인정하는 공부의 아이콘이 아니던가. 그녀는 남보다 더 많은 수업을 한 학기에 들으려고 한 수업이 끝나고 나면 시간을 되감아 다른 수업을 듣고 다시 시간을 되감아 또 다른 수업을 듣는 식으로 남보다 두세 배의 수업을 소화한다. 물론 나중에는 너무 힘들어서 목걸이를 뺏기는 것으로 알려졌지만.

지난 10년간 교직에서 수많은 학생을 대하고, 기타 외부 교육 현장에서도 많은 강의를 진행하면서 다양한 수강생을 만나 보았다. 늘 느끼는 것이지만 학생들은 참 다양한 종류로 구성되어 있으며, 그리고 그들 중 분명히 몇 퍼센트의 소수는 항상 남보다 두세 배의 공부 욕심이 더 있는 것을 확인하게 된다.

이들 열정적인 학습자들은 교육자들이 제공하는 수업에 기본적으로 최선을 다해 따라오는 것은 물론이고, 이에 부가적으로 더 많은 것을 스스로 공부하고자 하는 강력한 학구열을 가지고 있다. 나는 이에 주목하였다. 어쩌면 우리의 인생도 마찬가지가 아닐까? 하나의 인생을 살지만 마치 평행 우주를 살아가는 것처럼 별도의 삶을 추구할 수 있다면 더 많은 배움의 기회와 즐거움을 누릴 수 있을 것이다. 하지만 물리적으로 우리는 어딘가에 속해 있어야만 한다. 만일 무한한 클라우드의 세상의 힘을 빌려 온다면 물리적인 한계를 벗어나 더 많은 것을 누리고 추구할 수 있지 않을까? 교실 전체를 대상으로 끌고 나가야 할 진도에는 영향을 주지 않고도 소수의 부가적인 학습열에 대한 요구에 대처할 수 있을까? 학생 개개인의 수요에 맞춤화된^{Customized} 교육을 1 대 다수의 교실 공간에서 구현할 수도 있지 않을까?

바로 이러한 상황에서 도입해 볼 수 있는 것이 HTTP^{Hermione's Time Turner Project}라 생각되었다. 마치 헤르미온느가 타임 터너 목걸이를 이용해서 남들보다 몇 개의 과목을 더 듣는 것처럼 마법과도 같은 방법으로 다양한 분야의 전문가들로부터 수업을 듣고 평가를 받고 이에 대한 인증 또한 받는다는 것이다. 타임 터너의 비밀은 바로 MOOC^{Massive Open Online Oourses}를 이용하는 것이다.

MOOC는 내 손안의 대학교

MOOC는 MIT 대학이 2002년 수백만 원의 등록금을 내고 들어야 할 수업을 오픈코스웨어^{OpenCourseWare, OCW}라 하여 외부에 강의를 무상으로 공개했던 것부터 시작하였다. MIT 대학의 인기 있는 수업 하나의 내용을 그대로 외부인들도 들을 수 있도록 온라인 동영상 강의로 제공했을 때 대중들은 열광할 수밖에 없었다. 전공자이든, 비전공자이든 이러한 교육에 대한 수요가 있었기 때문이다. 물론 OCW는 MOOC와는 달리 일방적인 교육 방식이지만 이러한 움직임이 교육의 모습을 바꿀 수 있을 것으로 생각하였고 많은 이들이 이러한 가능성을 타진하며 쌍방향 MOOC가 등장하기 시작했다. 2012년 세바스티안

트룬 Sebastian Thrun 교수와 피터 노르빅Peter Norvig 교수는 '인공지능 소개' 강의를 온라인으로 무료 제공하였는데 190개국 160,000명이 넘는 학생들이 등록함으로써 진정으로 방대한Massive MOOC 코스의 막이 올랐다. 이로 말미암아 새로운 비즈니스 모델에 대한 영감을 얻은 두 교수는 유다시티Udacity를 설립하였고 같은 해 코세라Coursera와 에드엑스Edx가 등장하였다. 특히 에드엑스는 MOOC의 원조인 MIT와 하버드 대학이 조인트 벤처의 형태로 설립하였다. 현재 MOOC의 3대 업체로 성장한 이들 업체는 전 세계 유수의 대학 강의를 온라인 코스의 형태로 만들어 전 세계 누구나 언제 어디서 수업을 듣고 수료할 수 있도록 꾸며 주었다. 모든 수업은 기본적으로 무료이지만 일부 유료 수업들은 수업 종료 후 개설 학교의 직인이 찍힌 수료증을 발급해 주고 이것이 실제 이력서에서도 정식 이력으로 인정받는다.

나의 수업과 직접적인 관계는 없지만, 학생들에게 MOOC를 통해서 의료인으로서 상식적으로 알아 두면 좋을 만한 수업을 추천하였고, 이를 완료하기를 권장하였다. 그 이후에도 일부 학생들은 평소 관심이 있는 과목을 위주로 자신들의 필요에 따라 추가적인 수업을 듣기도 했다고 들었다. 심지어는 몇몇 학생들이 유명 대학의 직인이 찍힌 수료증을 받아 액자로 만들어 두려고 수업을 신청하는 일까지 발생하였음을 목격하였다. 취지와는 완전히 어긋나는 일이었지만 어찌 되었건 꿀을 발라도 책을 볼까 말까 한 학생들이 스스로 동기를 유발하며 남들보다 더 많이 부가적인 학습을 하게 되는 것은 그나마 긍정적인 일이라고 생각하였다.

　MOOC는 과목의 특성상 대학교와 같은 고등 교육에 아무래도 집중되어 있다. 이에 초, 중, 고교 수준의 교육에서는 이러한 HTTP를 진행하기가 어려울 수 있다고 생각되지만 사실 2006년에 또 다른 형태의 MOOC가 등장을 하였다. 앞서 언급한 칸 아카데미이다.

　이 온라인 학교의 설립자 살만 칸^{Salman Khan}은 원래 MIT에서 수학, 전기공학 컴퓨터 과학을 전공하고 하버드 경영 대학원에서 MBA를 취득했던 소위 말하는 잘 나가는 헤지펀드 매니저였는데 워낙 숫자에 밝았는지 원거리에 있는 어린 사촌에게 수학 과외를 해야 할 일이 생겼다고 한다. 결국은 원격 화상 수업을 통해 동영상으로 수학을 가르치게 되어서 그 내용을 유튜브에 올렸는데 얼마 뒤 놀라운 일이 생겼다고 한다. 전 세계 어딘가부터 "동영상을 잘 보고 있어요 고마워요", "우리 아이가 이 동영상을 보고 수학에 관심을 보이기 시작했어요" 등의 댓글이 달리기 시작한 것이다.

　자신의 조카들을 위해서 만든 수학 과외 동영상에 전 세계의 사람들이 열광하는 모습을 보고 그는 이러한 방식의 교육이 가진 가능성에 열광하게 된다. 결국, 그는 회사를 그만두고 비영리 단체인 칸 아카데미를 설립하게 되고 그 가치를 인정받아 구글 프로젝트 '세상을 변화시킬 다섯 가지 아이디어'에 선정되었다. 또한 윈도우 운영체제의 전설 마이크로소프트의 빌 게이츠가 자신의 자녀가 칸 아카데미로 공부하는 모습을 보고 그는 이것이야말로 미래의 교실 모습이라고 생각하여 막대한 투자를 함으로써 더욱 널리 알려지게 되었다고 한다.

이러한 발전 과정을 거쳐 칸 아카데미는 이제 완전히 전 세계의 학생들에게 무료로 제공되는 양질 교육의 대표가 되었고 이제는 역사, 문학, 과학 심지어는 일반인을 위한 평생교육까지 하게 되었다. 아직 많은 부분이 영어로 되어 있지만 전 세계에의 인증받은 자원봉사자들의 노력을 통해서 한글화 작업이 상당수 진행되었다고 하고 실제로 국내에서도 많은 교육자가 이를 적용하여 놀라운 성과를 얻고 있다고 한다.

MOOC를 활용한 다양한 사이트

이 외에도 '퍼뜨릴 가치가 있는 아이디어Ideas worth spreading'라는 주제로 진행되는 TEDTechnology, Entertainment, Design에는 청소년을 위해 '나눌 가치가 있는 배움Lessons worth sharing'이라는 〈TED-Ed〉라는 프로그램이 있다. 이 사이트에서도 좋은 교육 자료들이 무료로 배포되고 있어 사실상 주변을 둘러보면 HTTP를 적용하기에 부족함은 없으실 것이다. 코딩이 화두가 되는 요즘에는 생활 코딩(https://opentutorials.org/course/1)이라는 온라인 강좌를 통해서도 좋은 교육을 받을 수 있다. 이처럼 방대한 자료가 공개되어 있지만 사용하지 않으면 무용지물이다. 그렇기에 나 역시 HTTP 기간에 학생들과 함께 9주짜리 교육 코스를 듣고 수료를 받았다. 부가적인 공부를 하는 나의 모습을 보였으니 아마도 학생들은 부가적인 공부를 권유받아도 큰 불만은 없으리라 짐작된다. 물론 이후에도 나는 계속 코세라와 유데미Udemy를 통해 공부하고 성과를 얻고 있다. 학생들에게 공부시키다가 오히려 내가 이 재미에 푹 빠져버린 셈이다. 공짜로 세계 최고 대학의 강의를 들을 수 있으니 이 얼마나 유익한가?

온 우주가 너의 발전을 도울 것이다

미국의 이야기지만 이제는 굳이 대학의 졸업장을 따지 않아도 코세라를 수료하거나 유다시티의 '나노디그리Nano-degree'를 이수하면 취업시켜주는 회사도 나타나고 있다. 구글, 페이스북, 에이티엔티의 일부 직종에서 이 프로그램을 시행하고 있다. 유다시티는 이 프로그램에서 자신감을 얻었고, 더 나아가서 프로그램 수료 후 6개월간 취업이 안 되면 전액 환급해 주는 '나노디그리 플러스'라는 프로그램도 개설했다. 짧은 학위 프로그램의 비슷한 예로 '다빈치 코더스DaVinci Coders'라 불리는 마이크로 칼리지 프로그램을 들 수 있다. 최고의 미래학 석학이라 불리는 토마스 프레이Thomas Frey는 4년짜리 교육으로는 더는 빠른 변화를 따라갈 수 없다고 인식하고 3개월에서 6개월짜리 마이크로 학위 프로그램인 다빈치 코더스를 설립했다. 2012년에 설립된 이 학교는 곧바로 채용에 연계된 프로그램을 목표로 하고 있으며, 최정예 전문가를 양성하고자 하는 비영리기관이다. 재취업과 직업 전환을 원할 때 최고의 프로그램이라 홍보하고 있으며, 1000시간 정도의 학습을 집중적으로 진행하고 이를 기반으로 취업과 연계하려고 노력하고 있다. 이 프로그램을 수료한 졸업생의 75%가 현재 개발자로 활동하고 있을 정도로 취업연계가 뛰어나다는 점이 특징이고, 프로그램 전과 후의 급여 상승을 경험한 사람이 44%에 이를 정도로 집중적인 직업훈련 프로그램으로 성장해 나가고 있다.

MOOC의 교육 노하우를 토대로 유료 강좌들도 더욱 많아지게 되었는데 가히 최고라 부를 만하다. 영화 촬영은 스파이크 리가, 연기는 새뮤얼 잭슨, 영화 음악은 한스 짐머, 테니스는 바네사 윌리엄스가 가르쳐 준다고 생각해보자. 정말 말 그대로 그 분야의 마스터들이 가르치는 마스터클래스MasterClass는 세계적인 초호화 연자진을 한 자리에 불러 모았고 사용자들은 이제 그 분야의 고수들에게 저렴한 비용으로 전설적인 코칭을 받을 수 있게 되었다. 고수를 찾아가 머리를 조아리고 어깨너머로 한 수 더 배우려고 마당을 쓸고 아궁이 불을 지키고 허드렛일을 몇 년씩 하고 나서야 문하생으로 받아들여지던 옛 세상을 생각한다면 너무나도 달라진 세상이다. 이제 최고에게 최고로 배울 수 있는 시대가 되었다. 시간과 공간의 제약 없이 말이다. 참으로 행복한 세상이다. 이제는 배우고자 하는 의지만 있다면 온 우주가 나서서 도와주는 시대가 된 것이다. 하지만 반면에 누구나 이렇게 고급 교육을 받을 수 있다면 더욱 높은 경쟁력이 요구될 것이고 이에 대한 우리의 고민도 깊어진다. 이렇게 치열한 세상에서 우리는 어떻게 살아남을 것인가? 평생을 이렇게 열심히 공부하고 노력을 해야 한다는 것인가? 우리는 앞으로 어떻게 살 것인가?

다음 에피소드에서 힌트를 얻어보자.

온 우주가 너의 발전을 도울 것이다

구글과 함께 성장하기

구글에서는 이제 사회적인 기여를 위해서 다양한 프로젝트들을 시작했다. 그 중 대표적인 것이 사용자들의 디지털 기술, 적응 능력을 발전시킬 수 있도록 도와주는 'Grow with Google'이라는 프로그램이다.

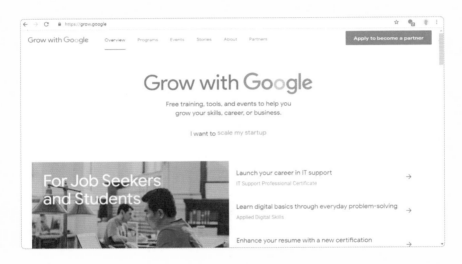

↑ 구글과 함께 성장 사이트(https://grow.google)로 들어가게 되면 다양한 세부 분야로 나누어져 자기계발을 할 수 있게 되어 있다.

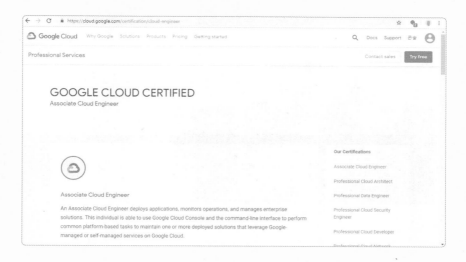

↑ 구글에서 따로 만든 인증 자격시험을 통해서 취업 시에 혜택을 받을 수 있게 하였다.

인터넷 사용 기술이나 디지털 적응 능력이 떨어지는 학생들을 위해서 역시 교육 콘텐츠를 제공하고 있다. 이들이 졸업하고 사회에 나갔는데 이메일을 쓰거나 첨부 파일을 보내는 단순한 작업조차 할 수 없다면 얼마나 많은 차별을 받을까? 이것을 디지털 격차 Digital divide 라고 하는데 바로 이러한 디지털 격차가 있는 아이들을 위한 온라인 동영상 강좌가 있다. 디지털 응용 기술 Google Aplied Digital Skills 이라는 이름으로 만들어진 이 강좌들은 다양한 세부 미션들을 해 나가며 배우는 식으로 되어 있다. 가장 좋은 점은 교사가 학생들을 불러모아서 하나의 강의실을 만들게 되면 학생들 스스로 학습을 해 나가게 되지만 그 진도나 습득 성취 여부를 한눈에 보고 관리할 수 있게 되어 있다는 점이다. 이런 강력한 기술이 무료로 제공되고 있다니 놀라울 따름이다.

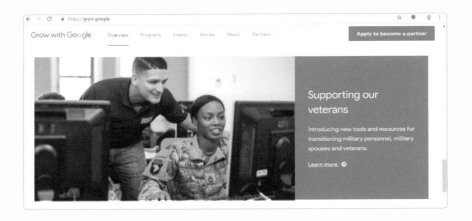

↑ MOS를 입력하면 군특기를 십분 활용할 수 있는 취업자리를 찾아 준다.

미국에서는 군대를 제대하고 나온 이들의 취업을 도우려고 이들이 근무했을 당시의 특기를 토대로 직업을 검색해주는 서비스를 제공하고 있다. 미군에서는 자신의 특기를 MOS^Military Occupational Specialty라고 부르는데 그 번호를 구글 검색창에 입력하면 이 특기가 요구되는 직업들이 선별되어 검색되고 관련 취업의 기회를 찾아볼 수 있다. 단순히 인터넷에서 맛집을 찾고 웃긴 영상이나 누군가의 가십을 찾는 우리의 모습을 되돌아볼 때 참으로 부러운 모습이다. 우리의 인터넷 문화도 이러한 방향으로 발전할 수 있기 되기를 기대해 본다. 다행히도 한국의 구글에도 이러한 서비스가 시작되었다. 국내의 많은 헤드헌팅 프로그램에 등록된 내용을 한 곳에 모아주고 심지어는 이메일 알림까지 받게 해주는 것이다. 기승전'구글'이다.

구글에서 '프로그래머 취업'으로 검색하니 100개가 넘는 구인 광고가 구글 검색창 안에서 검색된다. 여러 취업 사이트를 모두 들어가지 않아도 되니 취업 준비생에게 는 정말 편리한 도구이다.

온 우주가 너의 발전을 도울 것이다

내 일상을 학술적 접근으로 가득 채우자. 매일 걷는 길, 숨 쉬는 모든 것들의 의미를
학술적으로 고민하고 기록하여 세상에 나누자.
당신의 학술적 노력이 세상을 구원할 것이다.

episode

1 7

학술적인
마음가짐이
세상을
구원한다!

학술적인 마음가짐이
세상을 구원한다!

휴렛재단은 앞으로 미래 사회에서 필요한 기술로서 딥러닝이라는 개념으로 기존의 4C(Creativity, Critical-thinking, Communication, Collaboration)에 추가하여 '학술적인 마음가짐'과 '배우는 법 배우기'를 강조했다고 언급하였다. 배우는 기술은 그렇다 쳐도 이들은 왜 학술적인 마음가짐을 중요하다고 한 것일까?

흥미롭게도 구글은 두 명의 창업자가 모두 이러한 학술적인 자세를 가지고 있다. 이들 둘은 모두 대학교수의 자제로 태어났다는 공통점을 갖고 있으며, 회사의 미션 자체에 "악해지지 말자."라는 표현을 넣을 만큼 회사가 수익을 추구하고 악해지는 것을 몹시도 경계했다. 20여 년이 지난 최근에는 저 표현이 사라지고 "옳은 일을 하라do the right things."로 바뀌었지만 여하튼 이 표현들이야말로 구글의 본질, 정수를 잘 보여주는 것 같다.

그들은 데이터에는 욕심을 냈지만, 수익을 앞세우지는 않았다. 물론 주주총회에서 주주들로부터 수익 구조에 대한 압박을 받았을 수는 있지만, 최소한 회사의 가치에 수익 모델을 포함하지는 않았다. 심지어는 투자자들에게 자신들의 운영 방침에 불만이 있으면 다른 회사에 투자하라는 배짱도 보였다. 그랬기에 '프로젝트 X' 등과 같은 수익과는 거리가 먼 프로젝트들을 추진하여 세상을 바꾸는데 앞장설 수 있었던 것이다. 구글은 그들이 표방하는 것처럼 모든 이에게 정보를 제공하기 위해 설립되었다. 2016년 구글 I/O 행사에서는 사람들을 사람, 지역, 사물과 더 잘 연결하는 것을 목표로 한다고 발표했다. 그 전략의 부산물로 우리는 필요한 기반 시설을 구축하고 직원을 고용하는 것 같은 비즈니스 모델을 개발한다고 말하였다. 구글은 수익을 목표로 하는 회사가 아니라 더 큰 꿈을 가지는 회사였다. 이러한 점에서는 월트 디즈니의 꿈도 비슷했다.

> "우리는 돈을 벌려고 만화 영화를 만들지 않습니다.
> 만화 영화를 만들려고 돈을 버는 것입니다."
>
> 월트 디즈니

이러한 꿈의 추구를 통해 결과적으로는 세계적인 엔터테인먼트 재벌 기업이 되었지만 어쩌면 애초부터 그들의 목표는 돈이 아니었기에 이런 것이 가능했는지 모른다. 그의 정신과 가치에 사용자들도 열광한 것이다. 이러한 점은 테슬라, 스페이스 엑스, 보링 컴퍼니, 솔라시티의 CEO인 엘론 머스크 역시 마찬가지이다. 엘론 머스크는 페이팔Paypal이라는 온라인 결제 시스템을 통해 막대한 돈을 벌었던 초창기 페이팔 마피아의 멤버였지만 회사를 나오고 배당금을 흥청망청 쓰지 않고 재투자를 하여 회사를 차린다. 전기자동차 테슬라를 만들면서는 최고급 로드스터를 소량 만들어 부자들로부터 수익을 올리고 그 수익을 통해 프리미엄 전기 자동차를 보급하고 거기서 나온 수익으로 일반적인 보급형 전기자동차를 만들겠다는 비전을 제시한다. 어느 정도 궤도에 올라가나 싶더니 그 돈으로 우주선을 재활용하는 기술을 개발한다. 그리고 솔라시티를 설립하여 전 세계에 태양광 에너지를 저렴하게 공급하겠다는 꿈을 꾼다.

그리고는 지긋지긋한 교통 체증을 해결할 수 있는 지하 터널을 만드는 보링 컴퍼니Boring Company를 설립한다. 그리고 터널을 만드는 과정에서 발생하는 엄청난 양의 흙을 처리하기 위해 난데없는 벽돌 가게Brick Store를 차리고 아주 저렴한 가격에 이를 판매하며 좋은 뜻으로 집을 짓는 경우에는 무상으로 제공하고 있다. 경제학적 관점에서는 말이 되지 않는 행보이지만 그는 부의 축적과 그 부의 대물림을 목표로 한 것이 아닌 세상을 바꾸는 자신의 꿈을 추구하는 목표에 전념하는 것이다.

가난은 부끄럽지 않지만

나의 아버지는 철학을 전공하셨는데 안타깝게도! 철학자의 올바른 길은 "가난해야 한다."라고 믿고 계셔서 어려서부터 돈에 대해서는 "황금 보기를 돌같이 하라."라는 가르침을 많이 주셨다. 어려서부터 내가 이러한 교육을 받았기 때문에 오히려 학문적으로, 업적 면에서 지금과 같이 많은 일을 이루면서 살 수 있었던 것은 아닐까 생각해 본다. 항상 금전적인 저울질보다는 일의 가치와 세상을 바꿀 수 있는 좋은 일인가를 먼저 생각했던 내 철학이 오늘날의 내 모습을 만든 것은 아닐까?

재미있게도 구글의 창업자인 래리 페이지와 세르게이 브린 역시 나와 비슷한 배경을 가지는 것 같아 모종의 동질감을 느끼곤 한다. 세르게이 브린은 1973년 8월 21일 모스크바에서 태어났다. 그의 부모는 과학자였고 러시아에서 유대인으로서 박해를 받는 상황을 벗어나려고 미국에 이민했다고 한다. 워싱턴 근교의 메릴랜드에서 아버지는 수학교수로 어머니는 NASA의 과학자로

2013년 TED에서 자신의 개발품 구글 글래스를 선보이는 세르게이 브린.

자리를 잡았다. 집안이 그러다 보니 어린 시절 숫자와 공식 같은 것에 빠져 살기는 했지만 의외로 운동을 잘하고 사교적인 학생으로 기억되고 있다. 사업 파트너인 래리 페이지와는 정반대의 성향이다. 브린은 학창 시절 롤러 블레이드를 타고 학교에 다니고 서커스를 배우기도 했다는 것으로 보아서는 자신을 표출하고 주목받는 것을 좋아했던 것 같다. 그래서 모두가 끔찍하다고 했던 구글 글래스를 쓰고도 자랑스러운 표정을 지었던 것일까? 아무튼 그가 가진 이러한 정신은 사실 구글이 가진 기업 분위기의 핵심이 되었는데 2004년 구글이 주식 공개를 할 때 구글의 유명한 모토 "악해지지 말자."를 제시하며 누군가 사악함의 기준이 무엇인가를 묻자 에릭 슈미트는 "세르게이가 사악하다고 하는 모든 것이다."라고 말한 바가 있을 정도로 구글의 정체성 확립에 큰 영향을 주고 있다. 그는 태생적으로 기술이 민주적이라고 믿고 있고 누구나 그 기술을 통해 같은 권력을 가질 수 있다고 생각하는 낭만적인 사회주의자이기도 하다. 그는 현재 2011년 이후 구글의 프로젝트 X에 소속되어 무인자동차나 구글 글래스를 만들었고 검색어를 입력하지 않아도 결과가 나오는 최첨단 기술을 개발하기 위해 노력 중이다.

래리 페이지는 브린과는 전혀 다른 존재이다. 1973년 3월 26일 미시간의 이스트 랜싱의 작은 마을에서 태어난 래리 페이지는 최근 하시모토 갑상선염을 앓게 되면서 더욱 말하는 것이 힘들어져서 더욱 과묵한 존재가 되었다. 그의 아버지는 미시간 주립 대학에서 최초로 컴퓨터 공학 박사 과정을 마친 학생으로 알려졌고, 이후 교수 자격을 취득했으며 그의 어머니는 대학에서 프로그래밍을 가르쳤다. 페이지와 같은 점은 부모가 모두 학자였다는 점 외에 둘 다 몬테소리 학교를 어린 시절 다녔다는 것이다. 몬테소리 학교의 특징은 아이들의 독창성과 자유, 아이디어를 이끌어 내고 자율적으로 생각하며 더 나은 세상을 만드는데 일조할 수 있는 아이들을 키워내는 것으로 유명하다.

더 나은 세상에 이바지하는 구글

브린과 페이지는 모두 구글의 막대한 주식을 보유하고 있다. 하지만 그들은 포르쉐를 타고 다니거나 금 목걸이를 치렁치렁 메거나 양복을 입고 출근하지 않는다. 반바지에 샌들 차림으로 공식석상에 아무렇지 않게 나타나곤 한다. 물론 일반인보다는 백배 천배는 더욱 풍족한 삶을 살고 있겠지만 이러한 라이프 스타일은, 특히 페이지에게는 큰 의미가 없는 것 같다. 세상에 일어나는 사건들에 지대한 영향을 끼치고 역사에 자신의 이름을 남기고 세상을 더 나은 곳으로 만드는 야심이 있기 때문이다. 특히 래리 페이지는 항상 야심 없는 사람들에 대해 불만을 토로하곤 한다고 한다. 기업들에 대해서도 늘 같은 일만 하려고 하기 때문에 기업 운영이 잘 안 된다고 말했다. 심지어는 자신들의 구글에 대해서도 "세상의 지식을 조직화해 모든 사람이 접할 수 있게 한다." 라는 모토가 쉬운 일은 아니지만, 자신들에게 너무 약소한 게 아닌가 생각했

학술적인 마음가짐이 세상을 구원한다!

고 이에 이 모토를 수정할 필요가 있다고 주변인들에게 말했다고 한다.

페이지는 회의할 때마다 주변 사람들에게 10년 뒤를 생각하고 개발하라고 말하고 엄청난 기술적 비약을 너무나도 쉽게 요구하곤 한다고 한다. 구글에서는 농담처럼 누군가가 혁신적인 기술을 통해 타임머신을 개발해서 자랑스럽게 그에게 시연하려고 전원선을 찾으면 "전원선이 왜 필요한데요?"라고 천연덕스럽게 물을 것이라고 말한다고 한다. "래리가 또다시 미래 여행을 하고 온 뒤 우리에게 엄청난 걸 요구하기 시작했다."라는 농담도 있다고 한다.

어쨌건 내성적이고 느릿느릿하고 은둔형 삶을 살고 있지만, 그가 가진 가슴속의 뜨거운 야망은 구글의 비전 그 자체인 것 같다. "어떤 회사의 CEO를 만났는데 그에게 오직 돈을 벌려는 동기밖에 없다는 확신이 들면 나는 그 회사를 머릿속에서 삭제해버립니다."라는 페이지의 사고방식은 참으로 대단하다. 수익을 올리는데 혈안이 되고 먹음직스러운 기업을 합병하여 회사를 성장시키는 다른 회사들과는 구글이 현저히 다르기에 우리는 여전히 구글에 대해 희망과 기대를 하는 것이 아닐까?

나 역시 이들과 비슷한 삶을 살아왔기에 이 글을 보는 독자분들에게도 비슷한 조언을 해 주고 싶다. 최근 인터넷 활동들을 보면 한 가지 안타까운 것이 있는데 우리나라와 미국의 인터넷 활동의 차이점이다. 대표적인 사례가 위키피디아의 활용이다. 위키피디아는 집단 지성을 이용해 지식을 집대성하는 온라인 백과사전이다. 영어로는 600만 개의 인덱스가 기록되고 실시간 업데이트 되고 있다. 재미있게도 우리나라에도 한글화된 위키피디아가 있긴 한데 42만 개 정도로 인덱스의 수가 터무니없이 부족하고 무엇보다 들어가 있는 내용이 빈약하기 짝이 없다. 내가 전문으로 하는 치과 관련 콘텐츠를 보았더니 내용이 2줄 이상을 넘는 인덱스가 별로 없었고 학생들이 어디선가 자료를 복사해서 붙여 넣은 듯한 느낌이 강했다. 잘못되거나 이미 지나치게 오래된 용어들도 존재했다. 우리나라의 인터넷 사용자들은 자신의 시간을 들여 지식을 업데이트하고 누적하여 보관하고 대중에게 나누는 것에 대해 큰 재미를 못 느끼는 것 같다. 오히려 네이버 지식인이나 블로그를 통해서 맛집을 리뷰하고 광고성 글을 올리는데 더 큰 의미를 두는 것 같다.

구글의 검색 알고리즘

정보 검색 역시 비슷한 차이를 보인다. 구글에서는 내용 검색에 대한 것과 연구를 위한 검색이 많지만 우리나라의 네이버를 이용해 검색하거나 중국의 바이두에서 정보를 찾으면 무엇보다 광고성 글들이 무차별적으로 먼저 올라오고 내용도 부정확한 경우들이 많다. 이는 페이지가 만들어 낸 검색 엔진 스스로 사이트의 신뢰성을 판단하는 기술이 이들에게는 부족하기 때문이다. 하지만 구글은 애초부터 이러한 부분에 대해 많은 고려를 했던 것 같다. 자신의 이름을 붙여 '페이지 랭크Page Rank'라는 서비스를 만든 래리 페이지는 그만큼 자신의 검색 엔진에 애정을 갖고 있었고 페이지의 신뢰성을 확인하여 결과로 제시하는 알고리즘을 만들려고 많은 노력을 기울였다. 이 검색 알고리즘에 대한 노하우를 〈How does Google Search work?〉라는 유튜브 영상으로 설명한 바도 있다. 그 내용을 살펴보면 이것은 인터넷 검색 업체라기보다는 컴퓨터 공학 학술대회의 발표자료에 가까운 것 같다. 이것만 보아도 그들이 얼마나 검

학술적인 마음가짐이 세상을 구원한다!

페이지랭크 알고리즘을 설명하는 장면 (출처: Google Webmasters 유튜브 채널)

색이라는 그들의 핵심기술에 학술적으로 접근하는지 알 수 있다.

반면 국내 검색 업체들의 결과는 거의 상업적 블로그들이 태반이다. 결과를 믿기가 어렵다. 이들이 광고 수입보다는 검색 결과의 신뢰성을 높이고 검색을 통해 사용자들이 더욱 창의적인 활동을 할 수 있도록 돕는다면 얼마나 좋을까? 결국, 도구는 우리를 길들이기 때문이다. 국내 검색업체에서 맛집 검색만 하는 사용자들은 결국 맛집만 찾아다니는 삶의 수준을 넘어서기 어려울 것 같다.

물론 모든 이들이 수익과 관계없이 꿈을 추구하며 학술적인 삶을 살아야 할 이유는 없다. 하지만 개인적으로 이러한 삶의 방식이 분명히 어떤 의미에서는 정신적인 보상과 위안을 주는 길이라 믿는다. 최소한 이 책을 읽는 독자들은 무언가 고차원적인 삶을 추구하고 계시리라 확신한다. 구글은 실리콘 밸리의 이상을 대변하는 기업이다. 실리콘 밸리의 전문가들은 부는 삶을 구성하는 조각 중, 단 한 조각으로 사소하면서도 기분 좋은 느낌이 드는 조각에 불과하다고 생각하고 있다고 한다. 오히려 그들은 자신들의 기술을 통해서 세상을 바꾸는 일에 더욱 관심이 많다. 그렇기에 구글의 비전은 지식을 나누는 것이었고 페이스북은 "사회적 임무를 달성하기 위해 창업하였다."라고 밝힌 것이다. 모두가 돈을 보고 달려가는 아귀다툼이 아닌 많은 이들에게 마음의 평안과 행복을 주는 좋은 삶의 방식이라 생각한다. 그리고 이러한 학술적인 마음가짐이 지속하면 이를 통해 반드시 새로운 가치가 생성될 수 있을 것으로 생각한다. 나는 여전히 돈은 이상 추구와 함께, 그리고 노력을 따라온다고 믿고 있다. 이렇게 믿는 이들이 더욱 많은 사회를 꿈꿔본다.

학술적인 마음가짐이 세상을 구원한다!

구글에서 논문이나 신문 검색하기

구글이 진행하는 프로젝트 중에서 티도 나지 않으면서 정말 의미 있는 사업이 하나 있다. 바로 구글 스칼라^{Google Scholar}이다. 예전에는 의과학자들이 논문을 쓰려고 자료를 찾으려면 대부분 펍메드^{PubMed}라고 하는 사이트로 들어갔었다. 이곳은 미국 국립 보건원^{National Institutes of Health, NIH}이 운영하는 공공사이트이다. 하지만 구글은 검색의 최고가 아니던가. 전 세계 그 어디서든지 논문을 찾아주고 심지어는 파일까지 구해주는 용한 기술이 있다. 이처럼 학술논문에 특화되어 검색 엔진을 운영하는 것이 구글 스칼라이다.

구글 스칼라의 검색 엔진

연구자로서 개인의 정보를 넣으면 자신이 관심 있어하는 분야의 논문들을 추천해주거나 논문 업적을 일목요연하게 정리해준다.

정보 입력 후에 내가 쓴 논문들의 인용 횟수를 검색하고 이를 그래프로 친절하게 정리해 준다. 공동 저자와의 관계도 추가하면 향후 서로의 업적도 같이 관리할 수 있다. 키워드를 입력해두면 그 키워드가 들어간 새로운 논문이 출판되면 자동적으로 메일로 받아볼 수도 있다.

또 구글이 하는 사업 중 많은 이들에게 도움이 될 만한 것은 구글 신문

(https://news.google.com/newspapers)이다. 구글은 200년도 더 된 전 세계의 신문들을 모두 스캔하여 보관하고 이를 우리에게 제공해 주고 있다. 정말 귀한 자료가 아닐 수 없다. 그 어느 나라에서도, 그 어느 정부에서도 심지어 UN이나 UNESCO에서도 하지 않는 일이다. 오직 정보의 가치를 중요하게 생각하고 이를 통해 새로운 지식 창출을 추구하는 것을 사명으로 생각하는 구글만이 할 수 있는 일이다.

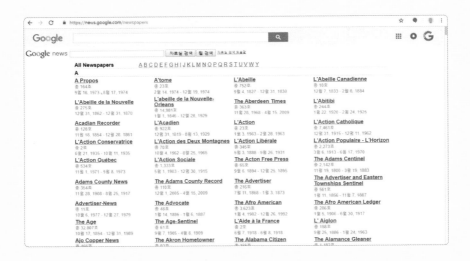

↑ 사이트에 들어가면 다양한 신문들이 보관되어 있다.

↑ 데일리 뉴스라는 곳에 들어가 보니 1890년도의 기사도 남아있다. 이 중 한 장을 클릭해 보겠다.

↑ 아주 선명하게 신문이 스캔 되어 제공된다. 로딩 속도도 빠르고 해상도도 훌륭하다. 100여 년 전 신문을 이렇게 손쉽게 볼 수 있다는 것은 상상도 할 수 없던 일이다. 이러한 방대한 자료를 이용해 무엇을 할지는 사용자들의 손에 달렸다.

Google

세상 밖의 지식과 지혜를 검색하기 전 내 안의 거인을 검색하는 것은 어떨까?
나는 누구이며 내가 좋아하는 것은 무엇일까?
구글 엔지니어 명의 명상법이 좋은 해법이 될지 모른다.

episode

1 8

네 안의
거인을
조용히 검색하라

네 안의 거인을
조용히 검색하라

이 책을 통해서 20:80의 비율로, 파레토의 법칙대로 다섯 명의 삶을 살거나 불필요한 물건들이나 인간관계를 정리하는 미니멀 라이프를 살게 되다 보면 필연적으로 오게 되는 것이 번아웃^{Burnout} 증상이다. 지나치게 자신을 가혹하게 대하는 경우 당연히 이런 일이 발생할 수 있다. 구글의 변화 속도를 따라가다 보면 지쳐 버리기도 한다. 나 역시도 그러했다. 아마도 구글 사무실에서도 이러한 비슷한 현상이 발생했던 것 같다. 구글의 107번째 직원으로 입사했던 차드 멍 탄^{Chade-Meng Tan}은 구글 내에서의 공식 직함이 Jolly Good Fellow^{사랑스러운 친구}일 정도로 밝고 재미있는 친구였다. 하지만 이처럼 밝은 그의 성격에도 그는 많은 고민을 하고 있었는데 이 문제를 해결하게 되면 세계 평화까지도 가능할 것이라 믿었다. 그가 찾아낸 답은 바로 마음챙김^{Mindfulness}였다. 그는 ≪너의 내면을 검색하라≫를 저술하고 이 프로그램을 구글 직원들에게 제공하기 시작했다. 깐깐하고 똑똑하고 완벽주의적인 괴짜 집단 구글러들은 이 프로그램을 통해 마음의 평화를 얻기 시작했고 곧 이 프로그램은 더욱 확대되어 차드 멍 탄은 45세에 구글을 퇴직하고 비영리 기관 SIYLI^{Search Inside Yourself Leadership Institute}를 발족한다.

구글 내부에서는 'gPause'라는 이름으로 명상 모임이 만들어졌는데 우연히 이러한 모임을 알게 된 한국의 유정은 대표가 차드 멍 탄에게 이메일을 직접

한국내면검색연구소 홈페이지에서 유정은 대표 소개 페이지. 차드 멍 탄의 오리지널 프로그램을 경험하고 싶은 분들은 이 사이트에서 요청할 수 있다.

보냈고 그는 유정은 대표를 도와주겠다고 바로 답변을 보냈다고 한다. 이렇게 국내에서도 그의 가르침이 전파되는 모임이 만들어졌고 유정은 대표는 국내 최초의 명상 앱인 '마보'를 출시하였다. 현재 외국에는 1300여 개의 명상 앱이 있고 틱낫한 스님의 걷기 명상 등을 비롯해 명상이 제2의 요가와 같은 붐을 일으킬 것이라 평가되고 있다. 스트레스와 직면하여 사는 현대사회에서는 그 시장성이 대단히 클 것으로 예상하고 있다.

위빠사나는 붓다가 궁극적인 깨달음을 얻은 수행법인데, 한 대상에 마음을 집중한 상태서 고요하지만, 끊임없이 변화 생성하며 소멸하는 대상을 있는 그대로 관찰하는 수행을 의미한다고 알려졌다. 매사추세츠 의과대학의 존 카밧진 교수는 샤론 샐즈버그가 1976년에 설립한 통찰수행회서 처음 위빠사나를 접하고, 불교 심리학을 실체 치료에 접목하겠다는 아이디어를 얻었고, 위빠사나 수행의 핵심이라고 할 수 있는 '마음챙김 명상을 기반으로 한 스트레스 감소 이완Mindfullness-Based Stress Reduction, MBSR' 프로그램을 개발하였다. 불교의 마음챙김 수행에 바탕을 둔 이 명상치료법은 곧 미국 전역에 열풍을 불러일으켰다. 국내에서는 장현갑 영남대 명예교수가 스트레스 감소 이완 프로그램 관련된 저서 다수를 내고 명상과 의학의 접목을 시도한 '통합의학'의 연구 및 국내 보급에 힘써 왔다. 그의 저서 ≪마음 vs 뇌≫에서는 만성통증, 불안과 우울, 암 등 스트레스 관련 질병의 예방과 치료를 위한 명상의 임상적용 효과를 구체적인 데이터와 통계수치로 입증하는 등 과학적 근거를 제시하고 있다. 이러한 변화 덕분에 명상은 구루로부터 가르침을 받는 비밀스러운 종교와 같은 모습이 아닌 충분히 과학적인 접근법을 가진 자기 수양으로 재조명되고 있다. 바로 명의 명상은 이 MBSR에 근거를 두고 있다.

다양한 마음챙김 프로그램

미국에서는 이러한 마음챙김 명상을 도우려고 다양한 앱이 등장했는데 그 중 가장 널리 알려진 앱은 'Calm'과 'Headspace'로 둘다 3천억 가치의 스타트업 기업으로 성장했다. 스마트폰에서 다운을 받고 나서 이 앱을 사용하면 자신이 원하는 삶의 목표 즉 깊은 잠을 잔다거나 스트레스를 줄이고 집중력을 향상시키는 등의 구체적인 수양을 할 수 있다. 하지만 명상을 위한 시간은 도대체 어떻게 만들 것인가? 이것은 앞서 언급한 구글 캘린더의 목표 기능을 이용하면 자동으로 적절한 빈 시간을 찾아줄 수 있다.

마음챙김이 대세임을 알았는데 그렇다면 도대체 우리는 무엇을 얻을 수 있는가? 우선 마음챙김을 통해서 우리는 업무 충실도를 높일 수 있다. 그리고 행복을 위한 준비를 할 수 있다. 궁극적으로 이를 통해 우리는 타인의 마음을 챙길 수 있고 멍에 따르면 세계평화를 이루게 될 것이라 한다. 차드 멍 탄의 책 ≪너의 내면을 검색하라≫에는 이런 이야기가 나온다.

한 도둑이 있었다. 그는 아주 귀한 보석을 훔쳐서 달아나던 중이었다. 추적을 받던 중에 길에서 자고 있던 거지를 보게 되고 잠들어 있는 그의 주머니에 보석을 숨긴다. 나중에 다시 돌아와 그의 주머니에서 꺼내 갈 요량이었다. 하지만 계속 추적을 당하던 그는 결국 추적자들에 죽게 된다. 잠에서 깬 거지는 과연 그의 주머니에 있는 보석을 찾아 엄청난 부자가 되었을까? 안타깝게 그렇지 않다. 거지는 원래 가진 것이 없었고 그러다 보니 자신의 주머니에 손을 넣을 일이 없었다. 결국, 단 한 번도 그의 주머니에 손을 놓지 않고 평생을 가난하게 살다가 죽었다.

우리의 내면에는 소중한 보물이 숨어 있다. 우리는 바쁜 일상을 살면서 우리 내면의 이야기에 귀를 기울인 적이 없다. 행복을 추구하면서 항상 남이 가진 행복을 따라만 했다. 인스타그램과 페이스북에 올라간 사진들을 보면 남들이 가는 여행지와 멋진 자동차, 맛있는 식사들을 부러워만 했다. 내가 누릴 수 있는 행복과 내가 원하는 진정한 행복은 무엇인지 모르고 행복의 파랑새만 찾아서 헤매는 것이다. 정작 파랑새는 좋아하지도 않으면서 말이다.

　서은국 교수의 ≪행복의 기원≫이라는 책에서 꿀벌의 비유를 찾아볼 수 있다. 그는 꿀벌이 꿀을 모으는 것이 인간이 행복을 추구하는 것과 같다고 말한다. 꿀벌에게 왜 꿀을 모으느냐고 물어보면 '꿀을 모으는 게 좋아서'가 아니라 '생존하기 위해서'라고 답을 할 것이다. 따라서 우리 인간에게 '왜 행복을 추구하느냐?'고 물어보면 '행복하기 위해서'가 아니라 '생존하기 위해서'라는 답이 나오는 것이 맞다는 것이다. 마치 꿀벌이 꿀을 모으는 것이 삶의 목적이 아닌 것처럼. 그렇기에 우리는 '어떻게 행복할 것인가?'를 고민할 것이 아니라 오히려 '왜 행복해야 하는가?'를 고민해야 한다고 그는 말한다.

　그렇게 생각해보면 사실 명확한 정의도, 기준도 없이 단순히 덮어놓고 행복하기만을 추구한다는 것이 얼마나 힘든 과제인지 새삼 느껴진다. 무엇인지도 모르는 보물을 찾아 헤매는 삶은 얼마나 지치고 힘들 것인가? 그리고 그는 책 마지막에 사랑하는 사람과 같이 식사를 하는 사진을 보여주며 이것이야말로 인간의 행복이라는 다분히 진화생물학적이고 유물론적인 답을 제시하고 있다. 결국은 살아남으려고. 번식하기 위해서 우리는 행복해지려고 하는 것이다. 나름 상당히 타당하고 성취하기 쉬운 행복론이다. '행복하기 위해 마음을 내려놓으세요', '느리게 사세요', '미니멀 라이프를 추구하세요', '사랑하세요' 등 추상적인 뜬구름 잡는 이야기만 하기보다는 얼마나 실천하기 쉬운가?

　그렇기에 우리는 우리의 내면을 검색하라는 차드 멍 탄의 조언 대로 우리의 감정에 귀를 기울이고 우리의 마음과 직면해야 한다. '어떻게 행복해질 것인가?'라는 답이 나오지 않는 문제로 고민하는 것을 멈추어야 한다. 이러한 과제를 이루어야 이 책에서 언급한 효율적인 삶, 의미 있는 삶을 살 수 있다. 그리고 자기 삶의 발전을 위해서 앞만 보고 열심히 살면서 마음의 황폐함을 느끼는 이들에게는 좋은 치유가 될 것이다. 제아무리 멋지게 살 수 있는 노하우를 터득했다 해도 마음이 지옥이면 아무 소용이 없기 때문이다. 한번 구글의 검색 엔진처럼 여러분의 마음속을 검색해 보자. 어쩌면 놀라운 해답이 나올 수도 있다.

구글에서 명강의 듣기

우리는 하루에 유튜브에 올라가는 영상의 시간이 총 65년치에 해당한다는 사실을 잘 알고 있다. 그렇다면 유튜브에서 명상과 관련된 내용을 한번 찾아 보자. 명상 학원을 가지 않아도 구글만 있다면 모든 것을 배울 수 있는 시대가 왔다는 것을 알게 될 것이다.

구글에서는 '톡 앳 구글Talks at Google'이라는 프로그램을 진행해 외부 인사들을 초청 후 강연을 듣고 있다. 그들의 동영상이 모두 유튜브에 올라가 있고 채널을 구독하면 유용한 콘텐츠들을 끊임없이 공급받을 수 있다. 차드 멍 탄의 강연도 올라가 있으니 그의 핵심 정신을 한번 들어 보자.

차드 멍 탄의 <너의 내면을 검색하라> 강연 (출처: Talks at Google 유튜브 채널)

네 안의 거인을 조용히 검색하라

01 매튜 리카드 스님의 <행복의 습관> 강연 (출처: TED 유튜브 채널)

02 차드 멍탄의 <Three Easy Steps to World Peace> 강연 (출처: 세바시 강연 유튜브 채널)

유튜브에는 TED 채널이 존재한다. 이 영상은 TED 홈페이지에도 제공되고 있지만, 유튜브라는 플랫폼이 워낙 강력하기에 유튜브와 동시에 제공하고 있다. 자신들의 채널만 고집하는 우리나라의 몇몇 단체들과는 크게 나뉘는 접근이다. 메시지의 전달이 중요하다면 전달이 쉬운 채널을 선택하는 것이 좋지 않을까?

유튜브에는 세바시 채널도 존재한다. '세상을 바꾸는 시간'의 줄임말인 세바시는 '한국의 TED'라고 볼 수 있다. 2013년 한국을 방문했던 차드 멍 탄의 강연이 제공되고 있다.

앞에 언급한 유정은 대표의 명상 강의도 유튜브에 올라가 있다. 유튜브가 세계 2위의 검색 엔진이라는 뜻을 이제 이해하셨을 것이다. 없는 영상이 없다.

유튜브에서 '명상 유정은'을 검색한 화면

네 안의 거인을 조용히 검색하라

큰 그림을 그리자. 세상에 태어나 무언가 작은 스크래치라도 하나 만들고 가자.
매일매일 아등바등 살지 말고 더 큰 그림을 그리고 살아보자.

Google

episode

1 9

대의를 추구하면
돈이 따르고,
돈을 추구하면
돈은 도망간다

대의를 추구하면
돈이 따르고,
돈을 추구하면
돈은 도망간다

나는 독자 여러분의 삶을 개선하고 더욱 성공적인 삶이 될 수 있도록 도움이 되는 조언들을 빼곡히 적어 나가기 시작했다. 6개월 정도의 시간이 흘렀고 점차 글의 마지막 마무리가 다가옴에 따라 혼자서 연구실에 앉아 글 마무리에 집중하는 시간이 많아졌다. 당연히 가족과 함께하는 시간은 줄어들었다. 그때 바로 '나 혼자 성공한다면 무슨 의미가 있겠느냐?'는 생각이 들기 시작했다. ≪혼자만 잘 살믄 무슨 재민겨≫라는 책도 생각이 났다.

구글의 첫 시작은 혁명을 위한 시민운동도 아니었고 비영리 단체를 꿈꾸었던 것도 아니었지만 놀랍게도 현재의 구글은 인류에 이바지하는 많은 프로젝트를 진행하고 있다. 회사의 수익과는 전혀 관계가 없지만, 이 프로젝트들을 통해 구글은 자사의 브랜드 이미지를 높이고, 실제로 세상에 많은 변화를 가져오고 있다.

구글 임팩트 챌린지는 그중 한 예이다. 구글 탄생 10주년을 기념해서 시작된 이 프로젝트는 세상을 바꾸는 아이디어를 선정하여 자금을 지원하고 멘토링을 해주는 이벤트이다. 2016년에는 4개의 단체가 선정되었고 각각 5억 원의 지원금이 제공되었는데 '멋쟁이 사자처럼', '커뮤니티 매핑센터', '미래교실네트

2016년도 피플스 초이스 우승 프로젝트, 멋쟁이 사자처럼

워크', '생태지평 연구소' 등이 바로 그 예이다.

내가 구글의 도구를 사용한 것은 10년이 넘었지만, 이들의 내부적인 프로젝트를 들여다볼 기회는 그리 오래되지 않아 지난 3년간 집중적으로 구글과 함께 교류하며 그들에 관한 책을 탐독하였다. 이 짧은 3년의 세월은 내 삶에 큰 변화를 가져올 정도로 많은 영향을 주었다. 그들이 일하는 방식도 매력적이지만 그들의 정신이 너무나도 큰 가르침과 자극을 주었기 때문이다. 기업은 영리추구 목적인데 어떻게 구글은 영리추구가 아닌 세상을 바꾸려는 모습으로 자신을 어필을 하고 있는 것일까?

구글은 1998년 설립된 이후 에릭 슈미트Eric Schmidt라는 멋진 어른 아래에서 10년간 성장했다. 두 괴짜 젊은이가 운영하는 회사의 이미지보다는 훨씬 안정적인 느낌을 만드는데 크게 일조를 했다. 하지만 그의 지휘 아래에서 구글의

구글의 첫 시작이었던 작은 차고에서 포즈를 취한 창업자 세르게이 브린과 래리 페이지. 이들의 창고가 궁금한 이들은 구글 맵에서 수잔의 차고(Susan's Garage)를 검색해보자. 360˚ 이미지로 차고 안과 집 안을 살펴 볼 수 있다.

성장은 10년 만에 어떤 보이지 않는 한계에 도달했고 3인의 의사소통이 점점 어려워지기 시작했다고 한다. 그 결과 2011년 5월 래리 페이지가 다시 전면에 나서고 세르게이 브린은 연구소를 맡게 된다. 그리고 에릭 슈미트는 명예 회장이 된다. 이렇게 페이지가 다시 CEO로 나선 이후 구글은 다시 한번 혁신을 거듭하기 시작한다.

구글의 초기 직원이었던 아밋 싱할Amit Singhal은 "우리 회사는 언제나 늘 항상 야망으로 가득 차 있지요. 그런데 래리 밑에서 일하며 우리의 야망이 현저히 바뀌었습니다. 야망이 더 크고 대담해졌지요."라고 말했다고 한다. 구글의 미래와 그들의 발전에 대해서 이야기할 때면 '세계', '미래', '수십억의 사용자', '인류' 등의 거창한 단어들이 수시로 등장한다. G Suite for Education 플랫폼을 교육기관에는 무료로 배포하고 구글 드라이브의 용량을 무제한으로 수천

Safe drug disposal

Improving public safety by helping users find convenient drug disposal locations.

Education

Inspiring every student everywhere to explore Earth

News Media

Get training and updates with the Google News Lab

Solar Energy

Discover your solar savings potential with Project Sunroof

Oceans

Revealing the World's Fishing Fleet with Global Fishing Watch

Air Quality

Making the invisible visible with Project Air View

Climate

Building globally consistent, verified and freely available database of power with Global Power Watch

Conservation

Powering conservation science and storytelling using Google's mapping technologies and the Cloud

Forest

Earth Engine creates a living map of forest loss.

구글 어스 아웃리치의 다양한 프로젝트들

만의 학생들에게 제공하는 큰 도박을 하면서도 그들은 "구글은 스탠퍼드 대학의 교내 연구비로 시작되었습니다. 그래서 항상 교육 분야에 환원해야 한다는 생각을 하고 있습니다. 앞으로도 이 무료 정책은 계속될 것입니다."라고 밝힌다.

구글 어스는 지리 정보를 수집하였고 그 정보를 사회적 가치를 위해 활용하기 시작했다. 일단 구글 어스와 구글 맵스의 지리 정보는 전 세계 여행자들이 가장 좋아하는 툴이다. 무료이며 너무나도 강력하기 때문이다. 아무리 새로운 나라에 처음 가보게 될지라도 구글 맵스만 열게 되면 지하철, 버스 도착 시각은 물론 걸어가는 길까지 다 나오기에 원하는 목적지에 손쉽게 도착할 수 있다. 도무지 대중교통이 자신이 없다면 우버 서비스로 자동으로 이어지게 되어 있다. 한국에 방문하는 관광객들에게도 구글 맵스가 제공이 된다면 더 많은 이들이 편하게 찾아오지 않을까 생각한다. 아쉽게도 국내 지도 반출에 관한 규정 때문에 구글 맵스는 국내에 정식 출시되지 않은 서비스이다. 구글 어스 아웃리치Google Earth Outreach는 얼마 전부터 지리 정보를 이용해서 약물 폐기에 관한 정보를 제공하는 프로젝트를 시작했다. 미국은 특히 아편성 진통제를 많이 처방하고 있는데 매일 115명이 진통제 과다 복용으로 사망하고 있다. 무언가를 해야 하는 시점이다. 다행히 구글은 이를 위해 지도 상에 남는 약물을 반납하는 위치를 표시해주고 있다. 우리나라에서는 가까운 보건소에 제출하면 되지만 미국은 아무래도 땅이 넓다 보니 이렇게 표시를 해주어야 하는 듯하다. 이러한 정보를 제공하기에 구글 맵스보다 더 나은 툴은 없을 것이다.

구글이 벌어들이는 많은 수입은 기업의 발전과 CEO들의 사리사욕에 사용되지 않으므로 내가 개인정보와 지식, 노력을 구글과 공유하는 것이 이해될 것이다. 구글 지역 가이드는 특히 사용자들의 노력을 이용해 엄청나게 많은 양의 사진, 리뷰, 별점을 수집하고 있다. 최근에는 동영상 정보까지 올릴 수 있게 되었다. 돈 한 푼 받지 않고 업로드하는 사용자들의 모습을 보면 신기할 따름이다. 재미있는 것은 구글 덕분에 나 역시도 이러한 사회사업에 관심을 두게 되고, 사회를 위해 조금씩 이바지하게 되었다.

얼마 전 동네꼬마들을 위한 해부학 교실을 개최하였다. 생체 조직을 통해 호흡을 배우는 것만큼 확실한 것은 없을 것으로 생각하였기 때문이다. 평소 수련의들의 교육을 위해서 돼지 턱뼈를 이용해서 수술 실습을 하고 있었는데 그 정육점에 부탁해서 돼지의 허파를 부탁해서 기도와 함께 받았다. 제대로 해부학자로서의 분위기를 느낄 수 있도록 가운, 글러브, 마스크를 준비했다. 식탁을 정리하고 큰 비닐을 고정하여 멋진 해부 테이블을 만들어 주었다. 그리고 호흡에 대한 간단한 강의를 진행하였고 해부실습 전에 아이들과 함께 묵념을 하였다. 동물의 희생에 대한 감사함을 되새기고 이러한 해부 실습이 단순 흥미를 자극하기 위함이 아님을 자각시키기 위해서였다. 위험 때문에 칼을 직접 들고 해부를 하지는 않았지만, 수술 글러브를 끼는 법도 배웠고 허파의 형태를 확인하고 기도와의 관계도 확인하였다. 그날 실습의 하이라이트는 실제 허파를 호흡할 수 있게 하는 것이었다. 허파에 작은 절개선을 주고 빨대를 꽂아 아이들에게 빨대를 통해 허파에 바람을 불어넣는 것을 보여주었다. 놀랍게도 허파가 팽창하면서 색과 질감이 바뀌는 것이 눈앞에서 확인되었다. 사실 이건 나도 직접 해본 적이 없었기 때문에 실제로 몹시 놀랐다. 이 실습

차드 멍 탄의 <Everyday compassion at Google> 강연. 구글의 동정심 프로젝트에 대해 설명하고 있다. (출처: TED Talk)

을 한 뒤 몇 개월이 지났지만, 동네꼬마 아이들은 아직도 이 해부학 실습 이야기를 한다.

본과생 때 해부학을 한 학기 배우고 평소 수술을 하면서 이러한 부분에 대해 지식이 쌓였다는 장점을 십분 활용하여 몇만 원의 투자와 한 시간 정도의 시간을 통해 아이들에게 멋진 경험을 줄 수 있었던 것이다. 이렇게 작은 모임에서 직접적인 감동과 삶의 변화를 줄 수 있다는 것은 누구나 한 번씩 경험하고 앞으로 꾸준히 찾아야 할 멋진 테마가 아닌가 생각한다. 앞서서 여러 차례 말한 대로 미래 사회에서 로봇과 인공지능에 의해 인간의 업무가 점차 간소화되고 여가가 많아지게 됨에 따라 많은 이들이 할 일이 없어 빈둥거리거나 또

대의를 추구하면 돈이 따르고, 돈을 추구하면 돈은 도망간다

는 허무함에 절규할 수도 있을 것이다. 바로 이런 시간에 더 큰 그림을 그리고 자신의 재능과 시간을 통해 멋진 프로젝트를 나눌 수 있다면 미래 사회로의 무시무시한 변화도 어쩌면 몹시 기다려지는 설레는 변화가 될 수 있을 것이다.

앞서 언급한 차드 멍 탄은 구글에서 시행하는 다양한 사회사업에 관해 짧은 강연를 한 적이 있다. 그 강연에서 그는 세상에서 가장 행복한 사나이에 관해 이야기하였다. 그 사나이의 뇌 활성도를 기능성 MRI를 통해 관찰하였더니 좌측 전두엽이 우측 전두엽보다 활성화되었다고 한다. 우측 전두엽은 불안·공포에 관한 부위이고 좌측 전두엽은 행복·기쁨과 관련된 부위다. 그의 좌측 전두엽 활성치는 우측 대비 역대 최곳값을 기록했다고 하는데 그는 무슨 생각을 했기에 그렇게 행복했던 것일까? 무슨 짓궂은 상상이라도 한 걸까? 그는 재미있게도 명상을 하고 있었다고 한다. 그것도 그냥 명상이 아닌, 동정심 Compassion에 관한 명상이었다고 한다. 그의 메시지를 듣고 보니 어쩌면 이러한 동정심 그리고 봉사 실천이야말로 우리를 구원할 행복의 근원이라 생각한다. 차드 멍 탄은 이 이야기를 들려주고 바로 구글이라는 회사에 대해 이야기한다.

구글에서는 좋은 뜻이 있는 세 명이 모인 뒤 '우리 이거 해볼까?' 하면 바로 시작된다고 한다. 그렇게 알게 모르게 일을 추진하다가 어느 순간 일이 잘되어 주변에 알려지면 다른 구글러들이 주변에 모이고 자신의 재능을 하나 둘 기부한다고 한다. 그러다 마침내 그 모임이 무시할 수 없는 큰 세력이 되면 공식화가 된다고 한다. 우리가 흔히 말하는 풀뿌리 운동과 같은 방식이다. 중요한 것은 회사 자체는 실리콘 밸리에서 치열하게 살아남으려고 노력하는 디지털 회사의 표상인데 직원들은 스스로 그렇게 비장한 각오를 하고 있지 않다는 점이다. 그들은 자신의 꿈을 이루려고, 더 멋진 세상을 만들려고 구글에서 일하고 있다는 생각을 하고 있으며 자신들에게 할당된 20% 시간을 이용해 자신의 재능과 열정을 아낌없이 쏟아 붓고 있다고 한다.

예전 어른들께서는 "대의를 추구하면 돈이 따르고, 돈을 추구하면 돈은 도망간다."라고 말씀하셨다. 돈뿐 아니라 행복도 마찬가지 아닐까? 우리 삶의 보람과 행복은 이러한 멋진 생각들과 실천으로부터 나올 것이다. 구글이 바라보는 지향점은 기술을 통해 인류의 문제를 해결하고 이를 통해 인간을 행복하게 만드는 것이다. 이러한 구글의 사고양식은 어쩌면 대차대조표를 손에 들고 앞만 보고 달려가는 우리의 삶에 좋은 동기부여가 될 것이며 지치지 않게 하는 멋진 격려가 될 것이라 믿는다.

구글의 역사 알아보기

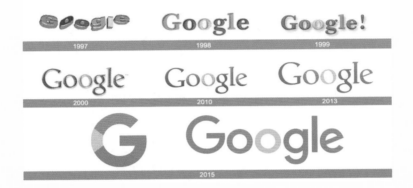

구글 로고의 변천사 (출처: 1000logos.net)

1996년 8월

래리 페이지와 세르게이 브린이 스탠퍼드 대학의 교내 네트워크에서 구글을 시작했다. 1995년 스탠퍼드 대학 컴퓨터 과학 대학원 과정에 등록한 래리 페이지의 백럽BackRub이라는 프로젝트는 같은 과 1년 선배인 세르게이 브린을 만나며 더욱 탄력을 받는다. 세르게이 브린의 수학적 전문성을 보완하며 이내 페이지랭크라는 알고리즘으로 탄생하였다.

1998년 9월 4일

이들은 웹의 성장에 따라 검색 엔진이 필수적일 것으로 판단하여 '구골'이라는 수학 용어를 이름으로 써서 회사를 설립하였다. 처음 회사는 수잔 보이치키Susan Wojcicki의 차고에서 시작되었지만 선마이크로시스템즈의 공동 창립자인 앤디 벡톨샤임Andy Bechtolsheim이 10만 달러를 지원함으로써 멋진 회사로 모습을 갖추어 나가게 된다.

2001년 8월

3년 뒤 회사가 급속도로 성장함에 따라 좀 더 진지한 부모님의 조언과 같은 도움이 필요하다고 생각한 페이지와 브린은 에릭 슈미트를 2001년 3월 이사회에 합류시키고 8월에 CEO로 추대하였다. 이후 거의 10년의 역사 동안 유튜브 인수, 구글 독스나 지메일 출시 등을 주도하며 구글의 성장에 큰 역할을 한다. 2011년 에릭 슈미트는 "이제는 부모의 간섭이 필요 없을 것이다."라고 말하며 자신은 명예 회장직으로 물러난다.

2002년 여름

야후가 구글을 30억 달러에 인수하고자 시도하였다. 하지만 구글은 스스로 50억 달러의 가치가 있다고 말하며 이를 거절하였다. 이제 구글은 1조 달러 가치를 가진 회사가 되었다. 반면 야후는 2017년 50억 달러 이하의 가치로 버라이존에 매각된다.

2003년 7월

구글은 실리콘 밸리 근처의 1600 Amphitheatre Parkway에 거대 건물을 임대하고 구글 플렉스라는 이름을 붙여 캠퍼스를 설립한다. 회사임에도

대의를 추구하면 돈이 따르고, 돈을 추구하면 돈은 도망간다

대학생들의 열정과 재기 발랄함을 유지하겠다는 발상이었고 많은 회사가 이후 자신들의 회사에도 캠퍼스라는 이름을 붙였으나 과연 구글 같은 분위기가 만들어졌을지는 잘 모르겠다.

2004년 4월 1일

만우절이었다. 당시 5MB, 10MB 정도밖에 없던 메일 서비스의 용량과는 비교할 수 없이 컸던 1GB의 용량을 가진 지메일이 출시되었다. 사람들은 모두 이것이 만우절 장난이라 생각했지만 그렇지 않았다.

2004년 8월 19일

구글은 85달러에 회사를 공개하였다. 이 공개 절차 역시도 매우 구글다웠다.

2005년 2월 8일

구글 맵스가 등장하였다. '전 세계의 지식을 정리하여 만인에게 제공한다.'라는 그들의 모토답게 전 세계의 지도 정보가 일목요연하고 사용하기 편하게 정리되었다. 국내에서는 민감한 지도 반출의 이슈로 정식 도입이 요원한 상태이다. 대신 2018년 네이버는 구글 지도와 거의 비슷한 디자인으로 자신들의 지도를 업데이트하였다.

2006년 10월 9일

유튜브를 인수하였다. 이미 마이크로소프트나 야후를 능가하는 회사가 된 구글은 유튜브를 16억 6500만 달러에 인수했다.

2008년 9월 2일

크롬 브라우저가 등장했다. 이제 전 세계에서 가장 많이 사용되는 브라우저로 전 세계 사용 점유율이 60%에 도달한다.

2005년에 안드로이드를 소리소문 없이 인수한 구글은 2008년 안드로이 드 모바일 운영 체계를 탑재한 스마트폰을 T-mobile G1과 HTC dream 에서 출시하였다.

페이스북의 인기가 높아지자 구글은 소셜 네트워크를 갖추고자 구글 플러스를 출시하였다. 하지만 초창기부터 이들은 친구들과 사진, 링크 를 공유하고 행아웃을 할 수 있는 서비스로 가되 이를 초대 전용으로 사용할 수 있게 하였는데 이것이 패착이었다. 여전히 구글 플러스는 여 러 번의 업데이트 이후에도 활성화가 되고 있지 않다.

세르게이 브린은 프로젝트 글래스를 선보이려고 2012년 I/O 개발자 콘 퍼런스에 스카이 다이빙을 하면서 글래스를 선보였다. 하지만 개인 사 생활 보호 등의 문제로 이는 확산하지 못하였다.

인공지능 연구를 위한 딥마인드를 인수하였다. 이후 알파고 등을 통해 인공지능의 혁신을 주도하고 있고 현재 대중 사이에 널리 알려진 인공 지능 붐의 효시가 되었다.

래리 페이지는 구글을 모회사 알파벳의 하부 조직으로 개편하기로 하였다. 알파벳의 CEO는 래리 페이지가 맡고 구글은 선다 피차이가 책임지게 되었다. 세르게이 브린은 프로젝트 엑스라고 하는 비밀 프로젝트팀에서 활약하게 되었다. 이러한 조직 개편을 기념하기 위해서 구글은 한 달 뒤 2015년 9월 1일 새로운 로고를 공개하였다.

2016년 5월 18일

구글 어시스턴트가 출시되었고 이후 아마존의 알렉사나 애플의 시리를 거의 따라잡는 수준으로 발전하였다.

결론

이 또한 지나갈 것이다

구글은 도구이다. 이것은 명백한 사실이다. 그리고 이 책은 도구에 관한 책이다. 도구의 유용성에 대해 설파했지만 도구에 얽매이지 말라는 마지막 메시지를 전하고 싶다.

앞에서 "인간은 도구를 만들고, 도구는 다시 인간을 만든다."라고 밝혔다. 이러한 자세는 우리에게 도구를 내려놓고 좀 더 객관적으로 도구를 바라보며 지금 업무의 본질을 고민하게 한다. '과연 이 도구가 이 일을 하는 데 있어 가장 적합한가?' 아니 더욱 근본적으로 생각한다. '나는 어떤 일을 하려고 하는 것일까?' 결국, 이 도구에 대한 고민으로부터 좋은 질문들이 발생한다. 답보다는 질문이 더욱 중요하다고 루빅스 큐브의 발명가이자 건축가인 어노 루빅Erno Rubik은 말한 바 있다. "질문이 좋으면 굳이 답을 얻지 않더라도 우리는 깨달음을 얻을 수 있다." 아이젠하워 장군은 말했다. "계획Plan은 아무것도 아니다. 계획을 짜는 것Planning이 전부이다." 계획을 만들어 내는 결과가 중요한 것이 아니라 계획을 짜면서 다양한 상황을 상상하고 고민하고 질문을 던지고 답을 찾는 것이 가장 중요한 과정이라는 것이다.

누구나 아는 것처럼 한 때는 마이크로소프트가 미래였다. 모든 이들의 책상에 컴퓨터를 올려놓겠다는 빌 게이츠의 야심에 감탄하고 그를 존경하며 따랐다. 모두가 마이크로소프트의 윈도우를 사용했다. 인터넷은 하이텔, 천리안이었다. '따라올 테면 따라와 봐', '2등은 아무도 기억하지 않습니다' 등의 광고 문구로 알려진 인터넷 업체들의 천하가 왔다. 네이버에서 카페가 새로 생겨서 전지현이 모델로 등장했었고 프리챌에서 사람들의 모임이 뜨겁게 활성화되었다. 아이러브스쿨이 등장하여 수많은 연인이 깨지고 새로운 연인들이 만들어졌으며 핫메일hotmail이 지배하던 시절이 끝나고 한메일hanmail이 나타났다. 메신저는 모두가 네이트온을 사용했었고 문자메시지가 기본이던 세월은 끝나고 카카오톡이 일상을 점령하기 시작했다. 중학생이 만든 '서울버스'라는 앱이 아이폰의 등장과 비슷하게 겹치며 세상을 바꾸는 혁신의 아이콘이 되었고 이후 '우버'와 '카카오택시'가 대중교통의 패러다임을 바꾸기 시작했다. 또 언제부터는 아이폰과 애플의 시대가 왔다. 스티브 잡스라는 특출난 예술가 겸 개발자를 통해, 그리고 그가 걸어온 험난한 삶을 통해 우리는 그의 철학에 매료되었고 어느 순간 애플처럼 생각하고 행동하기 시작했다. 하지만 이제 애플도, 마이크로소프트도, 넷스케이프도, 알타비스타도, 다음도, 한메일도, 프리챌도, 싸이월드도 모두 예전의 화려한 시절을 누리거나 우리의 삶에 큰 자극을 주지는 못한다. 이제는 구글의 시대이다. 중요한 것은 구글이 누려온 20년의 세월이 앞으로 영원하지는 않을 것이라는 것이다. 로마도 영원하리라 믿었었다. 그 큰 도시 국가가 어떻게 망할 수 있겠는가?

다시 곰곰이 생각해 보면 이 세상의 모든 것은 도구의 역사로 설명할 수 있다. 우리가 먹고살고 가족과 교류하고 동료와 협업을 하려면 무언가 도구가 필요하다. 책을 쓰고 3D 프린팅을 하고 여행을 하고 심지어는 잠을 자는 것조차 도구가 필요하다. 그렇기에 인간은 도구의 동물이라는 것이 맞는 말인지도 모른다. 도구를 사용하는 동물이기도 하지만 반대로 도구가 없으면 아무것도 못하는 존재이기도 한 것이다. 하지만 우리 모두 곰곰이 생각해 보자. 본질만 남기고 모두 제거해 보자. 모든 도구를 제거해 보자. 결국, 데카르트의 나는 생각한다, 고로 존재한다는 말처럼 끊임없이 생각하고 고민하고 만들고 교류하는 나의 존재만 남게 된다.

이 책은 구글이라는 틀의 모습으로 자기계발에 대해 설명한 것이 특별할 뿐이지 사실 이러한 콘셉트의 자기계발서는 이미 수십 년 전부터 있었다. 하지만 우리 일반인으로서는 구글이라는 가시적인 존재, 흔히 말하는 롤모델이 있으니 좀 더 따라 하기 쉬운 것일 따름이다. 그들이 걸어온 20년의 길 그리고 앞으로 만들어 갈 미래를 생각하면 우리의 현재와 미래를 두고 어떻게 고민해야 할지 답이 쉽게 나올 듯하다. 하지만 여전히 중요한 것은 구글 역시 도구라는 점이다. 구글 천하가 언제 어떻게 끝날지는 아무도 모른다. 그나마 이 회사가, 이 도구가 예전 도구들에 비하면 오래갈 것으로 생각하는 것은 그들이 끊임없이 질문을 던지고 있기 때문이다. 어차피 구글은 검색 엔진 회사이므로 질문을 던지고 그 답을 찾는 것이 그들의 업이 아니던가.

구글은 이제 더는 작고 발랄한 스타트업이 아니다. 이들 역시 거대한 기업으로 성장하였고 이에 대한 두려움이 있다. 아마존의 제프 베조스는 '피자 두 판의 법칙'이라는 것을 강조한다고 한다. 회의의 규모가 피자 두 판으로 모자

랄 규모가 되어서는 안 된다는 것이다. 이렇게 작은 규모로 움직이고 소통하는 것이 효과적임을 그는 강조하고 있다. 2015년에 래리 페이지는 알파벳의 CEO를 맡기 시작하면서 선다 피차이에게 구글의 최고경영자 자리를 내어주게 된다. 덩치가 커지자 이를 쪼갬으로써 긴장감을 유지하려는 것이다. 예전에는 큰 물고기가 작은 물고기를 잡아먹었지만, 이제는 빠른 물고기가 느린 물고기를 잡아먹기 때문이다.

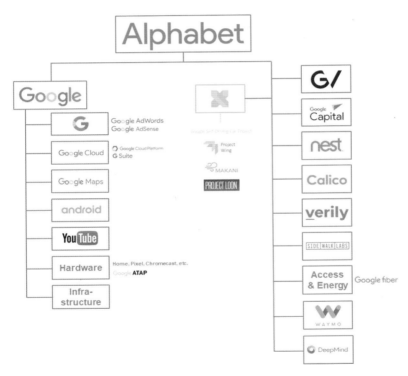

페이지가 2011년 구글의 CEO를 다시 맡고 나서 4년 후 제시한 구글의 구

조 개편이다. 상위 개념에 알파벳이 등장하였고 미래 프로젝트, 무인 자동차, 의학 연구, 인공지능 등을 다루고 하부의 구글은 우리가 기존에 알고 있던 유튜브, 안드로이드, 구글 지도, 검색 엔진 등을 그대로 유지한다. 알파벳은 가장 기본이 되는 어휘 체계의 구성요소이면서 동시에 구글이 다루는 다양한 테마들을 언급하기에 좋은 키워드가 되는 것 같다.

26 자의 알파벳이 가진 다양성이 하나로 모여 멋진 언어를 만들 듯 구글의 프로젝트 하나하나는 각기 다른 개성을 가지고 있지만, 이들이 모였을 때 놀라운 결과물들이 나온다. 사마천의 ≪사기≫ 〈맹상군전〉에 나오는 계명구도鳴狗盜처럼 다양한 재능을 가진 이들이 모여서 협업을 하는 모습은 상상만 해도 소름 돋는다. 전문가들의 협력이 만들어낼 무한한 가능성은 얼마나 웅대한가?

앞으로 어떤 미래가 다가올지 모르기에 그들도 특이점Singularity이라는 개념으로 유명한 레이 커즈와일Ray Kurzweil과 같은 미래학자를 영입하고 답을 찾고 있다. 기술이 발전을 거듭하다 결국 인간을 넘어서는 순간이 올 텐데 이를 특이점이라고 부르며 커즈와일은 이날을 2029년으로 보고 있다. 그는 어떤 사람인가? 박사학위만 19개이고 우리가 아는 신디사이저, OCR 판독기 등을 개발한 천재이다. 스스로 영생에 가까운 삶을 직접 영위하고 이를 입증하기 위해 하루에 150여 알의 비타민을 먹고 30대와 같이 활동적인 연구를 진행 중이라고 한다. 2013년 래리 페이지에게 인공지능 회사를 만들 텐데 투자하지 않겠느냐고 물었다가 오히려 구글에 영입되어 현재 기술부 이사로 재직 중이다. 커즈와일과 비슷한 천재 미래학자, 엔지니어들이 구글에 모여 끊임없이 미래를 상상하고 대비하고 있다. 그럼에도, 우리의 장래는 별로 밝아 보이지는 않는다.

미국의 경제학자 해리 덴트Harry Dent가 ≪인구 절벽이 온다The Demographic Cliff≫라는 책에서 처음으로 언급한 인구 절벽이라는 개념이 있다. 저출산·고령화로 말미암아 15~64세의 청장년층 인구가 전체 인구에서 차지하는 비중이 줄어들면서, 이 구간에서 인구통계그래프가 급격히 아래로 떨어지는 모습을 나타내는데 청장년층 인구의 감소는 경제활동에서의 생산 및 소비 감소로 이어져 경기 침체의 원인이 될 수 있다고 한다. 이 현상은 지금 전 세계적으로 공통으로 발생하는 현상이다. 특히 우리나라에서 그 추세가 뚜렷하다. 물론 2007년 황금돼지띠에 출산 열풍이 불었듯이 2010년 경인년의 백호띠와 2012년 임진년 흑룡띠 시기에도 황금돼지에 버금가는 출산붐이 있어 인구가 급격히 줄어들지는 않겠지만 이러한 사소한 잔물결은 사실 흐름을 역전할 만큼 크지 않고, 큰 흐름 자체로는 확실히 감소 추세이다.

격동하는 인간사를 돌아보면 위기와 환란이 닥쳤을 때 오히려 인간은 더욱 극복의 의지를 불태우고 더욱 능력을 발휘해 왔다. 이런 위기들 그리고 모두 열거하기 어려울 정도의 문제들로서 지구 온난화, 플라스틱에 의한 해양 오염, 정치적 위기 등을 모두 고려한다면 앞으로의 미래는 과거의 어려움은 아무것도 아닌 것처럼 보일 정도로 암울하다. 이러한 미래를 앞두고 우리는 주먹을 불끈 쥐고 우리 자신이 무엇을 할 수 있는지, 그리고 부족한 부분이 있다면 이를 어떻게 발전시킬지 고민해야 한다. 이런 상황에서 좋은 도구를 쥐고 있다면 분명히 효과적인 대처가 가능할 것이다. 그것이 도구의 역할이며 동시에 도구의 한계이다. 중요한 것은 누가 그것을 어떻게 쥐고 어떻게 사용하는가이다.

나는 구글이라는 멋진 도구를 누릴 수 있는 세대에 태어난 것을 감사히 생각하고 있다. 이를 통해 구글 이노베이터라는 멋진 타이틀도 경험하게 되었고 다양한 책들도 쓸 수 있었다. 새로운 경험을 할 수 있었고 평소라면 전혀 만날 수 없는 분야의 사람들도 다양하게 만날 수 있었다. 아주 멋지고 쿨하고 유능한 새로운 친구를 사귄 것 같은 기분이다. 그럼에도, 나는 구글이 아니고 구글이 내가 아닌 것은 나는 내가 살아가는 삶이 있고 내가 해야 하는 본업이 있기 때문이다. 나는 매일매일 환자를 보아야 하고 학생들을 가르쳐야 한다. 아이들과 함께 놀아주며 선하게 양육해야 하며 사랑하는 아내와 행복한 인생을 만들려고 건강하게 밝게 살아야 한다. 이 본질적인 삶의 영위 과정에서 어떤 도구가 되었건 나는 잘 사용할 자신이 있다. 사실 명필은 붓을 탓하지 않는다고 하지 않던가. 구글이라는 도구라면 더욱 좋지만, 꼭 구글이 아니라도 괜찮다. 잘 쓸 자신이 있기 때문이다. 그렇기에 이 책은 구글에 관한 책이었지만 마지막은 결국 탈 구글에 대한 이야기가 될 것도 같다.

구글의 딥마인드가 알파고를 이용해 이세돌 9단을 꺾었을 때 모두가 인공지능을 두려워했지만 나는 알파고를 만든 그 사람들을 두려워했다. 알파고는 도구였다. 바둑은 우연히 주종목이 된 것이었고. 이러한 인공지능을 만들어 과제를 성공적으로 수행하고 현존하는 인간 최고수를 4대 1로 꺾을 수 있게 만든 그 개발자들의 능력이 두려웠다. 같은 인간으로서 내가 할 수 있는 수준의 일이 아니었기 때문이다. 과연 나는 내 삶에서, 내 업무 영역에서 그 정도의 혁신을 만들어 낼 수 있는가? 결국, 도구를 사용하던 내 손을 다시 가만히 들여다보게 된다. 도구를 잡는 나의 손, 따뜻하고 부드러운 이 손으로 얼마나 많은 혁신을 만들어 낼 수 있을까? 이에 대한 마음속 답이 정리된다면 이제 다시 도구를 손에 들어보자. 그리고 멋지고 쓰기 편한 이 도구를 통해서 여러분의 삶에도 눈부신 결과물이 생기기를 기대한다.

고백

나는 디지털 전문가도 아니요, 교육전문가도 아니다. 치과의사로서, 그리고 치과대학 교수로서 열심히 생활하고 있으며 디지털 기기들에 관심이 많아서 남보다 조금 더 일찍 기술을 접해보는 것에 즐거움을 갖는 평범한 얼리 어답터Early Adopter이다. 남들 하는 술·담배 그리고 운동이나 골프를 하지 않고 오로지 배터리로 구동되는 전자제품에 관심이 좀 있을 뿐이다. 그마저도 자세히 들어가면 딱히 전문성도 없는 열성 소비자에 불과하다.

좀 특이한 점이 있다면 일생을 통틀어서 뭔가 해보려면 항상 일이 크게 틀어지는 불운의 캐릭터라는 점이다. 의과대학에 가고 싶어 중고등학교 시절 공부 외에는 일체 눈길 한번 안 주고 착실하게 모범생으로 살았는데 수학능력시험 당일 오전에는 배가 아파 시험 보는 내내 화장실에 가고 싶었고 오후에는 도시락을 먹고 비몽사몽 졸아 대는 바람에 시험 성적이 평소보다 30% 낮게 나왔다. 재수는 죽기보다 싫어서 갑작스레 본고사를 열심히 준비했지만, 의대에 들어갈 정도는 되지 않았고 당시 의대 다음으로 높았던 생화학과를 가게 되었다. 그때 당시에 생명과학은 미래를 이끌 최고의 테마로 급부상하고 있었다. 인공지능과 로봇이 미래 전부인 양 논의되는 지금과 비슷한 분위기였다. 나름 나쁘지 않은 선택이라 생각하고 위로도 했지만 일단 첫발부터 멋지게 불운을 겪었다.

그렇게 생화학과에 다니면서 DNA에 대한 지식을 조금씩 쌓아가며 유학에 대한 꿈을 키워 가고 있었는데 졸업을 앞두고 IMF가 터져버렸다. 온 국가적 재난 속에서 당연히 진로는 '군대'로 바뀌게 되었다. 2년 2개월의 군 생활 동안 신기하게도 DNA에 대한 관심은 점점 줄었고, 대신 냉철하게 현실을 직시하고 먹고살 고민을 했다. 마침 생화학과 선배 한 명이 치과대학에 편입하라고 권했다. 그 선배의 말을 듣고 생화학 대신 치대로 방향을 바꾸게 된다. 이번에는 불운이 낄 자리가 없었는지 다행히 치대에 입학하였다. 이제 졸업하고 얌전히 개업하는 것이 가장 바람직한 길이었으나, 아니나 다를까 2008년 리먼 브라더스 사태가 터지면서 개업가에 찬바람이 불고 여기저기 폐업을 했다는 사람들의 이야기가 도시괴담처럼 떠돌았다. 워낙 겁이 많은지라 일단 소나기는 피하고 싶어 4년의 수련과정을 선택하였다. 이때 졸업 후 개업은 4년 뒤로 연기한 것이다.

한 번 미루고 나니 두 번 미루기는 더 쉬웠던 것 같다. 수련과정이 끝날 무렵에 펠로우를 1년 정도 하고 나가면 개업할 때 큰 타이틀이 된다는 이야기를 듣고 또 한 번 개업을 미루게 된다. 생화학과를 졸업하고 다시는 생화학의 생자도 보기 싫은 마음으로 치대에 왔는데 생화학과 질긴 인연이 있던 탓인지 지도교수님의 연구 테마는 '치아 유래 줄기세포'였다. 배운 게 도둑질이라 생화학 실험을 또다시 맡게 되었다. 한 해, 두 해 시간이 지나면서 업적이 나오기 시작했는데 이게 꽤 재미있었다. 그리고 개업은 점점 더 순위에서 밀려나게 되었다. 교직을 염두에 두기 시작했고 펠로우 생활을 일단 더 하기로 마음먹었다. 이렇게 몇 년이 더 흘렀다. 보통은 어느 정도 시간이 지나면 전임 교수 자리가 나올 기미가 보여야 하는데 역시 불운의 캐릭터에게 주어지는 자리는 없었다. 그렇게 나는 소위 시가 절로 나온다는 롱 펠로우가 되었고 끊임없이 제도는 한 끗 차이로 나를 비켜갔다. 교수 대접을 받아볼까 했더니 졸업 후 7년이 지나야 한다는 제도가 갑자기 생기고, 특진 대접을 받을까 했더니 특진 제도가 없어진다 하고, 뭐 하나 제대로 되어가는 게 없었다.

이제 더 이상은 못 기다리겠다고 생각하던 시점에서 마침내 현재 내가 있는 대학에 전임 교수자리가 나서 냉큼 이적을 하게 된다. 이제 드디어 기존에 하던 연구를 이어서 날개를 펼쳐 나가야겠다고 생각했다. '내 삶에도 이제 햇볕이 드는구나', '불운은 끝이구나'라고 생각했지만 역시 세상은 그리 쉽지 않았다. 새로 발령받은 학교는 내가 기존에 하던 기초 연구를 병행하기에는 상황이 맞지 않았고 나는 기다림에 이미 지칠 대로 지쳐 있었다. 큰 비용과 세월을 들여 연구실 세팅을 하기보다는 차라리 지금 주어진 환경에서 가장 잘할 수 있는 것을 찾아봐야겠다는 생각을 했다. 그렇게 주위를 둘러보니 학생들이 보였다. 수능 성적 상위 1%의 소위 천재들이 득실대는 치과대학. 한 학년에 70명. 그렇다면 일단은 이렇게 우수한 학생들을 상대로 멋진 교육에 전념하는 것이 어떨까 싶었다.

그렇게 학생 교육 쪽에 공을 들이려고 이런저런 자료들을 찾다 보니 '플립 러닝', 소위 '거꾸로 수업'이 대세라는 소문을 듣게 되었다. 당시 이 교육 방식은 교육의 혁명이라 불리며 많은 관심을 받고 있던 시기였다. 이 혁신적 방식을 제대로 도입하고 활용하려면 안정적이고 편리한 플랫폼이 절실하다는 것을 깨달았다. 당시 시중에 나와있던 LMS^{Learning Management System} 중에서는 구글이 제공하는 G Suite for Education이라는 플랫폼이 적격이라는 것을 알게 되었다. 하지만 국내에서는 이걸 도입한 학교가 많지 않았고 인터넷 그 어디에도 도입에 대한 노하우가 공유되어 있지 않았다. 말 그대로 맨땅에 헤딩하듯이 바닥부터 작업을 시작하여 마침내 성공적으로 도입, 그리고 2년 정도의 노하우가 축적되었다. 그 귀한 정보를 세상에 알려야 하겠다는 생각을 하게 되었고 뜻이 맞는 저자들을 모아 한 권의 책을 냈으니 그것이 바로 ≪교실의 미래를 구글하다 구글 클래스룸≫이었다. 구글 클래스룸 관련 책으로는 국내 최초였다. 그리고 이 책으로 인해 이 학교 저 학교에서 강의 요청이 쏟아지게 되었다.

난데없이 나는 구글 플랫폼을 이용한 교육의 혁신을 주도하는 교육 혁신가가 되어 있었다. 교육학에 대한 기본 교육을 받은 것도 아니고, 그렇다고 코딩을 전문으로 하는 IT 전문가도 아닌 내가 어찌 감히 미천한 지식으로 언제까지 여기저기에서 떠들고 다닐 수 있겠는가? 그러다 보니 결국 자료를 찾게 되고 더욱 공부를 많이 하게 되었다. 자리가 사람을 만든다고 했다. 열심히 공부하니 구글에서 제공하는 구글 인증 교육자 자격^{Google Certified Educator}을 취득하고 구글 인증 트레이너^{Google Certified Trainer} 그리고 마침내 구글 인증 이노베이터^{Google Certified Innovator} 과정까지 이수하게 되었다. 현재 국내에서 구글 이노베이터까지 이수한 사람은 나밖에 없다. 그 과정에 GEG 사우스 코리아라는 구글 공식 교육자 단체를 개설·운영하게 되었고 많은 교육자와 교류하면서 더욱더 많은 것을 배우게 되었다. 최근에는 시나리오 기반의 교육법과 의학 교육 분야에 대해서도 본격적인 공부를 시작하였다. 물론 임상가로서 환자를 보고, 임상연구를 하며 국제적인 학술활동과 강의는 그대로 병행하고 있다. 인생이 참으로 알차게 만들어지고 있다. 이제야 내 삶에서 무엇인가가 제대로 톱니바퀴가 맞아 돌아가는 기분이다.

나의 일생 중 아주 짧은 기간에 발생한 최근의 수많은 이벤트를 돌아보면 참으로 기가 막힌다. 뭔가 계획하고 준비하여 시도하려 하면 세상은 단 한 번도 내 뜻대로 가도록 내버려 둔 적이 없었다. 항상 무언가 제도가 바뀌고, 사건이 터지고, 국가적 비상사태가 발생하여 나를 좌절하게 하였다. 물론 처음에는 좌절도 하고 시대를 탓하기도 하였으나 그런다고 바뀌는 것은 없다는 것을 점차 체득하게 되었다. 체념이고 좌절이었다. 절망감에 한강에 나가 소주를 마시며 좌절하고 있을 것인가? 아니면 '그래 룰이 바뀌었으니 그 룰대로 한번 뛰어보자'라고 결심할 것인가? 나는 후자를 선택하였다. 끊임없이 나를 좌절하게 하는 인생에 대한 반항이었고 오기였던 것 같다. 게임의 룰이 바뀌었다면 그 새로운 룰 상에서 승리하려면 어떤 전략이 필요할지 알아보고 나에게 부족한 것은 무엇인지 돌아보았다. 그리고 나를 그 룰에 맞게 바꾸었다. 그 어느 것도 확실한 것은 없고 영원한 것도 없다. 그 결과 내가 만들어낸 무형의 모든 지적 자료는 클라우드 상에 올려갔고 가볍게 몸만 움직이며 전 세계를 무대로 다양한 분야에서 활약하게 된 것이다.

얼마 전 개최된 다보스 포럼에서 현재 초등학생들은 평생 6~8개의 직업을 가지게 되리라는 예측이 등장하였다. 학생들이 직장을 쉽게 그만두어서 그런 것이 아니다. 로봇이 직업을 뺏기도 하며 정부의 규제가 생기기도 하고, 업종의 몰락으로 회사가 없어지기도 하는 것이다. 그 누구도 예상하지 못한 변화들에 의해 세상은 급변하게 된다. 꼭 이런 변화 때문만은 아니더라도 피터 드러커 선생님은 그의 저서 ≪프로페셔널의 조건≫에서 "새로운 조직 사회에서 어떤 한 분야의 전문 지식을 안 지식인은 4년에서 5년마다 새로운 지식을 습득해야 한다. 그렇지 않으면 소유하는 지식이 모두 낡은 것이 되어버려 시대에 뒤떨어진 사람이 되고 만다."라고 말했다. 또한, "어떤 한 분야의 지식 체계에 가장 심각한 영향을 미치는 변화는 원칙적으로 다른 지식 분야에서 비롯되기 때문이다."라며 새로운 분야의 지식을 습득하는 것이 중요하다고 말했다. 오늘날의 제약 산업 위기는 유전공학과 미생물학의 발전이 아니라 온라인으로 처방전을 받고 약을 배송하는 서비스에 그 원인이 있다. 평생 약만 공부해온 이들이 온라인 배송업체들과 경쟁해야 하는 시대가 온 것이다.

나 역시 마찬가지로 어제까지는 치과의사였지만 오늘부터는 교육자로 변신해야 하는 상황이 온 것이다. 내일은 또 어떤 직업으로 변신해야 할지 모른다. 이 상황에서 울고 허탈해하며 좌절할 것인가? 아니면 당장 내일부터 새로 주어진 임무를 수행하기 위해 내가 해야 할 일이 무엇인지 빨리 파악하고 그 분야의 관련지식을 빠른 속도로 습득하여 그 분야를 정복할 것인가? 답은 명확하다.

그렇기에 유연한 사고와 빠른 정보 습득 능력은 미래 사회에서 가장 중요한 스킬이 아닐까 생각한다. 나는 나의 삶을 통해서 몹시 어려운 방법으로 그것을 체득한 셈이다. 그리고 이러한 삶의 변화 중심에는 구글이 함께 있었다. 그 덕분에 그 변화가 손쉬웠고 즐거웠다. 이 책을 통해서 그 노하우들을 공개하고자 한다. 부디 독자분들께서는 내가 걸어온 길을 한번 상상해 보며 불운의 아이콘이었던 내가 어떻게 이렇게 다양한 분야에서 빠른 속도로 성장할 수 있었는지 답을 손쉽게 찾아내시기를 기대해 본다.